北京知识产权法院

典型案例评析

（2014—2019）

北京知识产权法院　组织编写
王金山　主编

知识产权出版社
全国百佳图书出版单位
—北京—

图书在版编目（CIP）数据

北京知识产权法院典型案例评析. 2014—2019/北京知识产权法院组织编写；王金山主编. —北京：知识产权出版社，2020.6（2022.5 重印）

ISBN 978-7-5130-6932-8

Ⅰ.①北… Ⅱ.①北… ②王… Ⅲ.①知识产权法—案例—中国 Ⅳ.①D923.405

中国版本图书馆 CIP 数据核字（2020）第 083224 号

内容提要

自 2014 年成立以来，北京知识产权法院审结了近六万件各类知识产权案件，本书选取了其中 56 个典型案例，既有事关国家创新驱动发展战略的疑难复杂案件，又有反映新兴业态下知识产权保护规则创新发展的案件，还有公众关注度高、涉及社会热点的案件，通过组织相关案件承办法官对案件涉及的主要法律问题和裁判思路进行分析，在客观记录审判工作成果的同时，提供了一个公开透明交流的平台，以促进业界的理论和实务研究。本书可作为知识产权相关专业从业人员的参考。

责任编辑：阴海燕　崔　玲　　　　**责任印制**：刘译文

北京知识产权法院典型案例评析（2014—2019）

BEIJING ZHISHI CHANQUAN FAYUAN DIANXING ANLI PINGXI（2014—2019）

北京知识产权法院　组织编写

王金山　主编

出版发行：知识产权出版社有限责任公司	**网　址**：http://www.ipph.cn
电　话：010-82004826	http://www.laichushu.com
社　址：北京市海淀区气象路 50 号院	**邮　编**：100081
责编电话：010-82000860 转 8693	**责编邮箱**：laichushu@cnipr.com
发行电话：010-82000860 转 8101	**发行传真**：010-82000893
印　刷：北京九州迅驰传媒文化有限公司	**经　销**：新华书店、各大网上书店及相关专业书店
开　本：720mm×1000mm　1/16	**印　张**：22.75
版　次：2020 年 6 月第 1 版	**印　次**：2022 年 5 月第 2 次印刷
字　数：370 千字	**定　价**：98.00 元

ISBN 978-7-5130-6932-8

编辑委员会

序言

北京知识产权法院于2014年11月6日成立。建院以来，我院始终以习近平新时代中国特色社会主义思想为指导，充分发挥司法改革“试验田”和知识产权审判“桥头堡”作用，坚持党建引领作用，组建专业化审判团队，建设知识产权审判人才高地，全面落实司法改革措施，创新专门化审判机制，依法加大知识产权保护力度，提高司法保护水平，不断促进审理者裁判与多元监督管理双融合，政治素质与专业能力双过硬，审判质量和审判效率双促进，知识产权保护力度与水平双提升，为国家创新驱动发展战略实施和北京“四个中心”建设提供坚实的司法保障。

司法案例是法院工作的最终产品，鲜活的案例在解决个案纠纷的同时，还以其终局性、权威性和稳定性，客观上发挥着类案指引等作用。我院管辖的案件具有一定的特殊性，除了北京地区知识产权民事和行政案件以外，我院还专属管辖全国知识产权授权确权行政案件。这些案件整体呈现出数量多、类型全、增长快、案件专业性强、涉外案件比例高和行政案件比重大的特点。对这些司法案例进行总结分析，不仅是为了客观记录我院成立以来审判工作的成果，也有助于分析完善裁判规则、促进理论和实务研究，实现类案指引，促进类案同判。同时，这些成果还能很好地“以案释法”“以案普法”，引导知识产权争端的解决，降低社会纠纷化解的成本。

本书收辑的56个案例是从我院五年来审结的近六万件案件中精选出来的，在相关领域具有典型意义。这些案件包括“皇家KPN公司诉小米公司侵犯发明专利权纠纷案”“苹果公司诉专利复审委员会、第三人佰利公司外观设计专利权无效行政纠纷案”等事关国家创新驱动发展战略的疑难复杂案件，包括“西电捷通公司诉索尼公司侵害发明专利权纠纷案”“中科水景诉中科恒业、西湖管理处侵害著作权纠纷案”“央视国际网络有限公司与暴风集团股份有限公司侵害著作权纠纷案”“腾讯公司诉世界星辉公司不正当竞争纠纷案”等反映新兴业态下知识产权保护规则创新发展的案件，也包括“浙江唐德公司与上海灿星公司等诉前行为保全案”

“紫玉山庄公司诉海润公司商标侵权案”“腾讯公司诉商标评审委员会商标驳回复审行政纠纷案”等公众关注度高、涉及社会热点的案件，具有一定的前沿性、典型性和实用性。

从编写体例来看，每篇案例评析包括“裁判要旨”“裁判情况”“法官说法”“专家评析”等部分。其中，“裁判要旨”是案例的精华，是裁判规则的提炼，用精炼语言集中展示出案例所要解决的问题和裁判思路及规则。“法官说法”是对案件涉及的主要法律问题和裁判思路进行更深更广的剖析，进一步阐释了法官在处理具体案件时的思路。部分案例还梳理了相关法律观点的历史发展脉络，详细解释了采纳裁判中观点的考量因素，甚至包括对不同观点的公开和评析。“专家评析”则引入了相关领域权威专家的专业视角，对裁判文书进行另一角度的解读。可以说，法官和专家们对这些案例的深入阐释剖析，是给看似神秘的司法裁判过程打开了一扇窗，提供了一个公开透明交流的平台。欢迎社会各界积极提出宝贵意见。

北京知识产权法院　院长

王金山

2020 年 4 月

目录

第一部分
专 利

开放式权利要求与封闭式权利要求的判断规则

——维康公司诉专利复审委员会、第三人正好公司发明专利权无效行政纠纷案

段重合（北京知识产权法院　法官助理）

裁判要旨　虽然以“由……制成”方式撰写的组合物权利要求未被规定在《专利审查指南》中明确列举的封闭式或开放式权利要求的情形之中，但通过字面解释、整体解释、发明目的解释等方法可以确定该撰写方式为开放式权利要求。

【案号及审判人员】

一审：北京知识产权法院（2014）京知行初字第1号　审判长宿迟、审判员姜颖、审判员仪军

二审：北京市高级人民法院（2015）高行（知）终字第3375号　审判长焦彦、审判员马军、代理审判员孙柱永

【相关条款】

2001年《中华人民共和国专利法》（简称《专利法》）第二十六条第四款

【裁判情况】

2005年7月1日怀化正好制药有限公司（简称“正好公司”）向国家知识

产权局申请了名称为"一种药物金刚藤微丸及其制备方法"的发明专利，该专利2009年6月17日获得授权，专利号为200510080293.X。针对涉案专利，浙江维康药业有限公司（简称"维康公司"）于2013年12月30日向专利复审委员会[1]提出无效宣告请求。专利复审委员会经审查后作出被诉决定，维持涉案专利权有效。

维康公司不服被诉决定，向北京知识产权法院起诉，认为涉案专利权利要求1为封闭式权利要求，对活性成分和辅料都封闭，其原料中不含水。而根据说明书的记载，水是作为黏合剂使用的，且制备方法中皆有"加水适量搅拌制软材"的步骤。根据本领域的公知常识，微丸制备中必然需要黏合剂。虽然专利复审委员会认定在制备微丸的最后过程中，水被干燥除去，从终产品来看，微丸只含有金刚藤干浸膏、微晶纤维素和交联聚维酮，但根据说明书实施例3、实施例7~11的记载，金刚藤干浸膏、微晶纤维素和交联聚维酮的重量份合计不足200克，而制成的微丸重量却为200克，其中必含有其他不属于杂质的成分，涉案专利不符合《专利法》第二十六条第四款的规定，请求法院撤销被诉决定。

北京知识产权法院认为，权利要求书应当以说明书为依据，是指权利要求应当得到说明书的支持。如果权利要求所要求保护的技术方案是本领域技术人员能够从说明书充分公开的内容中得到或概括得出的，没有超出说明书公开的范围，则该权利要求能够得到说明书的支持。封闭式权利要求是指专利保护范围限于权利要求所记载技术特征的一种权利要求类型。开放式权利要求则是指专利保护范围除权利要求所限定的技术特征外，还可以包括权利要求未限定技术特征的一种权利要求类型。通过字面解释、整体解释、发明目的解释、本领域技术人员解释等角度进行分析，专利权利要求1应理解为开放式权利要求。

涉案专利权利要求1限定了所述药物微丸是由金刚藤干浸膏45~150重量份、微晶纤维素50~90重量份以及交联聚维酮5~15重量份制成。涉案专利说明书第1页载明："本发明药物微丸的原料组成及配比如下（按重量份）：金刚

[1] 根据中央机构改革部署，自2019年2月起，国家知识产权局原专利复审委员会的相关职责由国家知识产权局统一行使，原国家工商行政管理总局商标局、商标评审委员会整合为国家知识产权局商标局。原专利复审委员会、原国家工商行政管理总局商标局、商标评审委员会的机构名称不再使用。为确保行文规范统一，本书中仍以案件审理时行政裁决作出机构的原名称代指该机构。

藤干浸膏45~150重量份、加微晶纤维素50~90重量份、交联聚维酮5~15重量份”，即说明书中对权利要求1技术方案有相同的记载。同时，说明书第2页记载了金刚藤微丸的制备方法，即“将金刚藤干浸膏粉碎成细粉，加微晶纤维素、交联聚维酮，混合均匀；加水适量搅拌制软材，软材用10~20目筛过筛制粒，湿颗粒滚圆，制成微丸；或湿颗微丸50℃~80℃干燥，制成微丸制剂，即得”。基于以上信息，本领域技术人员能够知晓，在将金刚藤干浸膏、微晶纤维素和交联聚维酮混合均匀后，水用于将该混合物制成软材，并会在得到最终的药物微丸前经过干燥步骤，即水在制备药物微丸的中间过程发挥作用。因此，权利要求1不会因为其中未限定水而导致得不到说明书的支持。维康公司的起诉理由不能成立，北京知识产权法院判决驳回维康公司的诉讼请求。

北京市高级人民法院认为原审判决及被诉决定认定事实清楚，适用法律正确，应予维持。判决驳回上诉，维持原判。

■ 法官说法

本案争议焦点在于涉案专利是否违反2001年《专利法》第二十六条第四款，其实质在于应将涉案专利权利要求1中以“由……制成”方式撰写的组合物权利要求理解为开放式权利要求还是封闭式权利要求。我国历个版本《专利法》及《专利法实施细则》均未就开放式权利要求与封闭式权利要求进行专门规定，历个专利审查指南也仅用列举的方式指出了部分撰写方式的判断方法，因此一些案件中对该问题的认定需要结合权利要求的撰写方式进行具体分析。

开放式权利要求是指专利保护范围除权利要求所限定的技术特征外，还可以包括权利要求未限定技术特征的一种权利要求类型，其保护范围则更宽，但也更容易受到挑战，获得授权的难度更大；封闭式权利要求则是指专利保护范围限于权利要求所记载技术特征的一种权利要求类型，其保护范围较窄，但也较易获得专利授权。

开放式与封闭式权利要求的不同特点，要求权利人在申请专利时就应决定采用何种撰写方式，明晰不同撰写方式带来的相应法律后果。权利人应结合自身发明创造的实际情况，选择适合的权利要求类型，并承担相应的法律后果。

对于开放式与封闭式权利要求类型的判断方法，《专利审查指南 2010》采用了非穷尽的列举式规定，即“通常，开放式的权利要求宜采用‘包含’‘包括’‘主要由……组成’的表达方式，其解释为还可以含有该权利要求中没有述及的结构组成部分或方法步骤。封闭式的权利要求宜采用‘由……组成’的表达方式，其一般解释为不含有该权利要求所述以外的结构组成部分或方法步骤”，“开放式，例如‘含有’‘包括’‘包含’‘基本含有’‘本质上含有’‘主要由……组成’‘主要组成为’‘基本上由……组成’‘基本组成为’等，这些都表示该组合物中还可以含有权利要求中所未指出的某些组分，即使其在含量上占较大的比例。封闭式，例如‘由……组成’‘组成为’‘余量为’等，这些都表示要求保护的组合物由所指出的组分组成，没有别的组分，但可以带有杂质，该杂质只允许以通常的含量存在”。

上述规定给出了常见的开放式与封闭式权利要求的撰写方式，但权利要求的用语千差万别，此类规定方式无法穷尽实务中可能出现的全部情形。因此，在出现上述规定中未提及的撰写方式时，如何判断其权利要求的类型，则需要一定的判断方法。本案中，通过字面解释、整体解释、发明目的解释等方法最终确定以“由……制成”方式撰写的组合物权利要求应理解为开放式权利要求。

字面解释是权利要求解释的最基本的方式。最高人民法院在（2009）民提字第 20 号侵犯发明专利权纠纷案中，亦从另一角度表达了字面解释的观点，其认为：“专利权利要求 1 为组合物权利要求，采用了‘由下述重量配比的原料制成的药剂’的表达方式。权利要求 1 的这种表达方式，并不属于国家知识产权局制定的《审查指南 2006》第二部分第十章第 4. 2. 1 节所列举的‘由……组成’‘组成为’等封闭式表达方式的形式。”同样，在本案中，涉案专利权利要求 1 采用了“一种药物微丸，其特征在于该药物微丸是由下述重量份的原料制成的”撰写方式，与上述最高人民法院判决中所涉及的权利要求的撰写方式基本相同，在无相反证据推翻的情况下，本案应当与最高人民法院审理标准保持一致。因此，若仅从字面解释的角度出发，涉案专利权利要求 1 并不属于《审查指南 2006》中列举的封闭式权利要求的情形。

同时，北京知识产权法院还强调："受限于语言文字自身难以克服的模糊性，如果仅简单地运用字面解释方法，所得出的结论很可能与复杂的实际情况产生冲突。换言之，上述审查指南中具体列举的表达方式，仅应视为一种对封闭式或开放式权利要求的推定，而非绝对地意味着使用了相关语词的权利要求一定为封闭式或开放式。在权利要求所使用语词虽然与审查指南规定相符，但若通读权利要求后能够从整体上得到更为恰当解释时，则不应拘泥于审查指南的相关规定，而应对权利要求进行整体解释。举例而言，对于组合物专利的情形，如果其权利要求前半部撰写为'组合物含有……'，而后半部又撰写为'余量为……'，则尽管'含有……'的撰写方式通常意味着权利要求为开放式，但'余量为……'的表述实质上却意味着该组合物对其组分封闭，故此时该权利要求也应相应地解释为封闭式权利要求。由于本案不属于上述情形，故还需运用其他解释方法进行解释。"

权利要求的解释显然不应违背发明创造的发明目的，因此，进行发明目的解释也可以进一步判断涉案专利权利要求的类型。通常情况下，从属权利要求是对独立权利要求的进一步限定，因此，可以用从属权利要求限定的内容作为判断独立权利要求类型的佐证。具体而言，如果从属权利要求中进一步限定了独立权利要求中并未记载的技术特征时，则可以排除独立权利要求为封闭式权利要求，而认定其为开放式权利要求。在前述（2009）民提字第 20 号侵犯发明专利权纠纷案中，最高人民法院也进一步认定："从权利要求 1 与权利要求 2 的限定关系看，权利要求 1 也不是封闭式表达方式。从属于权利要求 1 的权利要求 2 限定了药剂为散剂或口服液。一般而言，从属权利要求是对独立权利要求的进一步限定而非扩张，在从属权利要求 2 进一步限定了权利要求 1 中的药剂可以是散剂或口服液的情况下，显然权利要求 2 还包括除了活性钙、葡萄糖酸锌、谷氨酰胺或谷氨酸之外的其他组分，说明权利要求 1 可以包括除了活性钙、葡萄糖酸锌、谷氨酰胺或谷氨酸之外的其他组分。因此，权利要求 1 应当理解为开放式表达方式的权利要求。"同样的，在本案中，引用独立权利要求 1 的从属权利要求 5 和 6 进一步限定了权利要求 1 所述药物微丸的制备过程中还需加入水和乙醇，因此，权利要求 1 亦应被理解为开放式权利要求。

此外，权利要求的解释主体离不开本领域技术人员。如果本领域技术人员能够知晓一旦将权利要求的技术方案理解为封闭式权利要求，将无法实现涉案专利的发明目的，那么涉案专利的权利要求应被理解为开放式权利要求。本案中，权利要求 1 限定了金刚藤干浸膏、微晶纤维素和交联聚维酮三种原料，但本领域技术人员显然可以意识到，在缺乏水或乙醇等其他溶剂作为黏合剂的情况下，上述三种固态原料不可能均匀混合，也不可能得到成丸所需的软材。因此，从这一角度出发，涉案专利权利要求 1 应被理解为开放式权利要求。

■ 专家评析

权利要求撰写形式的不同直接影响着专利的保护范围，而对于组合物的权利要求而言，通常采用封闭式与开放式的撰写形式，这两种撰写形式在医药领域中广泛应用。专利审查指南中主要通过撰写权利要求时所使用的语词，对权利要求属于封闭式或开放式进行界定。但不得不说，由于专利审查指南中主要通过例举的方式，而在专利申请文件撰写时受限于语言文字自身难以克服的模糊性，对于权利要求到底是封闭式抑或是开放式会存在争议，即对保护范围的确定存在争议，由此将直接会影响到对于权利要求是否支持、是否具备新颖性/创造性的判断结论。该案通过对权利要求本身的理解、结合说明书的内容，以及对于在先判决的分析等多个方面对于开放式权利要求和封闭式权利要求的确定给出了可供操作的判断原则。其与《最高人民法院关于审理侵犯专利权纠纷案件应用法律若干问题的解释（二）》第七条的思路亦不谋而合。

（**评析专家**：姚云，国家知识产权局专利局专利审查协作北京中心　化学部副主任）

◀ （2014）京知行初字第 1 号原告维康公司诉被告专利复审委员会、第三人正好公司发明专利权无效行政纠纷案一审判决书

◀ （2015）高行（知）终字第 3375 号上诉人维康公司与被上诉人专利复审委员会、原审第三人正好公司发明专利权无效行政纠纷案二审判决书

多主体实施方法专利的侵权认定

——西电捷通公司诉索尼公司侵害发明专利权纠纷案

段重合（北京知识产权法院　法官助理）

裁判要旨　帮助侵权行为的成立应以存在直接实施专利行为为前提，在多主体实施方法专利的侵权案件中，专利权人仅需证明被控侵权产品的用户按照产品的预设方式使用产品将全面覆盖专利权的技术特征即可，至于该用户是否要承担侵权责任，不影响帮助侵权行为的认定。

【案号及审判人员】

一审：北京知识产权法院（2015）京知民初字第1194号　审判长宿迟、审判员姜颖、审判员芮松艳、审判员杨静、审判员许波

二审：北京市高级人民法院（2017）京民终454号　审判长焦彦、审判员刘庆辉、审判员毛天鹏

【相关条款】

2010年《中华人民共和国侵权责任法》（简称《侵权责任法》）第九条第一款

【裁判情况】

西安西电捷通无线网络通信股份有限公司（简称“西电捷通公司”）于2002年11月6日申请名称为“一种无线局域网移动设备安全接入及数据保密通信的方

法”的专利，并于2005年3月2日获得授权，专利号为ZL02139508.X。西电捷通公司的技术从2003年起即成为我国无线局域网产业广泛采纳的标准，为芯片厂商、运营商、终端设备制造商等从业者所采用，并得到广泛应用。索尼移动通信产品（中国）有限公司（简称“索尼公司”）是移动通信设备（手机）制造商，通过其生产并销售的L39h、XM50t、S39h等35款手机实施了涉案专利的技术方案，并在其生产研发活动中普遍使用。西电捷通公司认为，索尼公司长期、大规模、故意实施侵权行为，严重侵害了西电捷通公司的专利权，应承担停止侵权、赔偿损失等相应的法律责任。

北京知识产权法院认为，在要求索尼公司提交其为实现WAPI功能所使用的测试规范，但其拒不提交的情况下，北京知识产权法院除认定其自认的在研发阶段对部分型号的被控侵权产品进行了WAPI功能测试外，还合理推定其在涉案手机的生产制造、出厂检测等过程中遵循了《质量管理体系要求》标准，亦进行了WAPI功能测试。一般而言，间接侵权行为应以直接侵权行为的存在为前提。但是，这并不意味着专利权人应该证明有另一主体实际实施了直接侵权行为，而仅需证明被控侵权产品的用户按照产品的预设方式使用产品将全面覆盖专利权的技术特征即可，至于该用户是否要承担侵权责任，与间接侵权行为的成立无关。被告明知被控侵权产品中内置有WAPI功能模块组合，且该组合系专门用于实施涉案专利的设备，未经西电捷通公司许可，为生产经营目的将该产品提供给他人实施涉案专利的行为，已经构成帮助侵权行为。

索尼公司不服一审判决，上诉至北京市高级人民法院。北京市高级人民法院经审理认为，本案中，索尼公司认为被诉侵权产品具有实质性非侵权用途，并非专门用于实施涉案专利的设备，西电捷通公司则主张被诉侵权产品中由WAPI芯片、WAPI模块等组合而成的WAPI功能模块组合系实施涉案专利方法的专用设备。通过勘验，被诉侵权产品通过安装WAPI相关证书能够连接WAPI网络。对于被诉侵权产品中硬件和软件结合的WAPI功能模块组合而言，其在实施涉案专利之外，并无其他实质性用途，故应该被认定为专门用于实施涉案专利的设备。但是，涉案专利系方法专利，除需要在移动终端内置WAPI功能模块外，还需要AP和AS两个设备共同作用。由此可见，涉案专利系典型的“多主体实施”的方法专利，该技术方案在实施过程中需要多个主体参与，多个主体共同或交互作用方可完整实施专利技术方案。本案中，由于索尼公司仅提供内置WAPI功能模块的移动终端，并未提供AP和AS两个设备，而移动终端MT与无线接入点AP及认证服务器AS系三元对等安全架构，移动终端MT与无线接入点AP及认证服务器AS交互使用才可以实施涉案专利。因此，本案中，包括个人用户在内的任何实施人均不能独自完整实施涉案专利。同时，也不存在单一行为人指导或控制其他行为人的实施行为，或多个行为人共同协调实施涉案专利的情形。在没有直接实施人的前提下，仅认定其中一个部件的提供者构成帮助侵权，不符合上述帮助侵权的构成要件，而且也过分扩大对权利人的保护，不当损害了社会公众的利益。据此，索尼公司的行为不构成帮助侵权。

■ 法官说法

本案争议焦点在于多主体实施方法专利侵权案件中，帮助侵权行为的认定问题。专利侵权判定应当遵循全面覆盖原则，即以被诉侵权人所实施的被诉侵权方案是否全面覆盖了涉案专利权利要求中的所有技术特征为判断标准。在多主体实施方法专利的侵权案件中，直接实施方法专利的往往是终端用户，而用户本身并无生产经营目的，难以被认定构成直接侵权。在此情况下，对于被诉侵权行为是否构成共同侵权，实务中存在诸多争议，一审判决和二审判决也产生了一定的分歧。

在同样涉及此类问题的最高人民法院（2019）最高法知民终号“腾达案”中所采用的观点具有典型性。最高人民法院认为，通信领域“具有互联互通、信息共享、多方协作、持续创新等特点，这就决定了该领域中的绝大多数发明创造的类型为方法专利，且往往只能撰写成为需要多个主体的参与才能实施的方法专利，或者采用此种撰写方式能更好地表达出发明的实质技术内容。然而这些方法专利在实际应用中，往往都是以软件的形式安装在某一硬件设备中，由终端用户在使用终端设备时触发软件在后台自动运行。因此，被诉侵权人完全可以采用上述方式，在未获得专利权人许可的情况下，将专利方法以软件的形式安装在其制造的被诉侵权产品中，甚至，还可以集成其他功能模块，成为非专用设备，并通过对外销售获得不当利益。从表面上看，终端用户是专利方法的实施者，但实质上，专利方法早已在被诉侵权产品的制造过程中得以固化，终端用户在使用终端设备时再现的专利方法过程，仅仅是此前固化在被诉侵权产品内的专利方法的机械重演。因此，应当可以认定被诉侵权人制造并销售被诉侵权产品的行为直接导致了专利方法被终端用户所实施。如果按照专利侵权判断的一般规则，即应当以被诉侵权人所实施的被诉侵权技术方案是否全面覆盖了专利权利要求记载的所有技术特征，作为专利侵权的必要要件，那么，仅仅是制造、销售具备可直接实施专利方法的被诉侵权产品的行为将难以被认定为侵害专利权的行为。同时，仅认定被诉侵权人在测试被诉侵权产品过程中实施专利方法构成侵权，不足以充分保护专利权人的利益，因为该测试行为既非被诉侵权人获得不当利益的根本和直接原因，也无法从责令停止测试行为来制止专利方法遭受更大规模的侵害，而专利权人更无权主张虽直接实施了专利方法、但并无生产经营目的的终端用户构成专利侵权。在上述情形下，针对网络通信领域方法的专利侵权判定，应当充分考虑该领域的特点，充分尊重该领域的创新与发展规律，以确保专利权人的合法权利得到实质性的保护，实现该行业的可持续创新和公平竞争。如果被诉侵权行为人以生产经营目的，将专利法方法的实质内容固化在被诉侵权产品中，该行为或者行为结果对专利权利要求的技术特征被全面覆盖起到了不可替代的实质性作用，即终端用户在正常使用该被诉侵权产品时就能自然再现该专利方法过程的，则应认定被诉侵权行为人实施了该专利方法，侵害了专利权人的权利”。

本案中，北京知识产权法院同样认为，虽然一般情况下，直接侵权行为的存在是帮助侵权成立的前提，但在多主体实施方法专利侵权的案件中，多个主体实施的行为结合在一起，才“全面覆盖”了涉案专利权利要求的全部技术特征，而用户本身因不具备“以生产经营为目的”而不构成直接侵权，此时如果仍然机械地套用帮助侵权的一般判断标准，将导致此类方案专利的权利人难以获得合理的救济，也违背了授予此类专利权的制度初衷。因此，在多主体实施方法专利的案件中，不应苛求专利权人证明有另一主体实际实施了直接侵权行为，权利人需证明的是被控侵权产品的用户按照产品的预设方式使用产品全面覆盖专利权的技术特征，至于该用户是否要承担侵权责任，与帮助侵权行为的成立无关。

本案中，被控侵权产品内置有 WAPI 功能模块组合，该模块专门用于实施涉案专利，用户运行该模块后即全面覆盖了涉案专利权利要求的技术特征，而索尼公司未经西电捷通公司许可，以生产经营目的将该产品提供给用户，该行为构成了帮助侵权。

■ 专家评析

西电捷通诉索尼公司一案是近年来通信网络技术领域方法专利侵权最典型的案例。除了涉及标准必要专利权人 FRAND 许可声明的性质认定、许可谈判行为与禁令颁发的关系、许可费判定等标准必要专利纠纷的常见争议焦点外，该案还涉及多主体实施方法专利的侵权认定这一知识产权领域集尖端科技发展新趋势和传统民事侵权法律适用规则新阐释为一体的极具挑战性的疑难复杂问题。

该案一审判决在专利间接侵权的概念阐释上具有开创性。虽然司法解释对专利帮助和教唆侵权的“明知”“专用”“积极诱导”等要件做出了规定，但并未明确间接侵权的概念及其在法律适用中与直接侵权的关系。按照民事侵权法的一般原理，没有直接侵权就谈不上间接侵权；但就多主体分别实施方法专利的分离式侵权而言，要证明直接侵权对于专利权人来说十分困难。因此，一审判决指出间接侵权行为应以直接侵权行为的存在为前提并不意味着专利权人应该证明其他主体实际实施了直接侵权行为，而仅需证明被控侵权产品的用户按照产品的预设方式，使用产品将全面覆盖专利权的技术特征即可。这一裁判标准无疑符合实质公平原则，符合专利制度鼓励和保护创新的初衷，符合国际社会探索运用专利保护促进新技术新业态发展的方向。

（**评析专家**：管育鹰，中国社会科学院　教授）

◀ （2015）京知民初字第 1194 号西电捷通公司诉索尼公司侵害发明专利权纠纷案一审民事判决书

◀ （2017）京民终 454 号上诉人索尼公司与被上诉人西电捷通公司侵害发明专利权纠纷案二审民事判决书

专利侵权中权利要求解释的相关规则的适用

——皇家 KPN 公司诉小米公司侵犯发明专利权纠纷案

周文君（北京知识产权法院　法官助理）

裁判要旨　在对权利要求进行解释时，即便权利要求中无明确文字记载，本领域技术人员在阅读权利要求后认为隐含限定的特征同样属于权利要求的范围。当在权利要求中既无明确记载，亦无法看出存在隐含限定情形时，需进一步考虑本领域普通技术人员在阅读说明书及附图后对该权利要求的整体理解。此外，在禁止反悔原则的适用中需要在一定程度上考虑专利权人的表述对于已生效案件结果的影响。

【案号及审判人员】

一审：北京知识产权法院（2015）京知民初字第 1192 号　审判长陈锦川、审判员芮松艳、审判员邓卓

二审：北京市高级人民法院（2018）京民终 531 号　审判长焦彦、审判员苏志甫、审判员王东勇

【相关条款】

《最高人民法院关于审理侵犯专利权纠纷案件应用法律若干问题的解释》

（法释〔2009〕21号）第二条，《最高人民法院关于审理侵犯专利权纠纷案件应用法律若干问题的解释（二）》（法释〔2016〕1号）第十三条

【裁判情况】

皇家KPN公司认为涉案专利的权利要求23已被纳入我国信息产业部电信管理局公布的《实行进网许可制度的电信设备目录具体设备名称及检验标准》中。皇家KPN公司通过对所购得型号的小米手机进行比对，认为由小米科技有限责任公司（简称“小米公司”）自2012年开始制造、销售的所有符合GSM/GPRS标准的手机均落入涉案专利的保护范围。而小米公司的前述行为未经皇家KPN公司许可，其行为已侵犯了皇家KPN公司所享有的专利权。皇家KPN公司以此为由，向北京知识产权法院提起诉讼。

小米公司辩称被诉行为并未构成对皇家KPN公司涉案专利权的侵犯，认为涉案专利权利要求23的技术方案与3GPP TS 44.065（2004年版）中相应部分的技术方案并不完全相同，涉案专利并未被纳入标准。

北京知识产权法院一审审理认为，涉案专利与涉案标准至少存在以下不同：（1）涉案专利仅压缩第一组数据包的数据段，并不压缩头段，但涉案标准则既压缩数据段亦压缩头段。（2）涉案专利与涉案标准对于第一组数据包的压缩及缓存的先后顺序有所不同。涉案专利是先压缩后缓存，涉案标准则是先缓存后压缩。由于涉案专利与涉案标准存在上述不同，故即便被诉侵权手机确采用了涉案标准且具有其压缩功能，原告据此而认定其落入涉案专利权利要求23保护范围，从而各被诉行为侵犯其专利权的主张亦不能成立。据此，一审法院判决驳回皇家KPN公司的诉讼请求。

皇家KPN公司不服一审判决，上诉至北京市高级人民法院。

北京市高级人民法院二审审理认为一审法院认定涉案专利不包含涉案专利权利要求23限定的相关具体特征的结论，并无不当，予以确认。在此基础上，二审法院判决维持原判。

■ 法官说法

由于权利要求限定了专利权的保护范围，故判定被诉侵权行为是否成立的前提，是对该权利要求进行相对准确的解释。然而，由于文字表述的局限性及现实的复杂性，使得在对权利要求进行解释时会遇到很多的问题，比如权利要求中特定术语的解释、权利要求缺少必要技术特征时如何处理、功能性限定等。虽然专利法规定了有关权利要求解释的若干原则和要求，但在具体案件中，如何适用前述规则，仍需进一步探讨和研究。本案即涉及在专利侵权纠纷案中，对涉案专利权的权利要求进行解释的问题，具体而言是在权利要求中无明确文字记载时，相关技术特征应如何解释的问题。

一、权利要求文字表述所确定的隐含限定特征

本案中，双方当事人对涉案专利技术特征 6 是否压缩头段存在争议，小米公司认为涉案专利仅压缩第一数据包的数据段，而不压缩头段，KPN 公司则认为涉案专利中对此并无限定，因此，压缩头段及不压缩头段的情形均属于涉案专利的保护范围。

涉案专利技术特征 6 为“压缩每个要压缩数据包的数据段的压缩装置”，其中对于是否压缩头段无明确限定。双方当事人争议点实质在于在权利要求中未明确予以记载的特征该如何确定。

《专利法》第五十九条第一款规定，发明或者实用新型专利权的保护范围以其权利要求的内容为准，说明书及附图可以用于解释权利要求的内容。

《最高人民法院关于审理专利侵权纠纷案件应用法律若干问题的解释》第二条规定，人民法院应当根据权利要求的记载，结合本领域普通技术人员阅读说明书及附图后对权利要求的理解，确定《专利法》第五十九条第一款规定的权利要求的内容。

根据前述规则，在对权利要求进行解释时，首先考虑的是本领域技术人员依据权利要求的文字表述对该技术方案的整体认知。此处整体认知不仅限于文字表述明确记载的内容，还应包括本领域技术人员在阅读权利要求后认为隐含

限定的特征。在此需强调的是，并非在所有案件中，都需要解读出隐含限定的特征，而是在当事人对某个特征的解读，存在争议的时候，依据权利要求的文字记载，结合本领域技术人员的通常理解，得出隐含限定的结论。也即在专利侵权案件中，对权利要求的解释规则不能脱离具体的案件来适用。

本案中，当事人对在权利要求中未明确予以记载的特征的确定存在异议。此时，对权利要求进行解释时，需要考虑在权利要求明确文字记载之外，本领域技术人员通过阅读权利要求的文字表述，是否能够得到“言外之意”，即隐含在文字表述之下的内容。该内容是本领域技术人员依据权利要求撰写逻辑，通常会得出的理解。这隐含的内容同样属于权利要求的范围。之所以要考虑隐含限定的特征，是出于对社会公众利益保护的考量。如果专利权人的发明内容仅涉及其隐含限定的部分，只因其撰写方式导致本不在其发明内容中的技术特征被包含进权利保护范围内，会使得权利保护范围不当的扩大，影响他人的利益。

不过，为了避免过多的引入本领域技术人员主观解读，而不当损害专利权的利益，在依据权利要求的文字得出隐含限定特征的结论时，还需要通过说明书及附图对该结论进行验证，也即该隐含限定的特征，可以从说明书及附图中找到认定依据。

对于涉案专利而言，权利要求中首先明确限定了第一组数据包包括头段及数据段两部分，但在后续的压缩程序中却仅提及压缩数据段，依据常理，这一撰写方式会使本领域技术人员将其理解为仅压缩数据段，而不压缩头段，亦即不压缩头段属于隐含限定的特征。而且根据涉案专利说明书及附图 1 的记载，可知图 1 中明确要求仅压缩数据段，不压缩头段，而说明书其他内容均未提及压缩头段的情况下，对于本领域技术人员而言，基于对权利要求 23 的文字理解，并结合图 1 中的明确记载，其通常会认为涉案专利并不会压缩头段。该结论与本领域技术人员依据前述权利要求撰写方式所得的结论是一致的。在此种情形下，本领域技术人员确定的隐含限定的技术特征是可以用来确定专利权人专利权的保护范围。

二、依据说明书及附图确定权利要求未明确记载的相关技术特征

本案中，双方当事人对于涉案专利中压缩及缓存的先后顺序的理解存在分歧。小米公司主张涉案专利采用的是先压缩后缓存的方式，与涉案标准并不相同。皇家 KPN 公司则主张权利要求中对于压缩与缓存的顺序并未限定，因此，不能将涉案专利理解为先压缩后缓存。

双方当事人争议的实质亦是对涉案专利的权利要求无明确文字予以限定时，相关技术特征的解释问题。与上述隐含限定特征确定不同的是，相关技术特征在涉案专利权利要求中既无明确文字记载，从权利要求的文字中亦无法看出存在隐含限定情形时，对权利要求中未明确予以记载的特征该如何解释。

依据《最高人民法院关于审理侵犯专利权纠纷案件应用法律若干问题的解释》（法释〔2009〕21 号）第二条规定可知，对于权利要求的解释并不应仅限于文字记载，“人民法院应当根据权利要求的记载，结合本领域普通技术人员阅读说明书及附图后对权利要求的理解，确定专利法第五十九条第一款规定的权利要求的内容。”基于此，对该问题的解决，需进一步考虑本领域普通技术人员在阅读说明书及附图后对该权利要求的整体理解。

与前述隐含限定特征确定的情形相类似，在权利要求中未明确限定的特征，亦不能当然地认为未做限定，将相关情形都囊括在专利权的保护范围里，这会导致不合理地扩大专利权的保护范围。因此，当对未做限定的技术特征产生争议时，需要考虑本领域技术人员依据说明书和附图的内容，确定权利要求更为精准的解释。

虽然涉案专利权利要求的文字中并未涉及压缩及缓存的先后顺序，且从权利要求的文字中亦无法看出存在隐含限定情形。在此情形下，需要考虑本领域普通技术人员在阅读说明书及附图后对该权利要求的整体理解。

在涉案专利说明书中，至少在说明书的“本发明的概述”部分和说明书图 2 对该特征进行了相关记载。由前述记载可明确看出，该技术方案中压缩与缓存具有先后顺序，即先压缩后缓存。在涉案专利说明书其他部分中并无相反记载的情况下，本领域技术人员在阅读上述内容后，通常会得出涉案专利为先压缩后缓存这一结论。

三、禁止反悔原则在本案中的具体适用情形

禁止反悔原则是专利侵权制度中的一项基本原则，其适用目的之一在于，避免专利权人违反诚实信用原则通过对权利要求做不同的解释从而在专利授权确权案件及专利侵权案件中同时获利。基于这一考虑，在禁止反悔原则的适用中需要在一定程度上考虑专利权人的表述对于案件结果的影响。这也体现在《最高人民法院关于审理专利侵权纠纷案件应用法律若干问题的解释（二）》第十三条的规定中。虽然相关法律作了规定，但在面对复杂的案件事实时，还需要具体分析适用。本文仅就本案所涉及的相关情形予以分析说明。

本案中，小米公司认为皇家 KPN 公司在之前的无效案件中，说明涉案专利应理解为先压缩后缓存。皇家 KPN 公司认为其未明确做此表示，即便作出该表示，该观点亦未被专利复审委员会接受并对案件结论有所影响，其不应适用禁止反悔原则。

正如前述，在专利侵权案件中，需要一定程度上考虑专利权人在专利审批程序中的表述对案件结果的影响。需要强调的是，前述案件应是生效的案件。因为未生效案件的审理结果具有变化的可能，这种变化对应的是专利权人所获利益的变化。在这种动态情形下的表述认定不适合用来确定专利权人的权利范围。因此，笔者认为审批程序中应当考虑生效案件中所认定的表述。《最高人民法院关于审理专利侵权纠纷案件应用法律若干问题的解释（二）》第六条亦规定，运用生效的裁判文书或审查决定解释涉案专利的权利要求。本案中，由于双方当事人均认可涉案的无效决定目前处于诉讼中，尚无生效判决，在此情形下，无法依据在前述无效决定中有关专利权人表述的认定而当然地适用禁止反悔原则。

■ 专家评析

专利的权利要求书，具体记载了专利保护的技术特征，具有法律效力。在侵权诉讼中，无论原告和被告都应当依据权利要求书记载的技术特征，主张权利或者作出不侵权的抗辩。而受理案件的法院，也应当依据权利要求书记载的技术特征，依据双方当事人提交的证据，确定侵权与否。

权利要求书的解释，可以有字面解释和等同解释。在具体的案件中，如果有证据证明被告以改头换面的方式偷窃了专利技术，而从字面解释的方式又难以保护专利权的时候，法院可以诉诸等同理论，认定被告使用的技术在本领域一般技术水平的人员看来，等同于权利要求书中记载的技术特征。适用等同理论，是为了更有效和更充分地保护专利权。

然而，等同理论应当与禁止反悔原则一道适用。具体说来，专利申请人在专利审查过程中明确放弃的技术特征，以及没有纳入权利要求范围的技术特征，不得以适用等同理论的方式，再次纳入专利保护的范围。在“皇家 KPN 公司诉小米公司”一案中，法院就是依据禁止反悔的原则，认定原告专利权利要求的第 23 个技术特征，不包括没有纳入其保护范围的“先缓存后压缩”的技术，以及压缩“数据头段”的技术。

显然，法院的判决既有效地保护了专利权利要求书中记载的技术特征，又为他人的技术创新留下了足够的空间，符合专利法保护创新的宗旨。

（**评析专家**：李明德，中国社会科学院　教授）

（2015）京知民初字第 1192 号皇家 KPN 公司诉小米公司侵害发明专利权纠纷案一审民事判决书

（2018）京民终 531 号上诉人皇家 KPN 公司与被上诉人小米公司侵害发明专利权纠纷案二审民事判决书

改进动机对创造性判断的影响

——法国原子能委员会诉专利复审委员会发明专利申请驳回复审行政纠纷案

芮松艳（北京知识产权法院　法官）
段重合（北京知识产权法院　法官助理）

裁判要旨　创造性判断的实质是本领域技术人员对发明创造的重构，而非对各对比文件中所公开内容的机械结合，其判断必然需要反映客观的研发规律。如果最接近现有技术与诉争发明创造的应用领域并不相同，客观上本领域技术人员不会产生改进动机，该发明创造具备创造性。

【案号及审判人员】

一审：北京知识产权法院（2015）京知行初字第 6679 号　审判长芮松艳、人民陪审员燕云、人民陪审员杨淑兰

【相关条款】

2009 年《中华人民共和国专利法》第二十二条第三款

【裁判情况】

2009 年 12 月 9 日法国原子能及替代能源委员会（简称“法国原子能委员会”）向国家知识产权局提出申请号为 200980149984.7，名称为“氢捕获材料、制备方法及应用”的 PCT 发明专利申请，国家知识产权局于 2014 年 3 月 24 日以该申请的权利要求 1~18 不符合《专利法》第二十二条第三款规定的创

造性为由作出了驳回决定。法国原子能委员会对上述驳回决定不服，于2014年7月8日向专利复审委员会提出复审请求，专利复审委员会经审查后作出第89131号复审决定维持了国家知识产权局的驳回决定。

法国原子能委员会不服被诉决定，向北京知识产权法院提起诉讼。北京知识产权法院经审理后作出（2015）京知行初字第6679号行政判决，认为本领域技术人员对于对比文件不会产生“降低封闭核废料的容器内聚集的氢气浓度”的改进动机。虽然法国原子能委员会有关被诉决定对该申请权利要求5创造性评述有误的起诉理由成立，但本案为驳回复审案件，而《专利法》中未规定部分授权制度，在该申请除权利要求5以外的其他权利要求不具备创造性的情况下，该申请仍不应被授权，据此驳回了法国原子能委员会的诉讼请求。

■ 法官说法

本案涉及《专利法》第二十二条第三款创造性判断的具体适用问题。《专利审查指南》虽然规定了创造性判断的“三步法”，但对于“三步法”具体的适用方式规定得较为抽象，特别是对于显而易见的判断缺乏明确的标准，这就导致实务中对该条款适用存在诸多分歧，本案的主要争议焦点也在于此。

《专利法》中创造性判断的实质是以本领域技术人员为主体对发明创造的重构过程，而非对各对比文件中所公开内容的机械结合。这一判断逻辑是按照发明创造的客观规律，以最接近现有技术为起点，判断本领域技术人员基于其对现有技术整体的理解，在看到最接近现有技术时，是否可以发现其所存在的问题，并以解决该问题为目的进行检索，以获得被结合的现有技术。也就是说，在这一过程中，本领域技术人员既不知晓诉争发明创造，亦不知晓被结合的现有技术，必然知晓的仅是最接近现有技术这一发明的起点，至于是否能够知晓被结合的现有技术，取决于本领域技术人员是否会基于最接近现有技术所存在问题而进行的相应检索。如果本领域技术人员不会朝着被结合现有技术的方向进行检索，则本领域技术人员将不会发现该现有技术，相应地，在其仅知晓最接近现有技术的情况下，将很难得出诉争发明创造性相对于案件中全部对比文件的结合不具备创造性的结论。

本案中，被诉决定认定该申请实际解决的技术问题为“降低封闭核废料的容器内聚集的氢气浓度、选择另一种胶凝基质的替代方案”，这一认定意味着对比文件 1 客观存在“封闭核废料的容器内聚集的氢气浓度过高”这一技术问题。只有如此，本领域技术人员才有可能产生解决该问题的动机，并基于这一动机去检索现有技术以获得解决该技术问题的技术手段，最终获得该申请权利要求 5 的技术方案。

本案中，对比文件 1 为一种用于电池中的吸氢材料，该申请权利要求 5 虽亦包含吸氢材料，但该产品为一种封闭核废料的容器。因对比文件 1 的应用领域为电池，而非封闭核废料的容器，其客观上不可能存在“封闭核废料的容器内聚集的氢气浓度过高”这一技术问题，因此，本领域技术人员在看到对比文件 1 的技术方案时，便不会产生“降低封闭核废料的容器内聚集的氢气浓度”的动机。在不存在这一动机的情况下，其显然不会为解决上述问题而去检索现有技术，亦即，其不会发现对比文件 2，并进而将其中的相应技术特征与对比文件 1 相结合从而获得该申请权利要求 5 的技术方案。由此可知，在以对比文件 1 为最接近现有技术的情况下，无法得出该申请权利要求 5 相对于对比文件 1 与 2 的结合不具备创造性的结论。

本案被诉决定中对于权利要求 5 创造性评述所存在的问题具有一定典型性。被诉决定之所以选取与该申请应用领域完全不同的对比文件 1 作为最接近现有技术，原因可能在于相对于对比文件 2，对比文件 1 公开了该申请更多的技术特征。公开技术特征较多的对比文件并非当然适合用作最接近现有技术。在最接近现有技术的选取上，本领域技术人员是否存在解决问题的动机应是最为重要的考量因素。因具体案件中创造性的判断过程是对发明创造的重构过程，故创造性的判断必然需要反映客观的研发规律。所有专利法意义上的发明均是以实际应用为目的，而依据客观的研发规律，技术人员通常不会因为发现了其他应用领域现有技术存在的缺陷，而产生改进其所属应用领域技术方案的动机。例如，技术人员不会因发现冰箱存在的技术缺陷，而产生改进烤箱的动机。基于此，对这一动机的考量意味着最接近现有技术原则上应是诉争发明创造所属应用领域的现有技术。

基于上述分析，对于权利要求 5 而言，比较合理的评述逻辑应是将同属核废料领域的对比文件 2 作为最接近现有技术。虽然其相对于对比文件 1 公开了较少的技术特征，但其却可能使本领域技术人员产生解决问题的动机。基于这一动机，本领域技术人员会寻求相关技术手段以解决其所存在问题，从而有可能发现对比文件 1。如果该申请权利要求 5 相对于对比文件 2 的区别特征已被对比文件 1 公开或属于惯常技术手段且有结合启示，则可以据此而认定该申请权利要求 5 不具备创造性。

■ 专家评析

《专利审查指南》规定了创造性判断的“三步法”，其根本目的是使得在创造性的评判过程中尽量避免“事后诸葛亮”，而尽可能更为客观、准确地评判发明相对于现有技术做出的贡献高低。通常而言，发明是针对现有技术中存在的技术问题所提出的解决方案，故在确定这个发明的起点时尤为关键，其需要从技术领域、技术问题、技术方案和技术效果多个角度予以考量。虽然说发明与现有技术所属的技术领域是否相同或相近并不对选择最接近现有技术构成绝对的限制，但不得不说，作为现有技术中与发明最密切相关的最接近现有技术，其不应与发明所关注的技术问题无关，否则，所属领域技术人员以此为基础将无法产生完成发明的动机，当然更无法据此得到该发明。该案就很好地诠释了在最接近的现有技术选取中，应该重点考量哪些因素，以及在此基础上如何准确地判断发明的创造性。该判断方法能够很好地避免基于发明本身进行的特征拼凑性的创造性判断，而真正能够还原发明重构的过程，并在此基础上准确地衡量发明相对于现有技术的贡献。

（**评析专家**：姚云，国家知识产权局专利局专利审查协作北京中心　化学部副主任）

◀

（2015）京知行初字第 6679 号原告法国原子能及替代能源委员会诉被告专利复审委员会发明专利申请驳回复审行政纠纷一审行政判决书

瑞士型权利要求创造性判断标准的分析

——诺华公司诉专利复审委员会、第三人豪森公司发明专利权无效行政案

张晓津（北京知识产权法院　法官）
马云鹏（北京知识产权法院　原法官助理）

裁判要旨　对于第二医药用途专利（即瑞士型权利要求），不仅应对疾病的体外细胞、动物模型实验有效，还应当达到能够有效治疗人体患者的程度，但这并不意味着在临床试验时能够达到绝对的成功，只需使得本领域技术人员对以该药物治疗人体患者的成功性有合理的预期即可。

【案号及审判人员】

一审：北京知识产权法院（2016）京73行初985号　审判长张晓津、审判员赵明、审判员卓锐

二审：北京市高级人民法院（2017）京行终2871号　审判长刘辉、审判员刘庆辉、审判员吴斌

【相关条款】

2001年《中华人民共和国专利法》第二十二条第三款

【裁判情况】

本案涉及“胃肠基质肿瘤的治疗”发明专利，诺华股份有限公司（简称

“诺华公司”）是共有专利权人之一，该专利的创新点在于发现了甲磺酸伊马替尼可被用于治疗胃肠基质肿瘤疾病的新用途。该专利权利要求采用“瑞士型权利要求”的撰写方式，“瑞士型权利要求”是我国专利法对疾病的治疗方法不授予专利权这一基本原则下的特别规定，旨在通过给医药用途发明创造提供必要的保护空间和制度激励，平衡社会公众与权利人的利益。

针对江苏豪森药业集团有限公司（简称“豪森公司”）提出的无效宣告请求，专利复审委员会作出被诉决定，认定该专利权利不具备创造性，故宣告涉案专利权全部无效。诺华股份有限公司不服被诉决定诉至北京知识产权法院，要求撤销被诉决定，判令专利复审委员会重新作出审查决定。

合议庭在庭前和庭后进行了数次评议，对本案涉及的技术背景知识进行了充分的了解，检索了数篇在先生效案例，对双方争议的程序问题和实体问题进行了深入的讨论，认为：对于第二医药用途发明专利，其不仅应对疾病的体外细胞、动物模型实验有效，还应当达到能够有效治疗人体患者的程度，但这并不意味着在临床试验时能够达到绝对的成功，只需使得本领域技术人员对以该药物治疗人体患者的成功性有合理的预期即可。此外，鉴于肿瘤药物研发的复杂性，本领域技术人员往往会对一些积极的信息产生极大的关注度，并据此进行有益的尝试，因此，即便现有技术未明确公开具体的实验类型和实验数据，但结合其本领域技术人员的技术水平和现有技术的描述，如果其可以根据现有技术所披露的信息，产生将特定化合物用于治疗该类疾病患者的动机，并对治疗结果的成功性具有合理的预期时，则可以认定现有技术已经公开了该发明中的技术方案。

据此，合议庭最终认定专利复审委员会的无效审查程序合法，关于该专利权利要求 1 不具有创造性的判定结论正确，故作出了驳回原告诉讼请求的判决。一审判决后，诺华公司提出上诉。二审法院最终判决驳回上诉，维持原判。

■ 法官说法

根据专利法及相关规定，创造性是指与现有技术相比，具有突出的实质性特点和显著的进步，即在正确认定该专利与最接近现有技术的区别特征的基础上，根据该专利实际解决的技术问题，判定该专利技术方案对本领域技术人员而言是否是显而易见的。而在审查化学领域发明的创造性时，在遵循创造性判断的一般原则的基础上，还需考虑该类发明自身的特殊性。

本案中，法院对瑞士型权利要求的解释规则及第二医药用途专利创造性评价标准进行了明确：（1）对该类权利要求的解释规则进行了释明，即其不仅应对疾病的体外细胞、动物模型实验有效，还必须达到能够有效治疗人体患者的程度，这并不意味着在临床药用时能够达到绝对的成果，只需使得本领域技术人员对以该药物治疗人体患者的成功性有相对合理的预期即可。（2）鉴于肿瘤药物研发的复杂性，本领域技术人员往往会对一些积极的信息产生极大的关注度，并据此进行有益的尝试，因此，即便现有技术未明确公开具体的实验类型和实验数据，但结合其本领域技术人员的技术水平和现有技术的描述，如果其可以根据现有技术所披露的信息，产生将特定化合物用于治疗该类疾病患者的动机，并对治疗结果的成功性具有合理的预期时，则可以认定现有技术已经公开了该发明中的技术方案。

就该专利权利要求 1 而言，其不仅应对 GIST 疾病的体外细胞实验有效，或对 GIST 的动物模型试验有效，还应当达到“能够有效治疗 GIST 患者”的程度，专利复审委员会对权利要求 1 的解释正确，但“能够有效治疗 GIST 患者”并不意味着在临床试验阶段能够达到绝对的成功，只需使得本领域技术人员对以该药物治疗 GIST 患者的成功性有合理的预期即可。

证据 1 是与软组织肉瘤治疗有关的一篇综述性的文献，其描述了对于软组织肉瘤治疗的临床最新情况，在评价权利要求 1 的创造性时应结合证据 1 全文公开的内容进行判断。诺华公司认为，在世界范围内，肿瘤药物的研发成功率极低，但现实中的治疗需求极大。在此情况下，即使在没有或成功预期极低的情况下，本领域技术人员仍可能会考虑尝试研发。但这种泛泛的、非基于技术启示的动机，不是“专利法意义下的动机”，在没有任何科学、实证依据（例如试验数据）的情况下，无法使本领域技术人员产生合理的成功预期。对此，法院认为，正是鉴于肿瘤药物研发的复杂性，本领域技术人员往往会对一些积极的信息产生极大的关注度，并据此进行有益的尝试，因此，虽然证据 1 中未明确公开具体的实验类型和实验数据，但结合其本领域技术人员的认知能力和证据 1 全文的描述，应认定其可以根据证据 1 所披露的信息，在不付出创造性劳动的基础上联想到该专利的技术方案。

本案涉及“胃肠基质肿瘤的治疗”发明专利，诺华公司是共有专利权人之一，该专利的创新点在于发现了甲磺酸伊马替尼可被用于治疗胃肠基质肿瘤疾病的新用途。该专利权利要求撰写方式十分特殊，亦称为“瑞士型权利要求”，是我国《专利法》对疾病的治疗方法不授予专利权这一基本原则下的特别规定，旨在通过给医药用途发明创造提供必要的保护空间和制度激励，平衡社会公众与权利人的利益。由于本案关系到用于治疗胃肠基质肿瘤疾病药物的生产和销售，且涉及对比文件公开日的确定、医药用途专利创造性的判断等热点问题，故引起了较高的社会关注，涉案被诉决定亦曾入选专利复审委员会 2015 年度十大无效案例。北京知识产权法院最终明确了瑞士型权利要求的解释规则及第二医药用途专利创造性评价标准，并判决驳回原告的诉讼请求。

■ 专家评析

为了给医药用途发明创造提供必要的保护空间和制度激励，平衡社会公众与权利人的利益，我国允许用“瑞士型权利要求”的撰写方式对实质上为药物用于治疗某疾病的发明创造给予相应的保护，但以这种方式撰写的医药用途权利要求，尤其是第二医药用途权利要求的新颖性和创造性的判断则常存争议，判断难点主要包括权利要求保护范围的解读、新颖性和创造性判断标准的把握。

就该案而言，其意义有两点：其一，明确了这类权利要求的解释规则，一方面可以明晰权利要求的保护范围，另一方面也能据此确定对比文件公开的信息，这对新颖性的判断尤为关键。其二，对这类权利要求创造性的判断给出了明确且可操作的主张，即如何理解医药领域的改进动机以及由此带来的“合理的成功预期”，而这恰是创造性是否成立的关键。通过该案，有利于业界和公众准确理解该类权利要求的审查标准，形成清晰明确的合理预期，同时也将对包括创新药企业和仿制药企业在内的所有药企在中国的专利保护策略选择带来深远影响。

（**评析专家**：姚云，国家知识产权局专利局专利审查协作北京中心　化学部副主任）

◀ （2016）京73行初985号诺华公司诉专利复审委员会、第三人豪森公司发明专利权无效行政纠纷案一审判决书

◀ （2017）京行终2871号上诉人诺华公司与被上诉人专利复审委员会、原审第三人豪森公司发明专利权无效行政纠纷案二审判决书

马库什权利要求的理解

——吉联亚公司诉专利复审委员会、第三人奥锐特公司等发明专利权无效行政纠纷案

芮松艳（北京知识产权法院　法官）
段重合（北京知识产权法院　法官助理）

裁判要旨　马库什权利要求原则上应被视为一个技术方案，而非若干并列技术方案的集合。在对马库什权利要求进行优先权核实时，亦原则上应以权利要求，而非该权利要求中所包括的具体化合物作为对比依据。

【案号及审判人员】

一审：北京知识产权法院（2015）京知行初字第1297号　审判长芮松艳、审判员张晰昕、人民陪审员蒋莉莉

二审：北京市高级人民法院（2017）京行终1806号　审判长焦彦、审判员戴怡婷、审判员马军

【相关条款】

2009年《中华人民共和国专利法》第二十二条第三款

【裁判情况】

1997年7月25日吉联亚科学股份公司（简称“吉联亚公司”）向国家知

识产权局申请了名称为“核苷酸类似物”的第97197460.8的发明专利。该专利在专利申请阶段仅要求了一项优先权，其优先权日为1996年7月26日。针对该专利，上海奥锐特实业有限公司（简称“奥锐特公司”）、正大天晴药业集团股份有限公司（简称“正大天晴公司”）、刘晓海先后单独向专利复审委员会提出了无效宣告请求，请求宣告该专利全部无效。专利复审委员会经审查后作出被诉决定，宣告该专利全部无效。

吉联亚公司不服被诉决定，向北京知识产权法院起诉。其认为马库什权利要求应被理解为多个并列技术方案的集合，在该范围内排列组合得到的每一个具体化合物都是一个技术方案。因此，该专利权利要求1、权利要求3~14、权利要求19~32均享有优先权，在此基础上，被诉决定有关该专利创造性的认定有误，请求法院予以撤销。

北京知识产权法院认为，马库什权利要求并非必然是若干并列技术方案的集合，除特殊情况下，该权利要求原则上应被视为一个技术方案。在对马库什权利要求进行优先权核实时，原则上应以整个权利要求，而非该权利要求中所包括的具体化合物作为对比依据，吉联亚公司认为马库什权利要求应被视为若干并列技术方案的集合的理由不能成立，相应的，其有关该专利具备创造性的主张也不能成立，据此判决驳回吉联亚公司的诉讼请求。

北京市高级人民法院认为，专利复审委员会仅以该专利权利要求1、权利要求3公开的马库什通式结构与优先权文件公开的马库什通式结构存在差别就认定两者不是相同主题，未考虑马库什权利要求的特性，未区分马库什权利要求中可能包含的并列选择关系的技术方案，其相关认定不当。原审判决虽然指出马库什权利要求并非必然是多个技术方案的集合，但未进一步区分该专利相关的权利要求是否包含多个可分的技术方案，径直以该专利权利要求整体作为优先权核实的对象亦有不当。专利复审委员会应在对专利权人主张优先权的部分与该专利相关权利要求的其他技术内容是否构成可分的技术方案进行评述后，作出其是否享有部分优先权的认定，据此判决撤销一审判决，撤销被诉决定，专利复审委员会重新作出无效决定。

■ 法官说法

本案争议焦点在于该专利权利要求1、权利要求3～14、权利要求19～32是否应当享有部分优先权，其实质在于应当如何理解马库什权利要求，该问题在《专利法》《专利法实施细则》《专利审查指南》中均未涉及，因此实务中对该问题的判断存在诸多争议，由一审判决和二审判决所持不同的观点也可见一斑，而最高人民法院在（2016）最高法行再41号判决中则支持了一审判决的观点。

最高人民法院认为，马库什方式撰写的化合物权利要求一直被视为结构式的表达方式，而非功能性的表达方式。马库什权利要求限定的是可并列的可选要素而非权利要求，应当符合《专利法》和《专利法实施细则》关于单一性的规定。马库什权利要求应当被视为马库什要素的集合，而不是众多化合物的集合，应当被理解为具有共同性能和作用的一类化合物。

本案中，一审法院对上述问题展开了详尽的分析，认为鉴于《专利法》《专利法实施细则》《专利审查指南》对此问题却均未涉及，该院只能退而求其次从现有法律法规中针对其他同类性质问题的相应做法中寻求参考。该专利虽为马库什权利要求，但这一问题并非马库什权利要求所特有。该问题的实质在于如何认定专利权利要求与该权利要求范围内所包含的具体实施方式之间的关系，或者说，该范围内所包含的每个具体实施方式是否均应被认定为单独的技术方案。这一情形在具有概括性质的权利要求中普遍存在。

《专利审查指南》中针对数值范围、上位概念、下位概念、选择发明等问题的相关规定均属于有关概括式权利要求的规定，在考虑上述规定的基础上，一审法院认为，《专利审查指南》的制定者并不认为概括性质权利要求的每个具体实施方式必然属于单独的技术方案，相应地，此类权利要求亦非当然属于多个并列技术方案的集合。因针对相同情形原则上应适用相同的规则，故该态度同样适用于同为概括式权利要求的马库什权利要求。

之所以作此认定，原因在于《专利法》所保护的是发明人对其技术方案所付出的智力劳动。对概括式权利要求而言，其中概括的只是各个具体实施方式所具有的共性，但各个具体实施方式除具有共性之外，其通常还具有各自的特性，因该部分内容并未被记载于权利要求中，故该部分内容显然并非专利权人的智力劳动，不属于其技术贡献，不应获得保护。但如果将每个权利要求当然视为其具体实施方式的集合体，视为并列技术方案的集合，则不仅意味着将各具体实施方式所具有的共性作为专利权人的技术贡献，同时亦将其所具有的特性划归到专利权人的技术贡献范围内，这一做法显然使专利权人获得了不应有的利益，不具有合理性。由此可知，权利要求只保护专利权人从各具体实施方式中所概括出的共性，至于每个具体实施方式所具有的特性则不属于权利要求保护范围。

马库什这一概括式权利要求在这一问题上亦无不同，其所保护的应是各可选项所具有的基本相同的共性，至于各具体选择项同时具有其各自特性，以及该特性使得不同选择项在相配合时可能出现的不同的技术效果，均非专利权人的技术贡献。因此，将马库什权利要求中各可选项中进行不同排列组合最终得出的各具体化合物不能当然视为若干单独的技术方案，马库什权利要求亦并非必然是多个并列技术方案的集合。

此外，马库什权利要求所包含具体化合物数量之巨大亦可从另一角度佐证这一结论。本案诉讼中，一审法院曾要求吉联亚公司明确该专利权利要求中所包含具体化合物的数量，吉联亚公司虽采用各种方式，却仍表示其无法计算出具体化合物的数量。如果专利权人连该范围内包括哪些具体化合物尚且无法确认，那么有何理由将该范围内的全部具体化合物均视为专利权人的技术贡献？而即便该数量可以确定，但各可选项之间进行组合后所得出的具体化合物通常亦为天文数量级别，专利权人显然客观上亦无法知晓其范围内每一个具体化合物，相应地，当然亦无法将每个具体化合物均视为专利权人的技术贡献。

除上述分析外，需要强调的是，如果将马库什权利要求当然地视为具体化合物的集合，其可能出现的结果将会与我国以下制度相冲突，而这一冲突足以从另一角度说明对马库什权利要求的这一理解有误。

其一，在马库什权利要求中，从属权利要求的撰写方式将不再有存在的必要。马库什权利要求的撰写中同样包括独立权利要求与从属权利要求，专利权人通过撰写从属权利要求的方式对独立权利要求进行逐级限定，最后限定为具体化合物。这一做法中对于具体化合物的保护通常是通过撰写从属权利要求以达到。但如果将马库什权利要求视为若干具体化合物的集合，则只要独立权利要求便可将原本属于从属权利要求的全部具体化合物得到保护，这也就意味着从属权利要求不再具有存在的价值。这一结论估计吉联亚公司亦不会认同。

其二，该领域中将不会存在选择发明。选择发明是指从现有技术公开的宽范围中，有目的地选出现有技术中未提到的窄范围或个体的发明。对于马库什权利要求而言，选择发明则应是指发明人在权利要求范围中通过对其中某一个或某几个可选项进行相应选择后所得到的更窄范围的马库什权利要求或者具体化合物。实践中，在马库什权利要求所适用的技术领域中，选择发明大量存在。但如果将马库什权利要求视为若干并列技术方案的集合，则在该范围内选择的任一具体化合物均会被视为已公开从而不具有新颖性，相应地更不可能具备创造性。这便意味着如吉联亚公司的主张成立，在马库什权利要求所适用的技术领域应不再存在选择发明。这一结论估计吉联亚公司同样不会认同。

基于上述分析，一审法院所持观点为：马库什权利要求并非必然是若干并列技术方案的集合，除特殊情况下，该权利要求原则上应被视为一个技术方案。在对马库什权利要求进行优先权核实时，原则上应以整个权利要求，而非该权利要求中所包括的具体化合物作为对比依据。

■ 专家评析

“马库什权利要求”的出现是为了解决化学领域中多个取代基基团没有共同的上位概念可概括的问题而应运而生的，它以更为简洁的方式呈现出专利权人的技术构思以及对现有技术的贡献，同时也能更为准确地表达对保护范围的诉求，故在各国的专利审查实践中均允许该撰写方式存在。不可否认的是，其无与伦比的概括能力确实为专利权人带来最有效的保护，但与此相应，带来的则是对于“马库什权利要求”性质理解的不一致性，即将其理解为整体技术方案或是并列技术方案的组合，这一点从该案一审判决和二审判决所持的不同观点亦可得以体现。但我们认为，对于权利要求性质的正确理解应考虑以下方面：立足于创设这种撰写形式的出发点、参考现有审查和司法实践中其他同类性质问题的相应做法，同时平衡好专利权人和公众的利益。该案的一审判决很好地兼顾了这些方面，且其观点也得到了最高人民法院（2016）最高法行再 41 号判决的支持。该案对于“马库什权利要求”性质的厘清将有助于在实质审查、行政确权、司法审查中统一认识，确保审查尺度的一致性，也能使得涉案当事人能够获得明确的法律预期。

（**评析专家**：姚云，国家知识产权局专利局专利审查协作北京中心　化学部副主任）

◀
（2015）京知行初字第 1297 号原告吉联亚公司诉专利复审委员会、第三人上海奥锐公司、刘晓海、正大天晴药业公司发明专利权无效行政纠纷案一审判决书

◀
（2017）京行终 1806 号上诉人吉联亚公司、被上诉人专利复审委员会、第三人上海奥锐公司、刘晓海、正大天晴药业公司发明专利权无效行政案二审判决书

外观设计专利授权确权案件的判断逻辑

——苹果公司诉专利复审委员会、第三人佰利公司外观设计专利权无效行政纠纷案

芮松艳（北京知识产权法院　法官）
段重合（北京知识产权法院　法官助理）

裁判要旨　《专利法》第二十三条第一款相当于新颖性条款，判断主体是一般消费者，以误购可能性为基本判断原则。《专利法》第二十三条第二款相当于创造性条款，判断主体是普通设计者，“明显区别”是指诉争外观设计相对于现有设计或现有设计特征的结合是否非显而易见。

【案号及审判人员】

一审：北京知识产权法院（2016）京 73 行初 1337 号　审判长姜颖、审判员芮松艳、审判员张晰昕

二审：北京市高级人民法院（2017）京行终 2594 号　审判长焦彦、审判员俞惠斌、审判员苏志甫

【相关条款】

2009 年《中华人民共和国专利法》第二十三条第一款、第二款

【裁判情况】

涉案专利是名称为“手机（100C）”的 201430009113.9 号外观设计专利，

其专利权人为深圳市佰利营销服务有限公司（简称“佰利公司”）。针对该专利，苹果电脑贸易（上海）有限公司（简称“苹果公司”）于2015年3月30日向专利复审委员会提出无效宣告请求。专利复审委员会经审查后作出被诉决定，维持该专利权有效。

苹果公司不服被诉决定，向北京知识产权法院起诉，主要理由为：一般消费者应是手机产品的实际消费者，被诉决定中未采用“一般消费者”作为判断主体，导致对于《专利法》第二十三条第一款及第二款的认定结论错误。该专利相对于对比文件及对比文件中相关特征的组合不符合《专利法》第二十三条第一、第二款的规定，请求法院撤销被诉决定。

北京知识产权法院认为，《专利法》第二十三条第一款为新颖性条款，其判断主体应为一般消费者。作为判断主体的一般消费者属于法律拟制的人，具有群体特性，并不指向某个个体消费者或者偶然性消费者，其应具有对该产品相对较为熟悉的消费者的认知能力。在具体判断中，需将外观设计拆分为具体设计特征，确定二者之间的相同特征及不同特征，并在排除相同特征中的功能性特征及惯常设计特征的情况下，将余下的相同特征及不同特征进行比对，以确定是相同特征还是不同特征对于消费者的视觉影响更大，最终对消费者是否会产生误购作出判断。基于上述原则，该专利相对于对比文件并未违反《专利法》第二十三条第一款的规定。

《专利法》第二十三条第二款为创造性条款，其判断主体应为普通设计者。作为判断主体的普通设计者同样属于法律拟制的人，具有群体特性，不指向某个特定个体。普通设计者应对该类产品的功能用途、市场需求、工业品外观设计的专业知识均具有基本了解。在具体判断中，首先确定最接近的现有设计，进而确定诉争外观设计与该现有设计的区别特征，最终判断诉争外观设计对于本领域设计人员而言是否显而易见。据此，该专利相对于苹果公司所提出的现有设计及各种组合方式均具有非显而易见性，未违反《专利法》第二十三条第二款的规定。综上，北京知识产权法院判决驳回原告的诉讼请求。

北京市高级人民法院认为原审判决及被诉决定认定事实清楚，适用法律正确，应予维持。判决驳回上诉，维持原判。

■ 法官说法

本案争议焦点在于《专利法》第二十三条第一、第二款的判断主体以及判断逻辑，对于该问题在《专利法》《专利法实施细则》《专利审查指南》均规定得较为抽象，因此实务中对上述问题的判断存在不同的做法。

一、《专利法》第二十三条第一、第二款的判断主体

《专利法》第二十三条第一款虽属于授权条款，但对于申请人而言，获得外观设计专利授权并非其申请专利的终极目的，其最终目的仍在于通过权利的获得而保障其后续的市场垄断利益。因权利人市场利益的实现需要排除他人未经许可实施该外观设计的行为，因此，权利的获得与权利的保护密切相关，对于授权条件的理解不能脱离侵权标准，对于授权条件中判断主体的理解亦是如此。

因侵权的后果必然出现在外观设计投入市场之后，因此，《专利法》第二十三条第一款的判断主体应是投入市场流通阶段可能涉及的主体。虽然在该阶段可能涉及消费者、组装者、维修者、使用者等多种主体，但上述主体并非均可作为判断主体，哪一主体应作为判断主体，取决于哪一主体的行为可能会使侵权人获利。因侵权人的利益来源于消费者的购买行为，而组装、维修、使用等行为与此并无直接关系，因此，侵权行为的判断主体为消费者，而非其他主体。《最高人民法院关于审理侵犯专利权纠纷案件应用法律若干问题的解释》（法释〔2009〕21号）第十条将侵权判断主体界定为“一般消费者”，并指出“人民法院应当以外观设计专利产品的一般消费者的知识水平和认知能力，判断外观设计是否相同或者近似”。可见，将《专利法》第二十三条第一款的判断主体界定为一般消费者与现有侵权标准相一致。

需要指出的是，作为判断主体的一般消费者属于法律拟制的人，在确定判断主体所具有的认知能力时，并不以某个个体消费者的认知水平为准，亦不以偶然性消费者为判断基础，应考虑的是对于该产品相对较为熟悉的消费者的认知能力。

《专利法》第二十三条第二款是2009年《专利法》修改后的新增条款，之所以新增该条款，是因为我国外观设计专利申请量虽然大幅度提升，但授权标准偏低的问题却显突出。如果仅以2001年《专利法》中的“相同或相近似”为授权标准，则很可能会使得仅仅通过简单模仿现有设计或者简单拼凑现有设计特征形成的外观设计亦可获得授权，这不利于发挥外观设计制度对于外观设计创新所应有的激励作用。在此情况下，相关立法部门认为有必要适当提高授权标准，以有效提高我国外观设计的创新水平，形成丰富多彩、更具有市场竞争力的产品样式。立法部门进一步指出，《专利法》第二十三条第一款及第二款分别类似于发明与实用新型专利的新颖性及创造性标准。

由上述立法说明可以看出，增加该条款的目的在于为外观设计设置较高的授权门槛，强调更高的智力劳动高度。这一立法目的对于判断主体的确定具有直接影响，因外观设计中所蕴含智力劳动的程度是由设计者而非消费者决定，因此，该条款应以产品的普通设计者为判断主体，这一认定与立法机关对该条款的“创造性”定位亦相契合。

作为判断主体的“普通设计者”同样属于法律拟制的人，具有群体特性，不指向某个特定个体。因外观设计制度保护的是设计者在产品功能与设计结合方面所付出的智力劳动，以及该智力劳动为设计者所带来的市场利益，而产品、设计、市场均属于外观设计获得利益不可或缺的因素，因此，对设计者的认知能力的界定，亦需从上述三要素着手。具体而言，设计者应对于工业品外观设计的专业知识、该类产品的功能用途以及该类产品外观的市场需求均具有基本了解。

《专利审查指南2010》第四部分第五章对判断主体做了如下规定：“在判断外观设计是否符合专利法第二十三条第一款、第二款规定时，应当基于涉案专利产品的一般消费者的认知水平和认知能力进行评价。不同种类的产品具有不同的消费者群体。作为某种类外观设计产品的一般消费者应当具备下列特点：(1) 对涉案专利申请日之前相同种类或者相近种类产品的外观设计及其常用设计手法具有常识性了解。例如，对于汽车，其一般消费者应当对市场上销售的汽车以及诸如大众媒体中常见的汽车广告中所披露的信息等有所了解。常见设计手法包括设计的转用、拼合、替换等类型。（2）对外观设计产品之间在形状、图案以及色彩上的区别具有一定的分辨力，但不会注意到产品的形状、图案以及色彩的微小变化。”

分析上述规定不难发现，《专利审查指南2010》虽未对《专利法》第二十三条第一、第二款的判断主体进行区分，均确定为一般消费者。但该“一般消费者”实际上既具有消费者特征（对外观设计产品之间在形状、图案以及色彩上的区别具有一定的分辨力，但不会注意到产品的形状、图案以及色彩的微小变化），亦具有设计者的特征（对诉争外观设计申请日之前相同种类或者相近种类产品的外观设计及其常用设计手法具有常识性的了解）。这一做法虽意在尽可能同时兼顾两个条款，但因其未进行有针对性的区分，实则较难与任一条款相契合。

基于此，《专利审查指南2010》上述规定可进行相应调整，将《专利法》第二十三条第一、第二款的判断主体进行区分，将现有规定中有关消费者能力的规定对应适用于第一款的判断主体，而将有关设计者能力的规定对应适用于第二款。

二、《专利法》第二十三条第一款的理解

对于使用在同类产品上的两外观设计而言，判断诉争外观设计是否违反《专利法》第二十三条第一款的规定，需要以误购可能性为基本原则。也就是说，在假定影响消费者购买行为的其他因素（如品牌等）并无不同的情况下，两设计的近似程度是否足以导致一般消费者的误购。如该近似程度足以导致误购，且导致误购的设计特征并非功能性特征，则可认定该设计违反《专利法》第二十三条第一款。

在具体判断中，需将外观设计拆分为具体设计特征，确定二者之间的相同特征及不同特征，并在排除相同特征中的功能性特征及惯常设计特征的情况下，将余下的相同特征及不同特征进行比对，以确定相同特征和不同特征哪个对于消费者的视觉影响更大，最终对消费者是否会产生误购作出判断。在这一过程中，具体设计特征的设计空间、新颖程度，其在产品中所占比例，其是否属于使用状态下容易看到的部位等因素均会对结论产生影响。

三、《专利法》第二十三条第二款的理解

《专利法》第二十三条第二款规定的“授予专利权的外观设计与现有设计或者现有设计特征的组合相比，应当具有明显区别”是指诉争外观设计相对于现有设计或其与现有设计特征的结合应当非显而易见。

在参考发明专利创造性判断步骤的基础上，可将《专利法》第二十三条第二款的判断确定为如下步骤：确定最接近的现有设计；确定诉争外观设计与该现有设计的区别特征；判断诉争外观设计对于本领域设计人员而言是否显而易见。

在第三步非显而易见性的判断中，需区分转用、单一比对及结合比对三种不同情形而采用不同判断步骤。在本案所涉及的结合比对情形下，应包含以下具体步骤：（1）确定“其他现有设计”中是否有与区别设计特征相同或基本相同的设计特征；（2）设计者是否无须创造性劳动即可将上述设计特征与最接近现有设计相结合，从而得到诉争外观设计，即是否有结合的启示。

■ 专家评析

该案涉及的主要争议点是外观设计创造性判断的主体标准问题。在美国外观设计审查实践中，与“普通观察者”的新颖性判断主体不同，非显而易见性的判断主体是“本领域普通设计人员”。欧共体外观设计的“个性特征”之判断主体是“熟悉产品的用户”，显然其判断水平应当介于一般消费者和本领域普通设计人员之间。日本对“创作非容易性”的判断主体也是“本领域普通设计人员”。可见，各国对外观设计创造性进行判断的法律拟制主体均是本领域普通设计人员或对设计的了解高于一般消费者水平的人。我国立法和审查、司法实践中未明确外观设计授权确权阶段的创造性判断主体，为提高外观设计专利的质量，此案中法院采取“本领域普通设计人员”的主体标准并提出具体的判断步骤是恰当的、具有示范意义的。

外观设计专利侵权判定主体的一般消费者标准在各国并无争议；不过，各国法院对一般消费者这一法律拟制人的释义并非采用单一固定的普通公众标准，

而是结合案件具体事实附加“有经验”“见多识广”“在现有设计背景下”等条件，将判断主体提升为对相关产品和设计空间有所了解的设计者、制造者、交易者、使用者等。可见，外观设计的授权确权与侵权判定主体在法律实施中并无实质差异。

（**评析专家**：管育鹰，中国社会科学院　教授）

（2016）京 73 行初 1337 号苹果公司诉专利复审委员会、第三人佰利公司外观设计专利权无效行政纠纷案一审判决书

（2017）京行终 2594 号上诉人苹果公司、被上诉人专利复审委员会、原审第三人佰利公司外观设计专利权无效行政纠纷案二审判决书

专利主题名称对权利要求保护范围的限定作用

——飞天诚信公司诉信安世纪公司、信安珞珈公司侵害发明专利权纠纷案

张晰昕（北京知识产权法院　法官）
朱蕾（北京知识产权法院　法官助理）

裁判要旨　权利要求的主题名称所包含的应用领域，如果对权利要求所要保护的产品或方法具有实质影响，则该应用领域对权利要求的保护范围具有限定作用。

【案号及审判人员】

一审：北京知识产权法院（2015）京知民初字第1575号　审判长张晰昕、审判员邓卓、人民陪审员李楠

二审：北京市高级人民法院（2018）京民终532号　审判长刘晓军、审判员张玲玲、审判员樊雪

【相关条款】

2010年《中华人民共和国专利法实施细则》第二十一条，《最高人民法院关于审理侵犯专利权纠纷案件应用法律若干问题的解释（二）》第五条

【裁判情况】

原告飞天诚信科技股份有限公司（简称“飞天诚信公司”）拥有第ZL200610002902.4号名为“软件保护装置数据传输过程的安全控制方法及其设备”的发明专利（即涉案专利）的专利权，该专利的申请日为2006年1月27日，授权公告日为2009年1月14日，目前合法有效。2015年4月23日，原告飞天诚信公司申请公证处进行证据保全公证，取得外壳标有“ARGUSec”的U盾（即涉案侵权产品）。原告飞天诚信公司通过对涉案侵权产品与涉案专利进行比对分析，确认涉案侵权产品已经落入涉案专利权利要求1、权利要求6（仅在权1的基础上）的保护范围，两被告未经许可，以生产经营为目的擅自使用涉案专利的专利方法并且制造、销售和许诺销售侵害涉案专利权的产品，侵害了原告的发明专利权，据此主张两被告赔偿原告经济损失等500余万元。

被告北京信安世纪科技股份有限公司（简称“信安世纪公司”）、被告武汉信安珞珈科技有限公司（简称“信安珞珈公司”）共同答辩称，没有证据证明涉案侵权产品落入涉案专利所要求保护的范围，且涉案侵权产品与涉案专利所要求保护的技术方案存在显著差别，两被告没有侵害涉案专利的专利权。

一审法院认为：涉案专利的权利要求书中已明确表述权利要求1的保护主题是“一种软件保护装置与计算机之间数据传输过程的安全控制方法”，涉案侵权产品并非一种软件保护装置，原告关于涉案侵权产品技术方案已经落入涉案专利权利要求1的保护范围的起诉理由，不予支持。基于相同理由，原告关于涉案侵权产品技术方案已经落入涉案专利权利要求6（仅在权利要求1的基础上）的保护范围的起诉理由，亦不予支持。据此，一审判决驳回飞天诚信公司的诉讼请求。飞天诚信公司不服提出上诉。

北京市高级人民法院二审审理认为一审判决认定事实清楚，适用法律正确，应予维持。据此，二审法院判决维持原判。

■ 法官说法

应用领域、用途经常会出现在专利主题名称中，其相关内容是否对权利要求的保护范围起限定作用是一个值得探讨的问题。

2010 年《中华人民共和国专利法实施细则》第二十一条规定，发明或者实用新型的独立权利要求应当包括前序部分和特征部分。其中前序部分写明要求保护的发明或者实用新型技术方案的主题名称和发明或者实用新型主题与最接近的现有技术共有的必要技术特征；特征部分写明发明或者实用新型区别于最接近的现有技术的技术特征。这些特征和前序部分写明的特征合在一起，限定发明或者实用新型要求保护的范围。

《最高人民法院关于审理侵犯专利权纠纷案件应用法律若干问题的解释》第七条规定，人民法院判定被诉侵权技术方案是否落入专利权的保护范围，应当审查权利人主张的权利要求所记载的全部技术特征。

《最高人民法院关于审理侵犯专利权纠纷案件应用法律若干问题的解释（二）》第五条规定，在人民法院确定专利权的保护范围时，独立权利要求的前序部分、特征部分以及从属权利要求的引用部分、限定部分记载的技术特征均有限定作用。

根据上述规定，在确定权利要求的保护范围时，要考虑权利要求所记载的全部技术特征，其中包括权利要求中前序部分的限定，因主题名称作为前序部分的内容之一，是权利要求不可或缺的组成部分，故其对保护范围的限定作用通常应当予以考虑。

最高人民法院在哈尔滨工业大学星河实业有限公司诉江苏润德管业有限公司侵害发明专利权纠纷案中确立了主题名称在通常情况下具有限定作用的原则，但同时也强调了主题名称实际的限定作用取决于其对权利要求所要保护的主题本身产生了何种影响。❶

北京市高级人民法院《专利侵权判定指南（2017）》第二十五条第一款亦规定：“主题名称中所包含的应用领域、用途或者结构等技术内容对权利要求所要保护的技术方案产生影响的，则该技术内容对专利权的保护范围具有限定作用。”该规定与最高人民法院在前述星河案中确立的原则实质上一致，两者均说明在判定主题名称对权利要求保护范围是否具有实质限定作用时，仍需要从具

❶　见最高人民法院（2013）民申字第 790 号民事裁定。

体案情出发，具体情况具体分析。只有在主题名称中所包含的应用领域、用途或者结构等技术内容对权利要求所要保护的技术方案产生影响的情况下，才能认定主题名称对专利权的保护范围具有限定作用。

本案中，涉案专利权利要求 1 的主题名称为“一种软件保护装置与计算机之间数据传输过程的安全控制方法”。该主题名称是否对权利要求 1 的保护范围具有限定作用，这正是本案争议的焦点问题。

（一）从涉案专利权利要求书及说明书记载的内容来看，权利要求 1 的主题名称对权利要求所要保护的方法具有影响

权利要求 1 的主题名称为“一种软件保护装置与计算机之间数据传输过程的安全控制方法”，说明权利要求 1 保护的是一种“数据传输过程的安全控制方法”，且该方法用于“软件保护装置与计算机之间的数据传输”。根据涉案专利说明书中的记载，权利要求 1 中的“软件保护装置”为一种加密设备，只有该软件保护装置为合法装置才能够产生被保护软件需要的重要数据，被保护软件才能正常运行，否则软件运行中止。说明书记载的上述内容说明“软件保护装置”系一种特定设备，有其自身的特点及作用，其对于权利要求 1 所要求保护的方法本身具有影响。

（二）从涉案专利确权过程来看，权利要求 1 的主题名称对权利要求所要保护的方法具有影响

飞天诚信公司在案件编号为 4W104121 的专利无效案件中提交的意见陈述书及该案口头审理过程中亦强调“软件保护装置在本领域技术人员有一定的含义”“脱离软件保护功能是不完整的”“软件有一部分是在保护范围之内”“如果去除了软件保护装置，则该软件就变成不完整的了，也就根本不能够实现其功能”等内容。据此亦可得出“软件保护装置”是一种使被保护软件能够正常运行的特定设备的结论。上述无效案件对应的无效宣告请求审查决定中亦将上述内容认定为涉案专利权利要求 1 区别于现有技术的技术特征。

虽然在本案审理过程中，飞天诚信公司极力主张涉案专利涉及一种安全传输方法，这是大的技术领域，不论是身份认证设备 U 盾还是软件保护装置，都涉及了一种安全传输方法和相应的设备。但是，根据禁止反悔原则，其对涉案专利在无效审查程序中已发表的意见亦无法辩驳。

综上，鉴于“软件保护装置”系一种特定设备，故“软件保护装置”对于权利要求1所要求保护的方法本身具有影响，如果“安全控制方法”并非用于“软件保护装置与计算机之间的数据传输”，则不在权利要求1的保护范围内。本案中，飞天诚信公司主张涉案侵权产品即为“一种软件保护装置”，涉案侵权产品附带安装在客户端的程序即为“被保护软件”，安装有客户端程序的计算机即为“运行被保护软件的计算机”。然而，涉案侵权产品为银行提供给客户的U盾产品，众所周知，U盾是对交易相关信息进行加密等处理，将经处理的信息发送给银行端，与银行端的处理结果进行比较，从而认证用户的合法性的设备，U盾处理的数据并不参与客户端软件运行，其作用也并非保护安装在计算机中的客户端程序。故涉案侵权产品并非一种软件保护装置，涉案侵权产品技术方案未落入涉案专利权利要求1的保护范围。同理，涉案侵权产品技术方案未落入涉案专利权利要求6的保护范围。

本案是一起认定主题名称对权利要求的保护范围起限定作用的典型案件。法院通过确定主题名称对于权利要求保护范围的限定作用，巧妙破解了该案冗长无效的技术勘验过程及勘验方案带来的结果不确定性，引导裁判结论走向明晰。禁止反悔原则在本案中亦发挥了举足轻重的判断作用，该原则的制度核心在于专利权人不能为获得授权而放弃的技术特征或限缩的保护范围又在专利侵权阶段找回来，亦即不能“两头得利”，凸显了专利法中“专利权人获得的专利保护要与其对技术的贡献相当”这一基本原理。

■ 专家评析

专利的权利要求书，不仅记载了要求保护的技术特征，而且具有公告专利保护范围的作用。正是通过这种公告作用，其他的市场主体可以或者避让专利权的保护范围，或者寻求专利权人的许可而使用相应的专利技术。

在权利要求书中，权利要求的主题名称表明了该发明所处的技术领域，以及权利要求书中所记载的技术特征得以运用的技术领域。从权利要求书的公告作用来说，权利要求的主题名称，同样具有法律效力。如果被控侵权的产品或者方法属于权利要求主题所表明的技术领域，则有可能构成侵权。当然，还应当进一步比对权利要求书中记载的技术特征和被控侵权产品或者方法所使用的技术特征。如果被控侵权的产品或者方法，不在权利要求主题名称所表明的技术领域中，则不存在专利侵权的问题。与此相应，也就不需要进一步比对权利要求书所记载的技术特征，与被控侵权产品或者方法中的技术特征是否相同或者等同。

该案中，法院经过审理发现，被告的 U 盾产品不在权利要求主题名称的范围内，进而判定被告没有侵犯原告的专利权。法院还认定，如果被控侵权的产品不在原告权利要求主题名称的范围内，也不可能侵犯原告权利要求中的技术特征 1 和技术特征 6。显然，这种审理方式既符合专利权保护的宗旨，又节省了必要的司法资源，值得称道。

（**评析专家**：李明德，中国社会科学院　教授）

◀

（2015）京知民初字第 1575 号原告飞天诚信公司诉被告信安世纪公司、信安珞珈公司侵害发明专利权纠纷案一审民事判决书

◀

（2018）京民终 532 号飞天诚信公司诉信安世纪公司、信安珞珈公司侵害发明专利权纠纷案二审民事判决书

专利授权过程中新旧法律适用的判断问题

——拜尔公司诉原专利复审委员会发明专利申请驳回复审行政纠纷案

栾羚（北京知识产权法院　法官助理）

裁判要旨　在涉及新旧法法律适用问题时，根据法不溯及既往的法治原则，为保障专利申请人对申请提出时施行的法律的正当信赖，对于专利申请文件是否应获得授权或维持有效，无论在专利授权程序中，还是后续的专利确权程序中，原则上应适用专利申请日时施行的《专利法》《专利法实施细则》及《审查指南》进行审理。

【案号及审判人员】

一审：北京知识产权法院（2015）京知行初字第3553号　审判长张晓津、审判员赵明、审判员崔宁

【相关条款】

1993年《中华人民共和国专利法》第二十六条第四款

【裁判情况】

本案涉及名称为“提高杀螨活性的组合物”的发明专利申请。专利复审委员会认为，该申请权利要求1要求保护拟除虫菊酯和烟碱基化合物的组合在制备用于防治动物的寄生蜱螨目的产品中的用途，说明书中仅仅提供了当拟除虫菊酯化合物为氯菊酯、烟碱基化合物为吡虫啉时，二者在特定配比下复配使用

对于蜱的增效实验数据和对蚤的活性数据，本领域技术人员难以预期其他组合物也具有类似的增效作用。因此，权利要求1及其从属权利要求得不到说明书的支持，不符合2001年《中华人民共和国专利法》（简称“2001年《专利法》”）第二十六条第四款的规定，故维持了国家知识产权局的驳回决定。

拜尔健康护理有限责任公司（简称“拜尔公司”）起诉称：(1) 该申请权利要求书能够得到说明书的支持。(2) 被诉决定关于《专利法》及《审查指南》版本适用错误。①该申请的优先权日为2000年11月30日，根据中华人民共和国最高人民法院作出的（2010）知行字第53-1号行政裁定书（简称“第53-1号行政裁定”）的解释，应当适用1993年《中华人民共和国专利法》（简称“1993年《专利法》”）以及与其配套的1993年版《审查指南》。②被诉决定的基本理由为权利要求保护的技术方案必须依赖试验效果数据加以证实，但又缺乏相关数据，按照2001年版《审查指南》规定应当属于2001年的《专利法》第二十六条第三款关于充分公开的要求，对应于1993年版《审查指南》实用性的相关规定。③根据1993年版《审查指南》，原告在该申请的母案申请中提交的补充实验数据，被告应予考虑。综上，被诉决定应予撤销。

专利复审委员会辩称：(1) 该申请不符合2001年《专利法》第二十六条第四款的规定。(2) 被诉决定适用法律正确。原告称本案属于1993年《专利法》第二十二条第四款实用性规范的情形，属于对法律理解有误。

一审法院认为：首先，根据法不溯及既往原则，该申请的优先权日为2000年11月30日，应适用1993年《专利法》和1993年版《审查指南》作出审查决定，但被告却适用2001年《专利法》和2001年版《审查指南》，属于法律适用错误，法院依法予以纠正。其次，本案所涉情形更符合《专利法》有关权利要求书能否得到说明书支持这一条款的调整范畴，原告主张应适用其他条款缺乏事实及法律依据。而且，各版《专利法》及各版《审查指南》，其对权利要求应得到说明书支持的规定并无不同，因此被告适用法律虽有不当，但对被诉决定的实体结果并无实质影响，因而被告关于该申请不符合《专利法》第二十六条第四款规定的认定正确。一审法院最终依法驳回了原告的诉讼请求。

一审判决后，双方均未上诉。本案一审判决生效。

■ 法官说法

本案涉及新旧法律适用及《专利法》第二十六条第四款的认定问题。

该申请母案申请日为2001年11月26日，优先权日为2000年11月30日，分案申请提交日为2008年9月12日，被诉决定作出之日是2014年11月4日。在该申请长达十多年的审查过程中，《专利法》及其实施细则和《审查指南》都经历过多次修订。本案中，双方当事人的争议焦点之一在于本案是应适用2001年《专利法》和2001年版《审查指南》，还是应适用1993年《专利法》和1993年版《审查指南》。

在以往生效案例中，最高人民法院作出的第53-1号行政裁定同样涉及在专利申请的审查中，1993年《专利法》与2001年《专利法》，以及1993年版《审查指南》与2001年版《审查指南》，从更符合立法精神、更利于保护申请人和社会公众利益角度出发的选择适用问题。第53-1号行政裁定认定："我国立法法第八十四条规定，法律、行政法规、地方性法规、自治条例和单行条例、规章不溯及既往，但为了更好地保护公民、法人和其他组织的权利和权益而作的特别规定除外。该条确定了法不溯及既往这一基本法治原则。根据这一原则，法律施行后对其生效之前的行为一般不得溯及适用。就专利申请文件的修改而言，在提出专利申请时，专利申请人根据申请日时施行的法律对申请文件的修改已经有所预期和信赖。为保障专利申请人对申请提出时施行的法律的正当信赖，判断针对该专利申请文件的修改是否合法，无论在专利授权还是以后的确权程序中，原则上应适用专利申请日（有优先权的，应为优先权日）时施行的专利法及其实施细则。由于《专利法》及其实施细则不仅关涉专利权人和专利申请人的利益，还关涉社会公众的利益，更应坚持法不溯及既往原则，对于溯及既往的情况应该更加慎重。虽然1993年版《审查指南》已被中华人民共和国国家知识产权局的相关规定废止，但此种废止的法律意义在于该《审查指南》自废止之日起不再继续发生法律效力，对废止之日起发生的行为不再适用，并不意味着其在任何情况下均不应适用。对于该《审查指南》施行时的专利申请以及依据该申请授予的专利权，仍应适用。若适用本案专利申请日时尚不存在的2001年版或者2006年版《审查指南》则违背法不溯及既往这一基本法治原则，损害专利申请人对生效法律的正当信赖。”

虽然前述案件争议焦点为判断针对该专利申请文件的修改是否合法，与本案的争议焦点权利要求书能否得到说明书支持适用条款不同，但是本案与前述案件争议的法律适用问题相同，因而可以参照第53-1号行政裁定的认定意见，对法律适用问题予以考量。本案中，该申请的优先权日为2000年11月30日，恰逢1993年《专利法》和1993年版《审查指南》施行期间，因此依据上述在先生效判决、裁定的认定，被告应当坚持法不溯及既往这一基本法治原则适用1993年《专利法》和1993年版《审查指南》作出审查决定。

《专利法》中有关权利要求书能否得到说明书支持、说明书是否公开充分以及涉案专利是否具备实用性等均对补交试验数据有所涉及，但其侧重点不完全相同，本案所涉情形更符合《专利法》有关权利要求书能否得到说明书支持这一条款的调整范畴，因而本案应当适用1993年《专利法》第二十六条第四款的规定进行审理。

同时需要指出，北京知识产权法院对原告有关被诉决定适用法律错误请求撤销被诉决定的诉讼主张不予支持的原因主要有二：（1）无论1993年《专利法》，抑或2001年《专利法》，无论1993年版《审查指南》，抑或2001年版《审查指南》，其对权利要求应得到说明书支持的规定并无不同，因此被告适用2001年《专利法》和2001年版《审查指南》作出被诉决定虽有不当，但对被诉决定的实体结果并无实质影响。而且为了尽快明确该申请的权利状态，使权利人有更多的精力投入生产经营中，完成其他更高质量的发明创造，北京知识产权法院对原告仅以有关被诉决定适用法律错误为由请求撤销被诉决定的诉讼主张不予支持。（2）由于该申请中两类物质的组合作用机制不明确，具有实验数据的仅有一组（氯菊酯和吡虫啉两种特定物质的组合），因而在作用机制不明确的情况下，本领域技术人员无法根据氯菊酯和吡虫啉两种特定物质组合后的实验效果，去推知该申请权利要求1中的5种拟除虫菊酯化合物与6种烟碱基化合物之间的组合均会具有增效作用，因而即使被告新旧法律选择适用错误，该申请权利要求1依然不符合1993年《专利法》第二十六条第四款的规定。

■ 专家评析

“法不溯及既往”是法治的一项基本原则，有利于法律秩序的稳定。具体说来，法律一经颁布，就具有公告天下的作用，要求社会公众据此而行为。如果让法律规定溯及既往，就扰乱了原有的法律秩序，也不利于新的法律秩序的建立。事实上，为了让社会公众更好地适应新的法律规定，一些法律在制定和修订之后，还会有一个适当的过渡期。例如我国《专利法》在制定和修订之后，通常都会规定一年左右的过渡期。

该案中，拜尔公司于 2000 年 11 月 26 日提出了母案申请，于 2008 年 9 月 12 日提出了分案申请。期间，我国《专利法》于 2000 年 8 月修订，于 2001 年 7 月实施。依据“法不溯及既往”的原则，依据拜尔公司于 2000 年 11 月 26 日提出母案申请的事实，应当适用 1992 年 9 月修订的《专利法》及其实施细则和《审查指南》。然而在该案的审查过程中，原国家知识产权局及专利复审委员会却错误地适用了 2001 年 7 月开始实施的《专利法》及其实施细则和《审查指南》。正是由此出发，一审法院在审理中纠正了这一错误做法。

就法律的修订而言，“法不溯及既往”，更多的是针对作出了修改的法律条文。如果旧法当中的法律条文，原封不动地延续到了新法之中，则无论适用旧法还是适用新法，都会达到相同的效果。尽管如此，在相关的行政执法和司法中，甚至在学术研究中，还是应当引用新法的条文。

（**评析专家**：李明德，中国社会科学院　教授）

◀

（2015）京知行初字第 3553 号原告拜尔公司诉被告专利复审委员会专利申请驳回复审行政纠纷案一审判决书

发明专利临时保护的判断规则

——LG公司诉日本电产、中南双绿公司发明专利临时保护期使用费和侵害发明专利权纠纷案

陈勇（北京知识产权法院　法官）

裁判要旨

专利临时保护事实上是对《专利法》第十一条第一款规定的禁止权的补充，是对在临时保护期内实施专利行为的事后追责，因此，获得临时保护应当以专利最终被授权为基础。

在实质审查过程中如果存在对权利要求的修改，则只有在被诉技术方案既落入发明专利申请公布时申请人请求保护的范围，亦落入授权权利要求的保护范围的情况下，才能认定被告在临时保护期内实施了该发明。

由于独立权利要求通常限定了较大的保护范围，因此，在判断被诉技术方案是否落入发明专利申请公布时申请人请求保护的范围时，即使原告同时主张独立权利要求及其从属权利要求，也仅需审查被诉技术方案是否落入申请公布文本的独立权利要求所限定的保护范围，而无须分析是否落入其从属权利要求所限定的保护范围。

【案号及审判人员】

一审：北京知识产权法院（2015）京知民初字第338号　审判长宋鱼水、审判员陈勇、审判员张晓丽

二审：北京市高级人民法院（2017）京民终55号 审判长刘晓军、代理审判员樊雪、审判员陈曦

【相关条款】

2009年《中华人民共和国专利法》第十一条第一款、第十三条、第五十九条第一款、第六十五条，《最高人民法院关于审理专利纠纷案件适用法律问题的若干规定》第十四条第一款、第二十条、第二十二条，《最高人民法院关于审理侵犯专利权纠纷案件应用法律若干问题的解释（二）》第十八条第一款、第二款、第二十七条

【裁判情况】

LG伊诺特有限公司（简称“LG公司”）为ZL201110369508.5号、名称为“主轴电机”的发明专利的专利权人，该专利权现为有效专利。本案涉及J130、K160、K070、G210四种型号主轴电机的被控侵权产品。LG公司主张对日本电产（东莞）有限公司（简称“日本电产公司”）在涉案专利临时保护期内制造、销售J130型号主轴电机的行为属于实施涉案专利的行为；在涉案专利授权公告后，制造、销售上述四种型号主轴电机的行为，构成专利侵权。LG公司还主张北京中南双绿科技有限公司（简称“中南双绿公司”）销售带有J130型号主轴电机的DVD刻录机，构成专利侵权。综上，LG公司请求法院判令：（1）日本电产公司立即停止生产、销售侵犯涉案专利权的被控侵权产品；（2）中南双绿公司立即停止销售使用被控侵权产品的DVD刻录机产品；（3）日本电产公司销毁库存的被控侵权产品、制造上述被控侵权产品的专用模具和其他工具以及产品包装、说明书、相关产品推广资料、产品图纸、产品型录等；（4）日本电产公司赔偿LG公司经济损失人民币1439123元，并支付在涉案专利临时保护期内制造、销售J130型号主轴电机的费用人民币2426834元，共计人民币3865957元，并承担LG公司为调查和制止其侵权行为支付的合理调查费和律师费人民币30万元。

北京知识产权法院一审认为：

第一，关于日本电产公司在涉案专利临时保护期内制造、销售J130型号主轴电机是否属于实施涉案专利的行为。由于J130型号主轴电机的技术方案同时落入涉案专利申请公布时请求保护的独立权利要求1的保护范围，以及经涉案无效决定确认有效的前述除权利要求4、权利要求20、权利要求40、权利要求50、权利要求65外的部分权利要求的保护范围，且根据法院向日立乐金光公司调查取证的材料来看，日本电产公司至少自2013年5月始开始制造、销售该型号主轴电机，早于涉案专利授权公告日，故在日本电产公司未按法院要求提交相应证据的情况下，法院认定被告日本电产公司在涉案专利的临时保护期内实施了该发明，应当承担相应的民事责任。第二，关于日本电产公司制造、销售主轴电机的行为是否构成专利侵权。对于J130型号主轴电机，由于日本电产公司在涉案专利公告授权后继续制造、销售的J130型号主轴电机的技术方案落入经涉案无效决定确认有效的前述除权利要求4、权利要求20、权利要求40、权利要求50、权利要求65外的部分权利要求的保护范围，因此，日本电产公司未经LG公司许可，制造、销售J130型号主轴电机，构成专利侵权，应当承担停止侵权、赔偿损失等民事责任。对于K160、K070、G210型号主轴电机，上述型号主轴电机的技术方案落入LG公司所主张的权利要求的保护范围，日本电产公司亦应承担相应的民事责任。第三，中南双绿公司未经许可，销售带有构成侵权的J130型号主轴电机的DVD刻录机，其行为同样属于实施涉案专利的行为，构成专利侵权，应当承担LG公司所诉请的停止侵权的民事责任。综上，一审法院判决：（1）日本电产公司立即停止制造、销售涉案24C293K160、24C293K070、24C293J130和24C293G210型号主轴电机；（2）中南双绿公司立即停止销售含有24C293J130型号主轴电机的产品；（3）日本电产公司支付LG公司发明专利临时保护期使用费共计人民币2426834元；（4）日本电产公司赔偿LG公司经济损失共计人民币1202048元；（5）日本电产公司赔偿LG公司合理支出共计人民币207240元；（6）驳回LG公司的其他诉讼请求。

一审判决后，日本电产公司提出上诉。二审法院最终判决驳回上诉，维持原判。

■ 法官说法

一、临时保护的性质

《专利法》第十三条规定："发明专利申请公布后，申请人可以要求实施其发明的单位或者个人支付适当的费用。"这是我国对发明专利申请进行临时保护的直接法律依据。

设立临时保护期的理论基础在于，当发明专利申请公布后，申请人拟追求获得的专利权保护范围就已确定，社会公众应当负有避让注意义务，但由于彼时该专利申请并未获得授权，故上述避让义务并非强制性的，而如果该专利申请最终获得授权，公众因违反避让注意义务而实施了该专利，则应当支付适当的费用。因此，对他人在发明专利申请文本公布后至专利权生效日之间的临时保护期内未经许可而实施该专利的，在性质上并不是"侵犯专利权"的行为。对这样的行为，实施者负有"支付适当的费用"的义务，而非承担侵犯专利权的停止侵权、赔偿损失的民事责任。

法理上，发明专利申请人获得的临时保护并非一种权利，而是一种期待性权益。临时保护事实上是对《专利法》第十一条第一款规定的禁止权的补充，是对在临时保护期内实施专利行为的事后追责。也就是说，获得临时保护应当以专利最终被授权为基础，如果发明专利申请在公布后因被驳回、撤回、视为撤回、视为放弃等缘故未最终授予专利权，则丧失了临时保护期内的"使用费给付请求权"。

二、临时保护期实施发明专利的判断规则

《最高人民法院关于审理侵犯专利权纠纷案件应用法律若干问题的解释（二）》（简称《司法解释（二）》）第十八条第二款规定："发明专利申请公布时申请人请求保护的范围与发明专利公告授权时的专利权保护范围不一致，被诉技术方案均落入上述两种范围的，人民法院应当认定被告在前款所称期间内实施了该发明；被诉技术方案仅落入其中一种范围的，人民法院应当认定被告在前款所称期间内未实施该发明。"

上述规定是认定在临时保护期内是否实施发明专利的基本判断原则。

（一）临时保护的保护范围

根据《专利法》第五十九条的规定，发明专利权的保护范围以其权利要求的内容为准，说明书及附图可以用于解释权利要求的内容。这是对已经授权的发明专利权的保护范围的规定。通常可以据此根据授权公告文本（或在无效宣告等程序中经修改确定有效的）权利要求的内容来界定《司法解释（二）》所述“发明专利公告授权时的专利权保护范围”。

但是，由于发明专利申请公布后，须通过实质审查后才能最终获得专利权，而在临时保护期内的公布文本与被授权的文本可能会有差异，故准确地说，临时保护的保护范围应为原说明书和权利要求书记载的范围，而非仅由发明专利公布文本的权利要求内容确定。实践中，《司法解释（二）》所述“发明专利申请公布时申请人请求保护的范围”通常仅涉及公布文本权利要求的内容所确定的保护范围。

由于发明专利权人在实质审查阶段可以对其专利申请文件进行修改，因此，专利公告授权时的专利权保护范围相对于发明专利申请公布时申请人请求保护的范围，在发明专利申请人在上述行政程序中有效修改相应的文本后，事实上可能存在保护范围相同、缩小、扩大或者交叉四种情形。

（二）临时保护的一般判断规则

实践中，权利要求的解释或保护范围的界定通常并不绝对清晰明确，甚至是个较为复杂且充斥争议的过程，故如果按照“先确定专利申请公布时与公告授权时的保护范围孰大孰小，再判断被诉技术方案是否落入其中相对更小的保护范围，进而确定是否应当获得临时保护”，并不具有现实操作意义。也正因为此，《司法解释（二）》确定了“被诉技术方案是否均落入上述两种范围”的判断方法，具体而言：

1. 当发明专利申请公布时申请人请求保护的范围与专利公告授权时的专利权保护范围一致时，被诉技术方案落入前述保护范围，就可以认定实施了该发明。是否落入前述保护范围的认定，应参考专利侵权判定中的全面覆盖原则和等同原则。（见图 1 所示情形 1）

2. 当发明专利申请公布时申请人请求保护的范围与专利公告授权时的专利权保护范围不一致时，即公布文本权利要求所确定的保护范围与授权文本权利要求所确定的保护范围不一致时，则被诉技术方案存在以下两种情况。

第一种情况，被诉技术方案同时落入上述两个保护范围。此时包含三种情形，即当授权文本权利要求所确定的保护范围相对公布文本权利要求所确定的保护范围更小时，落入前者则必然落入后者；当前者相对后者保护范围更大时，落入后者则必然落入前者；当前者和后者保护范围有交叉时，同时落入则能够符合临时保护的性质和概念要求。上述三种情形，均应当认定被告在临时保护期内实施了该发明。(见图 1 所示情形 2 及情形 3 阴影部分)

第二种情况，被诉技术方案仅落入其中一个保护范围，则均应当认定未实施该发明。理由是：首先，当授权文本权利要求所确定的保护范围相对公布文本权利要求所确定的保护范围更小时，如果落入后者但未落入前者，如前所述，获得临时保护应当以专利最终被授权为基础，无论专利申请人基于何种原因进行修改并客观上缩小了保护范围，那么被授予专利权的保护范围之外的部分，应当视为自始即不存在，也即是，被放弃的那部分技术方案应当视为自始被放弃，显然也不应该获得临时保护。实践中，缩小保护范围的修改一般都是因为相应的权利要求不符合专利法律法规的相关规定，属于专利申请人被迫放弃的部分，是典型的禁止权利人反悔的情形。其次，当授权文本权利要求所确定的保护范围相对公布文本权利要求所确定的保护范围更大时，如果落入前者但未落入后者，此时因社会公众只能通过公布文本中的权利要求来判断自己实施的技术方案是否落入该发明专利申请的临时保护范围，而不可能预判该专利申请被授权后的保护范围，公众应当有权根据公布文本的权利要求的内容来决定采取何种实施行为，故为维护社会公众的信赖利益，此时亦不应认定在临时保护期内实施了该发明。(见图 1 所示情形 4)

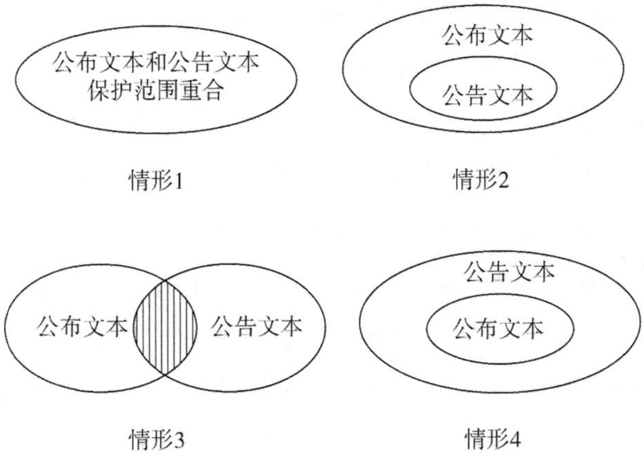

图 1

（三）临时保护的实践判断规则

如上所述，对于是否在临时保护期内实施了涉案发明专利的认定，《司法解释（二）》第十八条第二款确定了“被诉技术方案是否均落入上述两种范围”的判断方法。此时，首先需要确定的是该条规定所述“发明专利申请公布时申请人请求保护的范围”和“发明专利公告授权时的专利权保护范围”。

1. 对于发明专利申请公布时申请人请求保护的范围，实践中，权利人通常仅提出对公布文本权利要求的主张，即仅就其认为与诉讼案件有关的公布文本中的权利要求提出审查请求。并且，根据临时保护的理论基础，需要确定的是公众避让注意义务的边界，因此，如果权利人同时主张独立权利要求及其从属权利要求，则仅需审查被诉技术方案是否落入申请公布文本的独立权利要求所限定的保护范围。

2. 对于发明专利公告授权时的专利权保护范围，法院通常依据权利人主张的授权公告文本中的权利要求进行审查即可。需要注意的是，如果权利人在无效宣告程序中对专利授权公告文本进行过有效修改，则权利人提出相应主张应以无效宣告请求审查决定最终确认有效的权利要求为准。

3. 被诉技术方案是否均落入上述两种范围的判断。在判断被诉技术是否均落入上述两种范围前，还应当确定权利人所主张的公布文本权利要求与授权公告文本权利要求的关联性，即上述两类权利要求是否存在对应关系。

如图 2 所示，A、B、C 为专利申请公布文本中分别由一个独立权利要求及其从属权利要求组成的三组权利要求的保护范围，A′为专利授权公告文本中的一个权利要求的保护范围。①如果权利人主张具有关联或对应关系的 A、A′，且被诉技术方案均落入该两个保护范围，则可以认定在临时保护期内实施了专利。②如果权利人主张不具有关联或对应关系的 B、C 和 A′，则即使被诉技术方案分别同时落入 A′，以及 B 或 C，也不能认定在临时保护期内实施了专利。

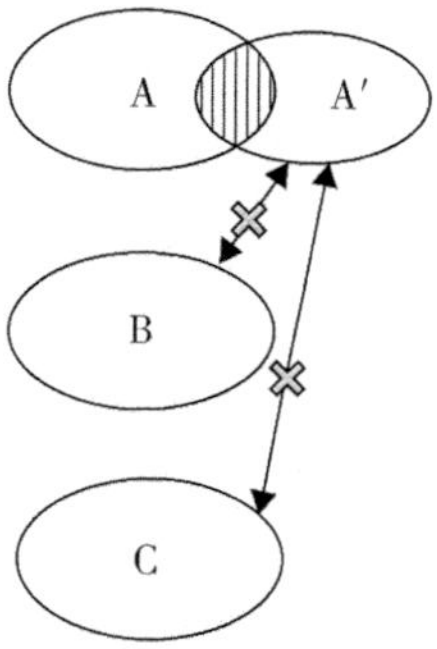

图 2

■ 专家评析

发明专利采“早期公开，延迟审查”制，故存在专利申请公开日与授权公告日之间的临时保护期，因《专利法》第十一条规定的侵权行为均在专利权被授予后，故临时保护期内实施发明在性质上不属于侵权行为。但临时保护事实上是对《专利法》第十一条第一款规定的禁止权的补充，是对在临时保护期内实施专利行为的事后追责，故其应当以获得有效的专利权作为前提。由于发明专利申请公开后经过实质审查获得授权的权利要求保护范围往往不同于其公开的请求保护范围，且在授权后还可能经历无效程序这样的专利挑战，从而使得权利要求的保护范围进一步发生改变，所以需要明晰临时保护期实施发明专利的判断规则。2016 年颁布的《最高人民法院关于审理侵犯专利权纠纷案件应用法律若干问题的解释（二）》第十八条第二款规定了临时保护期内是否实施发明专利的基本判断原则，即以“被诉技术方案是否均落入上述两种范围”的方式来加以判断，这种判断方式避免了对公布文本请求保护范围和授权后保护范围（包括经过无效程序后被确定有效的保护范围）之间的比较，而直接着眼于被控侵权物分别与两个范围进行比较，使得在实践中具有可操作性，且公众对于判断的结果也更具有预期性。而该案恰是通过具体的案例诠释了这种判断方式，对于业界能够更好地理解该判断原则具有实践意义。

（**评析专家**：姚云，国家知识产权局专利局专利审查协作北京中心　化学部副主任）

◀
（2015）京知民初字第 338 号 LG 公司诉日本电产公司、中南双绿公司发明专利临时保护期使用费和侵害发明专利权纠纷案一审民事判决书

◀
（2017）京民终 55 号上诉人日本电产公司与被上诉人 LG 公司、原审被告中南双绿公司发明专利临时保护期使用费和侵害发明专利权纠纷案二审民事判决书

优势证据规则
和举证责任合理转移规律的适用条件

——赵良新诉中国文化遗产研究院
侵害发明专利权纠纷案

周丽婷（北京知识产权法院　法官）

裁判要旨　在涉及方法专利的专利侵权案件中，如果不考虑优势证据规则和举证责任的转移规律，一味强调应由权利人举证证明被诉侵权人使用的方法落入权利人专利方法的保护范围，并在权利人尽其所能但无法提供直接证据时令其败诉，则不仅可能导致最终裁判结果与客观事实南辕北辙，也会导致方法发明专利权的保护难以落到实处。

【案号及审判人员】

一审：北京知识产权法院（2015）京知民初字第7号　审判长周丽婷、审判员刘炫孜、人民陪审员张一凡

二审：北京市高级人民法院（2017）京民终402号　审判长周波、审判员苏志甫、审判员俞惠斌

【相关条款】

2009年《中华人民共和国专利法》第十一条第一款，《最高人民法院关于适用〈中华人民共和国民事诉讼法〉的解释》第九十条第一款、第一百零八条第一款

【裁判情况】

原告是“古建彩绘的制作方法”发明专利的权利人，该专利系采用丝网印刷的方法制作古建彩绘。原告称由被告制作的河北省承德市安远庙天花采用了涉案专利方法，被告行为侵害了原告合法权益，故起诉至北京知识产权法院，要求被告立即停止侵权行为，并赔偿原告经济损失50万元。被告辩称其系按照传统手绘工艺制作安远庙天花，未侵犯原告专利权。

诉讼过程中，双方均同意对被控侵权的安远庙天花是手绘还是丝网印刷进行鉴定。经鉴定，被告制作的安远庙天花与原告使用涉案专利方法制作的天花系采用同一种印刷方式形成。

北京知识产权法院经审理认为：被告虽对鉴定结论不予认可，但并未提交证据证明鉴定结论存在明显依据不足的情形，或者提交其他有效证据推翻鉴定结论。因此，上述司法鉴定结论可以初步证明被告制作安远庙天花有较大可能使用了与涉案专利相同的方法。被告主张其使用手绘方法制作，因而有责任提供证据加以证明。被告提交的证据中，施工现场照片和施工日志仅反映了天花制作过程中“沥粉”及其后的工艺步骤，但这些工艺步骤并非本案争议的方法步骤特征，与被告是否实施了涉案专利方法的证明无关。并且，施工日志理应完整反映整个施工过程，被告提交的施工日志和施工照片并不完整，且恰好缺失了与本案待证事实相关的部分，令人难以信服。

鉴于被控侵权行为即安远庙天花的制作过程在原告发现之时即已结束，原告无任何其他途径可以直接证明被控侵权行为所使用的完整方法，而经过鉴定部门的专业鉴定，可以确定被告制作的安远庙天花与用涉案专利方法制作的天花采用同一种印刷方式形成。此时举证责任应转移至被告，被告应当证明其使用的方法与原告专利方法不同。然而被告并未提交有效证据证明其完整的施工方法。被告关于其系采用手绘方法制作的辩解与鉴定结论明显相悖，北京知识产权法院不予采信。因此，虽然现有证据无法直接证明被告制作安远庙天花的步骤与涉案专利权利要求1的步骤一致，但综合全案情况，北京知识产权法院认为被告制作安远庙天花使用了涉案专利权利要求1所保护的方法具有高度可能性，北京知识产权法院对该事实予以确认。

据此，北京知识产权法院判令：被告中国文化遗产研究院向原告赵良新支付使用费及赔偿原告赵良新经济损失共计50万元。

中国文化遗产研究院不服一审判决，提出上诉。北京市高级人民法院作出(2017)京民终402号民事判决书，判决驳回上诉，维持原判。

■ 法官说法

本案涉及在侵害方法发明专利权纠纷案件中，如何适用举证责任的转移规律和优势证据规则来作出合理判断。

方法发明专利侵权案件由于难以获得和固定实施方法的过程，因此普遍面临举证难、维权难的情况。如果涉案专利涉及新产品制造方法，专利法及相关法律法规给予了特殊保护。《专利法》第六十一条第一款规定，专利侵权纠纷涉及新产品制造方法的发明专利的，制造同样产品的单位或者个人应当提供其产品制造方法不同于专利方法的证明。《最高人民法院关于民事诉讼证据的若干规定》第四条第一款规定，因新产品制造方法发明专利引起的专利侵权诉讼，由制造同样产品的单位或者个人对其产品制造方法不同于专利方法承担举证责任。在涉及新产品制造方法的发明专利案件中实行举证责任倒置规则。

而对于非新产品制造方法发明专利侵权纠纷的举证责任分配，相关法律和司法解释均无特殊规定。但权利人同样存在举证困难的尴尬局面。若仅简单适用一般举证分配规则，一味强调由权利人举证证明被诉侵权人使用了其方法发明专利权，并在权利人尽其所能仍无法提供直接证据时令其败诉，这不仅可能无法查清客观事实，也会导致方法发明专利权的保护难以落到实处。《最高人民法院关于适用〈中华人民共和国民事诉讼法〉的解释》第一百零八条规定，对负有举证证明责任的当事人提供的证据，人民法院经审查并结合相关事实，确信待证事实的存在具有高度可能性的，应当认定该事实存在。《最高人民法院关于民事诉讼证据的若干规定》第七条规定，在法律没有具体规定，依本规定及其他司法解释无法确定举证责任承担时，人民法院可以根据公平原则和诚实信用原则，综合当事人举证能力等因素确定举证责任的承担。

具体来说，对于非新产品制造方法发明专利而言，由于其权利保护范围由方法步骤构成，而方法步骤的实施一般在被告的经营场所内或者被告管理、控制的场所内完成，故原告通常很难直接证明被告使用了其专利方法，特别是在被控侵权行为已经停止的情况下。因此，在实践过程中，如果原告已提交可靠的初步证据证明被告有较大可能使用了其专利方法，从公平的角度出发，此时举证责任应当转移至被告，由被告来证明其使用的方法与原告专利方法不同。如果不考虑优势证据规则和举证责任的转移规律，一味强调应由原告举证证明被告使用的方法落入原告专利方法的保护范围，并在原告尽其所能但无法提供直接证据时令其败诉，则不仅可能导致最终裁判结果与客观事实南辕北辙，也会导致方法发明专利权的保护难以落到实处。本案原告已提交可靠的初步证据（鉴定结论）证明被告有较大可能使用了其专利方法，此时举证责任应当转移至被告，由被告来证明其使用的方法与原告专利方法不同。而被告关于所使用方法的辩解，未提交有效证据加以证明，且明显与鉴定结论相悖。综合全案情况，法院认为被告使用了原告专利方法具有高度可能性，并判令被告承担相应民事责任。

■ 专家评析

方法专利权利要求所描述的方法流程与有形产品相比具有明显的抽象性、无形性，权利人依法所能控制的是使用其方法的行为，而行为本身完成即消失，权利人往往难以证明侵权成立；尤其是不涉及新产品制造的操作类方法专利，权利人遭遇侵权时无法适用法律规定的举证责任倒置规则。按一般民事诉讼“谁主张谁举证”的规则，方法专利权利人在实践中几乎不可能完成举证责任；这种方法专利的弱保护现状对做出创造性技术贡献的权利人来说是不公平的。

“古建彩绘的制作方法”一案中，法院针对这一难题，指出对于方法发明专利而言，如果不考虑优势证据规则和举证责任的转移规律，一味强调应由权利人举证证明被诉侵权人使用的方法落入权利人专利方法的保护范围，并在权利人尽其所能但无法提供直接证据时令其败诉，则不仅可能导致最终裁判结果与客观事实南辕北辙，也会导致方法发明专利权的保护难以落到实处。

这一判决基于双方认可的鉴定机构之鉴定结论这一主要证据做出，符合民事诉讼中的优势证据原则。该案体现的司法理念是先进的，其裁判思路符合事实和逻辑，其裁判说理有助于理解方法专利保护的制度目的，其裁判结果有利于推进非物质文化遗产保护领域的创新和保护。

（**评析专家**：管育鹰，中国社会科学院　教授）

◀ （2015）京知民初字第 7 号原告赵良新诉被告中国文化遗产研究院侵害发明专利权纠纷案一审民事判决书

◀ （2017）京民终 402 号上诉人中国文化遗产研究院与被上诉人赵良新侵害发明专利权纠纷案二审民事判决书

专利侵权诉讼中对权利人实际损失的计算问题

——握奇公司诉恒宝公司侵犯发明专利权纠纷案

何暄（北京知识产权法院　法官）

裁判要旨　专利权人因被侵权所受到的实际损失可以根据其专利产品因侵权所造成销售量减少的总数乘以每件专利产品的合理利润所得之积计算。当专利产品销售量减少的总数难以确定时，侵权产品在市场上销售的总数乘以每件专利产品的合理利润所得之积可以视为专利权人因被侵权所受到的实际损失。

【案号及审判人员】

一审：北京知识产权法院（2015）京知民初字第441号　审判长何暄、人民陪审员康健、人民陪审员高蕾

二审：北京市高级人民法院（2017）京民终399号　审判长杨柏勇、审判员刘晓军、审判员苏志甫

【相关条款】

2009年《中华人民共和国专利法》第六十五条第一款

【裁判情况】

北京握奇数据系统有限公司（简称“握奇公司”）指控恒宝股份有限公司

（简称“恒宝公司”）制造、销售的多款智能密码钥匙（即 USBKey）产品构成对其享有的“一种物理认证方法及一种电子装置”发明专利权的侵犯为由提起侵权诉讼，请求判令恒宝公司停止侵权行为，并赔偿经济损失 4900 万元及诉讼合理支出 100 万元。恒宝公司辩称不构成侵权，握奇公司也没有证明其专利产品因侵权造成销售量减少的具体数量，进而不能证明其实际损失，所提赔偿数额明显过高，故不同意握奇公司的诉讼请求。

北京知识产权法院在认定恒宝公司构成侵权的基础上，在确定本案侵权损害赔偿数额时认为，握奇公司因被侵权所受到的实际损失可以根据其专利产品因侵权所造成销售量减少的总数乘以每件专利产品的合理利润所得之积计算。当专利产品销售量减少的总数难以确定时，恒宝公司在市场上销售侵权产品的总数乘以每件专利产品的合理利润所得之积可以视为握奇公司因被侵权所受到的实际损失。在此基础上，判决恒宝公司赔偿握奇公司经济损失 4900 万元，以及诉讼合理支出 100 万元。

■ 法官说法

2016 年 11 月 4 日，中共中央、国务院印发《关于完善产权保护制度依法保护产权的意见》，明确提出要加大知识产权侵权行为的惩治力度，提高知识产权法定赔偿上限，探索建立对专利权等知识产权侵权惩罚性赔偿制度。最高人民法院在《关于充分发挥审判职能作用切实加强产权司法保护的意见》中指出，要按照“司法主导、严格保护、分类施策、比例协调”的知识产权司法保护基本政策，加大保护力度，推进知识产权强国建设。近些年，在从国家层面提出保护创新、注重自主知识产权保护主旨的大力倡导下，对专利技术的研发和保护愈发受到重视。而人民法院在近十年受理的专利侵权案件数量也呈逐年攀升趋势。经调研发现，侵权行为人敢于冒险实施侵权行为的主要原因之一就是侵权获利高，而赔偿数额过低。专利权人也经常感慨“赢了官司，输了市场”，得到的赔偿还不及投入的成本。因此，人民法院加大保护力度的举措之一就是要在司法实践中大幅提升专利侵权赔偿数额，以提高侵权成本，遏制侵权行为的发生，充分发挥人民法院在知识产权保护中的“司法定价”作用。

专利侵权损害赔偿一直是司法审判中一个长期困扰法官的瓶颈问题。根据《专利法》第六十五条第一款的规定，侵犯专利权的赔偿数额可以适用权利人实际损失、侵权人获利、专利许可使用费的倍数以及法定赔偿等计算方法予以确定。以侵权人获利方法计算赔偿数额是一个值得商榷的问题。

在当前知识产权损害赔偿仍然适用“填平原则”的前提下，侵权人的实际获利在理论上应当等同于专利权人受到的实际损失。首先，在专利权人与侵权行为人都有各自产品的情况下，专利产品市场份额下降而产生的实际经济损失应当是因侵权行为人销售侵权产品的行为直接造成的，如果还同时存在其他侵权行为人，或者专利产品市场份额减少非因本案侵权行为人，而是源于市场萎缩、国家政策调整、专利权人自身经营不善等因素，此时将侵权行为人的全部获利视为专利权人的实际损失，显然不公平。其次，根据专利技术的特点，专利实施率基本维持在 10%～30% 之间，也就是说，大部分专利发明创造停留在了构思阶段，未实施。究其因，有可能是实用性较差，也有可能是因为专利权人因经济原因无力实施。如果专利产品没有进入市场，以侵权行为人的全部获利作为专利权人的实际损失，仍然显失公平。所以，以侵权人获利方法计算侵权赔偿数额在司法界和学术界曾一度受到质疑。而以专利许可使用费的倍数和法定赔偿方法计算侵权赔偿数额则更存在较大的不确定性。

目前，以专利权人的实际损失计算侵权赔偿数额相较而言更为客观、公平，也最符合“填平原则”的本意。本案中，作为专利权人，握奇公司请求适用的就是以权利人受到的实际损失计算侵权赔偿数额。

最高人民法院对于《专利法》第六十五条第一款中规定的权利人实际损失应如何计算的问题，在《关于审理专利纠纷案件适用法律问题的若干规定》第二十条第一款中规定，“专利法中所述权利人因被侵权所受到的实际损失可以根据专利权人的专利产品因侵权所造成销售量减少的总数乘以每件专利产品的合理利润所得之积计算。权利人销售量减少的总数难以确定的，侵权产品在市场上销售的总数乘以每件专利产品的合理利润所得之积可以视为权利人因被侵权所受到的实际损失。”

本案中，握奇公司考虑到诉讼双方在其专利产品销售量减少的总数问题上争议较大，导致难以确定，故请求以被诉侵权产品的实际销售数量乘以每件专利产品合理利润的方法计算侵权损害赔偿数额，该项请求符合上述司法解释的规定，故法院予以准许。那么，根据该司法解释，要想得出实际损失的数量，显然需要对被诉侵权产品的实际销售数量和每件专利产品的合理利润两个要素作出认定。

首先，关于被诉侵权产品的实际销售数量问题。对被诉侵权产品实际销售数量进行统计是一个证据认定问题，因为它直接关系到将来对实际损失总量的认定，因此，在对该部分证据进行认定时，必须满足以下条件之一，即双方当事人均认可的证据，或者该证据的可信度已经达到高度盖然性或排除合理怀疑的程度，而不能采取推定的方式作出认定。本案中，涉及侵权产品实际销售数量的证据是握奇公司向法院提交的恒宝公司向多家银行销售侵权产品的《买卖合同》、销售发票、出库单等。恒宝公司对这些证据均不认可。法院在进行证据认定时，考虑到买卖双方最终交易的产品数量确有可能会与《买卖合同》载明的数量有出入，以及恒宝公司可能拒不提交买卖双方实际交易的产品数量的证据，或可能辩称最终交付的产品数量大大小于《买卖合同》载明的数量等情况，为保证对该部分证据的认定达到高度盖然性或排除合理怀疑的程度，法院向合同涉及的各家银行进行了调查取证，上述银行向法院出具了书面证明，其中列明了经统计后从恒宝公司处实际收到的侵权产品的数量。根据侵权产品需要有关部门进行认证的特点，每一个产品都会有一个电子证书，故法院又向颁发电子证书的两家单位进行了调查取证，获取的电子证书数量与以上各家银行证明中统计的侵权产品数量吻合。对于以上证据，恒宝公司未提出相反意见，法院经审查后认为，上述证据已经达到了高度盖然性或排除合理怀疑的程度，应当予以确定，据此认定了本案被诉侵权产品的实际销售数量。

其次，对于每件专利产品的合理利润的问题。众所周知，利润指的是产品价值或价格中高于成本以上的那一部分。利润又分为净利润和毛利润。净利润指的是企业当期利润总额减去所得税后的金额，即税后利润，也称纯利润。净利润是衡量一个企业经营效益的主要指标。毛利润指的是营业收入减去所销售产品的成本价值。正常来说，毛利润都是正数金额，而净利润有可能是负数金额，毛利润显然应该高于净利润。在多年的司法实践中，考虑到税后才是商家真正获得的盈利，故在计算侵权赔偿数额时，所指的“利润”应当是净利润。

那么，为什么要求是合理利润呢？受市场环境等因素影响，一个企业在不同时期的利润是浮动而非固定不变的，只能说在某一个选定的时间段内能够算出平均利润值，而有的利润值是企业自己计算并公布的，有的是依靠财会部门审计得出。企业出于自身经营的考虑，有时对外公布的利润值往往不准确，因此仅是一个参考。因此，法院对利润值的认定经常要靠推断得出，更应该慎而又慎。在此要注意两点：第一，对利润值发布主体的权威性和公正性的审查判断。如果是由权威审计机构或企业上级主管机关发布的数据，则证明力往往高于企业自己发布的数据。上市公司发布的数据的证明力往往高于非上市公司发布的数据。针对一个企业在同一时期发布的多份数据报告，如果结论是相互吻合，证明力较高。相反，如果多份报告的结论有明显差异，甚至自相矛盾，则应予以排除。第二，对证据时间节点的审查判断。有些情况下，当事人为证明其具有较高的利润值而在诉讼过程中临时委托审计，并向审计部门提供一些虚假数据，甚至提供伪证。因此，对当事人提交的证明利润值的审计报告等证据的落款时间节点的审查很重要。如果提供的是在诉讼之前几年出具的审计报告或对外发布的公开数据，其证明力高于在诉讼中形成的报告或数据。如果几份报告披露同一时期的数据略有差异则是正常的，可以取中；如果差距较大，则不能采信，应当让当事人继续举证说明。还要注意，如果当事人提交的利润值畸高，与当时该行业的市场大环境明显不符，则需要进一步审查。就本案而言，握奇公司提交的利润值证据是两家审计公司出具的审计报告和该公司对外公布的财务年报，报告形成时间明显早于本案受理时间，且发布的数据相互吻合，更为重要的是，握奇公司自愿选择其中最低的数值作为计算依据，故法院最终予以采信。

■ 专家评析

按照我国现行专利法的规定，专利侵权的损害赔偿有三种计算方法，权利人的实际损失，被告的利益所得，许可费用的合理倍数。三种计算方式所奉行的都是“填平原则”，既保障专利权人获得必要的经济利益，又防止被告因为侵权而获利。在该案中，法院通过相关的证据，计算专利权人的实际损失，判决被告向原告支付 4900 万元的损害赔偿。

该案判决引起社会公众的广泛关注，原因在于 4900 万元的高额损害赔偿。而法院做出这样的判决，又是依据了特定的关于被告利润的审计报告。这就向我们提出了一个问题，在专利侵权诉讼中，搜集和提供原告实际损失、被告利益所得的证据是非常重要的。在目前的专利诉讼中，赔偿数额低是一个普遍的问题。而解决这一问题的路径之一，就是充分估算涉案专利技术的市场价值。而这又依赖于双方当事人，尤其是原告提出相应的强有力的证据。

我国专利法正在修订之中，有可能加入惩罚性损害赔偿的规定。即便如此，充分估算专利本身的价值，仍然是摆在法院面前的一个课题。因为，如果不能充分估算专利技术的市场价值，即使给予了原告以两倍、三倍的损害赔偿，仍然难以弥补专利权人的实际损失。

（**评析专家**：李明德，中国社会科学院　教授）

（2015）京知民初字第 441 号握奇公司诉恒宝公司侵犯发明专利权纠纷案一审民事判决书

（2017）京民终 399 号上诉人恒宝公司与被上诉人握奇公司侵害发明专利权纠纷案二审民事裁定书

恶意提起专利侵权诉讼的构成要件及判定路径

——远东水泥公司诉四方如钢公司恶意提起知识产权诉讼损害责任纠纷案

陈勇（北京知识产权法院　法官）

裁判要旨　一般来说，当事人提起诉讼，应当对其权利基础是明确知晓的，倘若当事人在缺乏权利依据的情况下提起诉讼，此时易被认定为具有主观上的恶意。判定是否构成恶意提起专利侵权诉讼，应在考虑专利权本身复杂特性的情况下，结合专利权人在无效宣告程序中的具体行为及其后续提起专利侵权诉讼的行为特点进行综合判断。

【案号及审判人员】

一审：北京知识产权法院（2015）京知民初字第1446号　审判长杜长辉、审判员陈勇、人民陪审员韩树华

【相关条款】

《中华人民共和国民法通则》（简称《民法通则》）第一百零六条第二款，《中华人民共和国侵权责任法》第六条第一款，《中华人民共和国民事诉讼法》（简称《民事诉讼法》）第十三条

【裁判情况】

北京四方如钢混凝土制品有限公司（简称“四方如钢公司”）拥有一项名为“井壁墙体模块以及采用该模块构筑井壁墙体的方法”的第03105335.1号发明专利，该专利授权公告时包括产品权利要求1~10以及方法权利要求11~19。后在案外人提出的无效宣告程序中，四方如钢公司主动放弃了涉案专利中的方法权利要求11~19，并将原产品权利要求1~10修改为权利要求1~8。

2015年4月，四方如钢公司以北京远东水泥制品有限公司（简称“远东水泥公司”）侵犯其涉案专利权为由提起诉讼，要求远东水泥公司停止生产、销售、销毁被控侵权产品，停止使用及授权他人使用涉案专利方法，并索赔110余万元，后因故撤回了该案起诉。

2015年8月，远东水泥公司以四方如钢公司系恶意提起知识产权诉讼为由向北京知识产权法院起诉，称：四方如钢公司故意隐瞒涉案专利的权利要求被国家知识产权局专利复审委员会作出的第12209号无效宣告请求审查决定宣告部分无效的事实，并在上述无效宣告程序中将全部方法权利要求删除的情况下，仍然以方法权利要求主张侵权，在修改产品权利要求后，仍然以原产品权利要求主张侵权。据此，远东水泥公司请求法院判决四方如钢公司赔偿其律师费等经济损失20万元并承担案件诉讼费。

北京知识产权法院经审理认为，四方如钢公司在主动放弃和修改涉案专利权利要求后，又基于此部分权利要求向远东水泥公司提起专利侵权诉讼，主观上明显具有恶意。四方如钢公司在明知其请求缺乏正当理由的情况下，对远东水泥公司恶意提起专利侵权诉讼，致使远东水泥公司在诉讼中遭受律师费等经济损失，应当予以赔偿。最终，法院判决：（1）被告四方如钢公司赔偿原告远东水泥公司经济损失5万元；（2）驳回原告远东水泥公司的其他诉讼请求。

一审宣判后，双方当事人均未提出上诉，本案已发生法律效力。

■ 法官说法

本案涉及恶意提起知识产权诉讼的认定标准。

《民法通则》第一百零六条第二款规定：“公民、法人由于过错侵害国家的、集体的财产，侵害他人财产、人身的应当承担民事责任。”《侵权责任法》第六条第一款规定：“行为人因过错侵害他人民事权益，应当承担侵权责任。”《民法总则》第一百三十二条规定：“民事主体不得滥用民事权利损害国家利益、社会公共利益或者他人合法权益。”《民事诉讼法》第十三条规定：“民事诉讼应当遵循诚实信用原则。当事人有权在法律规定的范围内处分自己的民事权利和诉讼权利。”

所谓恶意诉讼，通常是指当事人以获取非法或不正当利益为目的而故意提起一个在事实上和法律上无根据之诉，并致使相对人在诉讼中遭受损失的行为。由于当事人主观意图的判定具有较强的不确定性，因此一般需要在综合考虑行使权利正当性与滥用权利的利益平衡关系基础上，结合当事人的具体行为及其相关请求等因素，来判定其是否具有主观上的恶意。

恶意诉讼的损害责任，其请求权依据是程序法，其构成要件应是一般侵权责任的构成要件。依照上述法律规定，认定某种具体的诉讼行为属于恶意提起知识产权诉讼，至少应当满足以下构成要件：（1）一方当事人对另一方当事人提起过知识产权诉讼；（2）提起诉讼的一方当事人具有主观上的恶意；（3）具有实际的损害后果；（4）当事人提起知识产权诉讼的行为与损害后果之间具有因果关系。

对于上述要件（1），所谓“提出了某项请求”，通常是指提出请求的一方当事人利用法律赋予的诉讼权利，提起了知识产权诉讼，并且已将另一方当事人拖入了诉讼程序中，也使受诉法院已经受理本案并已向另一方当事人送达了应诉通知；所谓“以提出某项请求相威胁”，是指提出请求的一方当事人在起诉状中明确提出了某项请求，使另一方当事人陷入了一种不利的境地，而后又在诉讼程序中变更或放弃了该请求的行为。本案中，四方如钢公司在另案中提出专利侵权诉讼，要求远东水泥公司停止侵权、赔偿损失，后又以撤诉方式放弃了全部诉讼请求，可以视为其已完成提出具体诉讼请求相威胁的行为。

对于上述要件（2），亦即主观恶意的认定，我们认为所谓恶意，是指提起诉讼的一方当事人明知其诉讼请求缺乏正当依据，以有悖于权利设置时的目的的方式，不正当地行使诉讼权利，意图使另一方当事人受到财产或信誉上的损害。具体而言，对恶意诉讼的认定，应当综合考量如下因素：第一，当事人提起诉讼时是否具有权利基础。即当事人在提起诉讼时，是否没有或明知其实际上并不具有主张的权利基础。倘若当事人在缺乏权利依据的情况下提起诉讼，此时易被认定为具有主观上的恶意，反之，则不能认定为具有恶意。第二，当事人是否违背设权目的而滥用权利。民事主体有权依法行使民事权利，包括依法对涉嫌侵权者提起民事诉讼等，但如果以诉讼为手段或以损害他人为主要目的滥用诉权，则应受到否定性评价。由于对当事人主观意图的判定具有较强的不确定性，因此应当结合当事人的具体行为及其相关请求等因素来判定其是否具有主观上的恶意。在专利侵权诉讼案件中，因《专利法》规定有无效宣告请求审查程序，且专利权人可以在此程序中对其专利权利要求书进行权利要求的删除、合并和技术方案的删除，可见，专利的权利基础本身可能并不稳固，专利权的保护范围也可能发生变化，因此判定是否构成恶意提起专利侵权诉讼，应在考虑专利权本身的复杂特性的情况下，结合专利权人在无效宣告程序中的具体行为及其后续提起专利侵权诉讼的行为特点进行综合考虑。

本案中，首先，从四方如钢公司的行为表现来看，四方如钢公司在无效宣告程序中主动放弃了涉案专利中的方法权利要求，又就此向远东水泥公司主张方法专利侵权，缺乏基本的事实依据和权利基础；四方如钢公司在无效宣告程序中对涉案专利中的产品权利要求进行了主动的删除、合并，后又在专利侵权案件中依据修改前的产品权利要求向远东水泥公司提起侵权诉讼，实际上意味着四方如钢公司就其已经放弃的部分产品权利要求向远东水泥公司主张权利，显然缺乏权利依据。由上可见，四方如钢公司在主动放弃和修改涉案专利权利要求后，又基于此部分权利要求向远东水泥公司提起专利侵权诉讼，主观上明显具有恶意。其次，四方如钢公司称其因无效宣告程序交由其他代理机构处理、公司内部存在人员流动等缘故而对涉案专利权利要求变动情况不了解，对此我们认为，四方如钢公司对其上述主张并未提交任何证据，且其在无效宣告程序中系主动实施对权利要求的修改行为，却又以提起专利侵权诉讼时对此情况不知晓为由进行辩解，难以令人信服。四方如钢公司作为一家拥有多项专利的企业，其应对专利管理、专利法规等有更为全面的了解。况且，如仅以其自称的内部管理、工作疏忽等原因即可获得责任豁免，则对被拖入诉讼的远东水泥公司明显不公平。综合考虑四方如钢公司的行为表现及其抗辩理由，可以认定在案证据足以证明四方如钢公司提起专利侵权诉讼，具有主观上的恶意。

对于上述要件（3），亦即损害结果的认定，我们认为，因恶意提起知识产权诉讼损害责任纠纷作为另一起知识产权诉讼所引发的纠纷，如果该诉讼并未对当事人造成损害后果，后一纠纷可能就没有存在的必要。对本案而言，远东水泥公司为应对四方如钢公司提起的专利侵权诉讼所支付的律师费，的确属于诉讼的合理支出项，也即是该诉讼确实造成了远东水泥公司经济损失的损害后果。

对于上述要件（4），也就是侵权行为与损害后果之间具有因果关系，即损害后果如社会声誉的降低、财产的损失等均是由对方当事人滥用诉讼权利的行为所导致。本案中，考虑到专利案件的复杂性，远东水泥公司为维护自身合法权益聘请律师应对诉讼，符合常理，其所支付的律师费与四方如钢公司恶意提起的专利侵权诉讼具有当然的因果关系。

综上所述，四方如钢公司在明知其请求缺乏正当理由的情况下所提起的专利侵权诉讼，满足恶意提起专利侵权诉讼的构成要件，应当承担相应的民事责任。

因恶意提起知识产权诉讼损害责任纠纷，作为一个正式的案由始自2011年最高人民法院对《民事案件案由规定》的修改决定。在2008年第三次修改《专利法》时，有关部门曾经试图把恶意诉讼的构成要件单独写一条，但因为难以从文字上准确界定，故留待司法实践根据个案来判断，不断积累经验。本案判决确定了权利人行使诉讼权利的行为边界，尤其在立案登记制背景下，有助于规范权利人的诉讼行为，指导权利人依法维权。此案对于因恶意提起知识产权诉讼损害责任纠纷案件的审理具有一定的参考意义。

■ 专家评析

因恶意提起知识产权诉讼损害责任纠纷，法律性质上属于侵权诉讼之一种，系滥用诉讼权利的侵权行为致人损害的特殊侵权诉讼。尽管现行法对此类侵权行为及其责任承担未作出明确的规定，但依据《民法通则》第一百零六条和《侵权责任法》第六条关于侵权责任过错责任原则的规定，以及《民事诉讼法》第十三条关于民事诉讼诚实信用原则的要求，恶意诉讼损害责任的请求权依据来自程序法，其构成要件应当符合一般侵权责任的四项构成要件，即侵权行为（提起知识产权诉讼）、损害后果、因果关系和提起知识产权诉讼一方的主观恶意。

该案的亮点在于：一是澄清了此类诉讼中原告诉讼请求的请求权基础，并非实体法而是诉讼法。诉讼法上的诚信原则是追究滥用诉讼权利侵权责任的法律依据，也是法院裁判此类纠纷可以直接援引的裁判依据；二是提炼出了此类侵权诉讼原告请求权要件，阐明了其与一般侵权责任构成要件的共通性；三是就此类侵权诉讼的争点与难点问题，即请求权要件中的主观“恶意”要件如何认定，进行了细致的剖析，给出了有说服力的“恶意”判断标准：“一方当事人明知其诉讼请求缺乏事实和法律上的依据，为获取非法或不正当利益而提起诉讼。”

（**评析专家**：肖建国，中国人民大学　教授）

◀

（2015）京知民初字第1446号北京远东水泥制品有限责任公司诉北京四方如钢混凝土制品有限公司恶意诉讼一审民事判决书

第二部分

商标、竞争及垄断

“其他不良影响”条款的特殊适用

——创博亚太公司诉商标评审委员会、张新河“微信”商标异议复审行政纠纷案

周丽婷（北京知识产权法院　法官）

裁判要旨　先申请原则是我国商标注册制度的一般原则，但在尊重在先申请这个事实状态的同时，商标注册核准与否还应当考虑公共利益和已经形成的稳定市场秩序。当商标申请人的利益与公共利益发生冲突时，应当结合具体情况进行合理的利益平衡。本案即为对该特殊情形下“其他不良影响”条款的适用进行的一种尝试。

【案号及审判人员】

一审：北京知识产权法院（2014）京知行初字第67号　审判长陈锦川、审判员姜庶伟、审判员周丽婷

二审：北京市高级人民法院（2015）高行（知）终字第1538号　审判长焦彦、审判员莎日娜、代理审判员周波

【相关条款】

2001年《中华人民共和国商标法》（简称《商标法》）第十条第一款第（八）项

【裁判情况】

2010 年 11 月 12 日，创博亚太科技（山东）有限公司（简称“创博亚太公司”）申请注册被异议商标“微信”。2011 年 1 月 21 日，腾讯公司发布微信 1.0 for iPhone（测试版）。2011 年 8 月 27 日，被异议商标经商标局初步审定公告。在法定异议期内，张新河对被异议商标提出异议。商标局裁定被异议商标不予核准注册。创博亚太公司不服提出复审，商标评审委员会认为，如核准被异议商标注册，将会对多达 4 亿的微信注册用户带来极大不便乃至损失，同时也可能使他们对创博亚太公司提供的“微信”服务的性质和内容产生误认，从而可能对社会公共利益和公共秩序产生消极、负面的影响。因此被异议商标已经构成《商标法》第十条第一款第（八）项所禁止的情形。

创博亚太公司不服上述裁定提起诉讼，其主张在诉争商标申请日之前，在相同或者类似服务上，没有在先申请或注册的相同或近似商标，且其早已将“微信”商标用于相关服务，被异议商标并未违反《商标法》第十条第一款第（八）项的规定。

北京知识产权法院经审理认为：“微信”即时通信服务应用程序由腾讯公司于 2011 年 1 月 21 日首次推出，晚于被异议商标申请日 2 个月，早于被异议商标初审公告日 7 个月。此后，“微信”注册用户急速攀升，至 2014 年 11 月用户更超 8 亿。“微信”在信息传送等服务市场上已经具有很高的知名度和影响力，广大消费者对“微信”所指代的信息传送等服务的性质、内容和来源已经形成明确的认知。在这种市场实际情况下，如果核准被异议商标注册，不仅会使广大消费者对“微信”所指代的信息传送等服务的性质、内容和来源产生错误认知，也会对已经形成的稳定的市场秩序造成消极影响。因此，商标评审委员会认定被异议商标的申请注册构成《商标法》第十条第一款第（八）项所禁止的情形并无不当，故判决维持被诉裁定。

北京市高级人民法院二审认为：现有证据不足以证明被异议商标标志或者其构成要素有可能会对我国政治、经济、文化、宗教、民族等社会公共利益和公共秩序产生消极、负面影响。但被异议商标为“微信”，“微”具有“小”

“少”等含义，与“信”字组合使用在“信息传送、电话业务、电话通信”等服务上，易使相关公众将其理解为是比电子邮件、手机短信等常见通信方式更为短小、便捷的信息沟通方式，是对上述服务功能、用途或其他特点的直接描述，缺乏显著特征，属于《商标法》第十一条第一款第（二）项所指情形。因此，被异议商标不应予以核准注册。原审判决的认定虽有不当，但裁判结论正确，二审法院在纠正其相关错误的基础上，对其结论予以维持。

■ 法官说法

“微信”案涉及善意在先申请的商标与善意在后使用并形成巨大市场声誉的商标之间的利益平衡问题，该问题是商标注册制下的灰色地带。

根据《商标法》第十条第一款第（八）项的规定，有害于社会主义道德风尚或者有其他不良影响的标志不得作为商标使用。2010 年发布的《最高人民法院关于审理商标授权确权行政案件若干问题的意见》（简称《意见》）中指出，在审查判断有关标志是否构成具有其他不良影响的情形时，应当考虑该标志或者其构成要素是否可能对我国政治、经济、文化、宗教、民族等社会公共利益和公共秩序产生消极、负面影响。2017 年施行的《最高人民法院关于审理商标授权确权行政案件若干问题的规定》（简称《规定》）第五条亦规定，商标标志或者其构成要素可能对我国社会公共利益和公共秩序产生消极、负面影响的，人民法院可以认定其属于《商标法》第十条第一款第（八）项规定的“其他不良影响”。

《意见》[1] 本身的字面意思是清楚的，《意见》作出这种解释是基于在此前的商标审查实践中，该条款曾出现被过度适用的倾向，甚至一度成为绝对理由的兜底条款，因此《意见》希望能严格该条款的适用范围。只是实践中的情况总是远比规则制定者预想的要复杂，要千变万化。

如“李兴发”案中，最高人民法院认为：“争议商标由‘李兴发’文字及

---

[1] “微信”案一审、二审判决作出时，《意见》是具有指导作用的司法政策性文件。《规定》作为司法解释施行后，《意见》中的相关问题已在《规定》中体现，《意见》一般不再适用。

图组成，根据查明的事实，李兴发生前系茅台酒厂的副厂长，曾经研究完善茅台酒的传统工艺并获得多项奖励和荣誉，为茅台酒的酿造工艺做出一定贡献，在酒行业内具有一定的知名度和影响力，将其姓名作为商标注册在酒精饮料（啤酒除外）商品上，易使相关消费者将商品的品质特点与李兴发本人或茅台酒的生产工艺相联系，从而误导消费者，并造成不良影响。鉴此，原审法院认定争议商标的注册违反了《商标法》第十条第一款第（八）项的规定，并无不当。”❶ 之所以对于将有一定影响力的死者姓名申请注册为商标的，以“其他不良影响”为由不予准许，是由于一般认为死者不是民事权利主体，故不享有姓名权，而此类商标注册行为有搭便车之故意，有制止之必要，故而对“其他不良影响”的内涵作出适当解释。

再如“中国劲酒”案中，最高人民法院认为：“国家名称是国家的象征，如果允许随意将其作为商标的组成要素予以注册并作商业使用，将导致国家名称的滥用，损害国家尊严，也可能对社会公共利益和公共秩序产生其他消极、负面影响。因此，对于含有与我国国家名称相同或者近似的文字的标志，虽然对其注册申请不宜根据商标法第十条第一款第（一）项进行审查，但并不意味着属于可以注册使用的商标，而仍应当根据商标法其他相关规定予以审查。例如，此类标志若具有不良影响，仍可以按照商标法相关规定认定为不得使用和注册的商标。”❷ “中国劲酒”案的裁判规则后来在《规定》中得到体现，即“对于含有中华人民共和国的国家名称等，但整体上并不相同或者不相近似的标志，如果该标志作为商标注册可能导致损害国家尊严的，人民法院可以认定属于《商标法》第十条第一款第（八）项规定的情形。”之所以对含有国名但又包含其他显著识别部分的商标以“其他不良影响”为由不予准许，是由于《商标法》第十条第一款第（一）项的字面意思是清晰的，解释空间较小，而此类商标注册行为易引发国名的滥用，有制止之必要，故而对“其他不良影响”的内涵进行适当解释。

再如《规定》中将以政治、经济、文化、宗教、民族等领域公众人物姓名

❶ 见最高人民法院（2012）知行字第 11 号行政判决书。

❷ 见最高人民法院（2010）行提字第 4 号行政判决书。

申请的商标归为“对公共利益和公共秩序产生消极负面影响的”标志，属于“有其他不良影响”。实践中对于哪些属于前述领域的公众人物，特别是文化领域，亦存一定的解释空间。如“李小龙”案中，北京市高级人民法院认为：“已逝电影明星李小龙在中国武术的研习推广、功夫电影的开创等方面具有重大贡献，在中国武术、电影表演等领域具有较高的知名度和重大的影响力，中国公众对其有广泛的知晓。在未经李小龙家族或者相关权利人许可的情况下，他人以‘李小龙’作为商标注册，必然会对我国文化领域的社会公共利益和公共秩序产生消极、负面影响。争议商标属于《商标法》第十条第一款第（八）项所指情形。”❶

以上均表明，由于《商标法》第十条第一款第（八）项表达上的特点，其相对于其他条款有一定的解释空间，且该条款可用于驳回、异议、无效等各个环节，可被用于尽早制止一些不正当的注册行为。

本案的客观情况是，2010年11月12日，创博亚太公司申请注册被异议商标。2个多月后的2011年1月21日，腾讯公司发布微信1.0 for iPhone（测试版）。2011年8月27日，被异议商标经商标局初步审定公告。据商标局工作人员介绍，在2014年之前，通过公开途径在商标局网站上能够查询到的商标申请信息大约滞后实际申请日6个月。也就是说，正常情况下，腾讯公司无从知晓被异议商标的申请情况。创博亚太公司和腾讯公司在互相不知情的情况下开始申请和使用“微信”。根据创博亚太公司提交的计算机软件著作权登记证书的记载，创博亚太公司的“微信系统”软件于2011年2月23日开发完成。该软件是一项向被叫用户提供当来电时显示主叫号码及其归属城市的信息与资讯的服务。但在案证据无法证明被异议商标已实际投入商业使用，并被消费者所认知。而张新河提交的证据显示，“微信”即时通信服务应用程序自2011年1月21日首次推出后，注册用户急速攀升，根据相关报道的记载，至2013年7月用户已达4亿，至2014年11月用户更超8亿，大量的政府机关、银行、学校开通了公共微信平台，并向社会公众提供各种公共服务。“微信”在信息传送等服务市场上已经具有很高的知名度和影响力，广大消费者对“微信”所指代的

❶ 见北京市高级人民法院（2016）京行终字第5578号行政判决书。

信息传送等服务的性质、内容和来源已经形成明确的认知。在这样的现实情况下，如果核准被异议商标注册，不仅会使广大消费者对“微信”所指代的信息传送等服务的性质、内容和来源产生错误认知，也会对已经形成的稳定的市场秩序造成消极影响。这就是被异议商标注册和使用可能产生的客观社会效果。

本案中，“微信”案实质上涉及的是善意在先申请商标与善意在后使用并形成巨大市场声誉的商标之间的利益平衡问题，在商标注册制下，这个问题确实存在一定的探讨空间。一审判决考虑到商标申请行为本身并不产生任何权利，仅产生对特定符号的先占利益和未来对特定符号的使用可能产生的期待利益，而本案中天平的另一端是8亿微信用户已经形成的稳定认知和一旦改变这种稳定认知可能形成的较大社会成本，从诉争商标注册和使用可能产生的客观社会效果出发，尊重行政裁决和判决作出之时的事实状态，以利益平衡和不特定多数公众的现实利益优先为导向，维持了商标评审委员会关于《商标法》第十条第一款第（八）项“其他不良影响”条款的适用，认定创博亚太公司申请的“微信”商标不应予以核准注册。

■ 专家评析

商标权是私权利，但关涉公共利益。商标法规定的立法精神既包括对商标权人的保护，也包括对社会秩序及消费者权益的保护。商品与标识之间的稳定认知对于商标权人固然重要，同样也是既有社会秩序的组成部分。这种稳定认知的形成只要不违反诚信原则，就应当得到尊重，避免出现“神仙打架，百姓遭殃”的结果。所以这种稳定认知，作为既有的社会秩序本质上是公共利益的一种，是法院判决时必须考虑的。因此出现该案这种极端情况时，法官如何平衡先申请人的利益与并非恶意的在后使用导致的公众认知是个非常棘手的问题。

既然商标权人的利益可能与公共利益并存，则公共利益当然可能与第三人的利益并存。如果商标申请过程中产生的情势变化可能导致公共利益的损害，同时这种公共利益的保护会投射给第三人，使得第三人得益。在这种情况下，我们不应因保护公共利益会投射到第三人的个人利益而投鼠忌器，这只是公共利益与个人利益的重叠而已。

法律是解释的科学。一审法院与二审法院从不同角度切入并得出了同样的结论，在理由架构上孰胜孰劣可以探讨，但法官在司法实践不断探索的精神特别值得我们肯定。

（**评析专家：**姚欢庆，中国人民大学　副教授）

◀
（2014）京知行初字第 67 号创博亚太科技（山东）有限公司诉商评委第三人张新河商标异议复审行政纠纷一审行政判决书

◀
（2015）高行（知）终字第 1538 号创博亚太科技（山东）有限公司诉商评委第三人张新河商标异议复审行政纠纷二审行政判决书

商标法地名条款中“其他含义”的理解与适用

——润田公司诉商标评审委员会、神农架林区政府商标权无效宣告请求行政纠纷案

周丽婷（北京知识产权法院　法官）

裁判要旨

1. 对于使用地名的商标标志具有除地名之外其他固有含义的，如果该“其他含义”与地理位置有关，则因可能使相关公众认为该标志系指示的商品产地等特性，故并非一定可以作为商标注册，而要结合指定使用的商品具体分析。

2. 2001 年《商标法》有关“已经注册的使用地名的商标继续有效”的规定，应当理解为在 1993 年《商标法》施行之前，已经注册的使用地名的商标继续有效。

3. “已经注册的使用地名的商标继续有效”原则上不得延及同一主体在后申请的相同或类似商品上的相同或近似商标。只有当在先注册的地名商标经过使用具有较高知名度，为相关公众广泛知晓，足以排除相关公众对相关标志仅作为地名的认知时，才可视情予以考虑。

【案号及审判人员】

一审：北京知识产权法院（2015）京知行初字第 2515 号　审判长周丽婷、人民陪审员郭灵东、人民陪审员李新平

【相关条款】

2001 年《中华人民共和国商标法》第十条第二款

【裁判情况】

江西润田饮料股份有限公司（简称“润田公司”）于 2010 年 7 月 6 日在第 32 类矿泉水等商品上申请注册诉争商标“神农架”，2012 年 2 月 21 日获准注册，后神农架林区政府向商标评审委员会提出了无效宣告申请。商标评审委员会以“神农架”属于湖北省县级以上行政区划的名称，不得作为商标注册使用为由，适用 2001 年《商标法》第十条第二款的规定，裁定诉争商标无效。润田公司不服被诉裁定，提起行政诉讼。润田公司认为“神农架”作为原始森林的名称被公众所熟知，已经产生了强于地名的其他含义。并主张“神农架”经过其广泛使用，也已经产生了有别于地名的其他含义。另外，润田公司主张其曾于 1987 年 4 月 30 日获准注册另一枚“神农架”商标，诉争商标与在先商标是润田公司在类似商品上注册的近似商标，是对在先商标的传承使用，亦应核准注册。

北京知识产权法院认为：虽然“神农架”除作为湖北省下辖的县级以上行政区划的地名之外，还是原始森林的名称，即具有“其他含义”。但由于作为原始森林名称的“神农架”依然具备表征特定地理位置的功能，且诉争商标指定使用的矿泉水等商品的特性与地理位置因素关系密切，故若将诉争注册使用在上述商品上，容易使相关公众认为相关商品来源于特定地理区域，甚至具备某种特定品质和功能，故无法发挥商标应当具有的区分不同商品来源的作用。在此基础上，考虑到“神农架”也是县级以上行政区划的地名，故被告适用 2001 年《商标法》第十条第二款宣告诉争商标无效也并无不可。

润田公司主张诉争商标经过使用产生了有别于地名的其他含义，但其并未提交证据证明相关公众在认知该地名商标时，能首先意识到其指代了特定商品的来源而非地名，因此润田公司的该主张不能成立。

另外，润田公司还主张 2001 年《商标法》第十条第二款“已经注册的使用地名的商标继续有效”，应当理解为只要是已经注册的使用地名的商标就继续有效。北京知识产权法院认为，该条款应当理解为，在1993年《商标法》施行之前，已经注册的使用地名的商标继续有效。关于润田公司所称诉争商标是对在先商标的传承使用的主张，北京知识产权法院认为，“已经注册的使用地名的商标继续有效”原则上不得延及同一主体在后申请的相同或类似商品上的相同或近似商标。只有当在先注册的地名商标经过使用具有较高知名度，为相关公众广泛知晓，足以排除相关公众对相关标志仅作为地名的认知时，才可视情予以考虑。而本案不满足上述条件。综上，法院判令驳回润田公司诉讼请求。

本案一审判决后，各方当事人均未提起上诉，一审判决已生效。

■ 法官说法

本案涉及对2001年《商标法》第十条第二款有关“地名具有其他含义的除外”“已经注册的使用地名的商标继续有效”的内容的理解问题。

一、如何理解“地名具有其他含义的除外”条款的内容

2001年《商标法》第十条第二款是对地名商标限制注册的特别规定，之所以限制地名商标注册，是因为一般情况下，地名指示了特定的地理区域，若作为商标注册使用，易使相关公众认为系指示的商品的产地，而非商品的提供者，不具备商标应当具备的区分商品来源的显著特征，且可能影响同地域其他经营者对地名的合理使用。但该条款同时规定了“地名具有其他含义的除外”，之所以有此例外规定，是因为如果地名含义不唯一，使用地名的商标客观上能够起到区分商品来源的作用，能够发挥商标的基本功能，则可以准予注册。

所谓“其他含义”，应当理解为包括以下两种情形：一种情形是该地名名称本身就有除地名之外的其他为相关公众普遍知悉的固有含义，如“朝阳”“灯塔”“武夷山”“都江堰”。这里“朝阳”和“灯塔”的其他含义与地理位置完全无关，而“武夷山”“都江堰”则是根据著名山脉和水利工程命名的地名，其“其他含义”也与地理位置有一定关联。对于地名的其他含义与地理位置完全无关的名称，因其不具备描述商品产地特性的功能，故一般可以考虑作

为商标注册。但对于地名的其他含义与地理位置仍有关联的名称，因其可能使相关公众认为系对商品产地特性的描述，故并非一定可以作为商标注册，而要结合指定使用的商品具体分析。另一种情形是通过使用获得“其他含义”。即地名名称经过实际使用具有较高知名度，已被相关公众广为知晓，相关公众在认知该地名商标时，能首先意识到其指代了特定商品的来源而非地名，或者至少能在意识到其指代地名的同时，意识到其也指代了特定商品的来源。虽然2001年《商标法》第十条第二款是禁用禁注条款，一般理解不能通过使用获得可注册性，但如果经过长期广泛使用的地名商标客观上已能起到指示特定商品来源的作用，不准许其注册也与《商标法》的宗旨有所不符。特别是那些在法律禁止地名作为商标使用之前就已经投入使用但未核准注册的地名商标。近年来的司法实践中已有多个案例支持了使用获得“其他含义”的主张。如在“老龙口”案、“中江国际”案中均认定相关商标经过广泛使用，整体上已经具有了区别于行政区划名称的其他含义，可以作为商标注册、使用，不属于《商标法》第十条第二款规定的不得作为商标注册的地名。

本案中，诉争商标“神农架”除作为湖北省下辖的县级以上行政区划的地名之外，还是原始森林的名称，即具有“其他含义”。且该“其他含义”甚至强于“神农架”作为县级以上行政区划的地名的含义。但如上所述，作为原始森林名称的“神农架”依然具备表征特定地理位置的功能，且诉争商标指定使用的“矿泉水、纯净水”等商品的特性与地理位置因素关系密切，故若将“神农架”注册使用在上述商品上，容易使相关公众认为相关商品来源于特定地理区域，甚至具备某种特定品质和功能，故无法发挥商标应当具有的区分不同商品来源的作用，不具备可注册性。

二、“已经注册的使用地名的商标继续有效”应以何时间点为准

《商标法》自1982年8月23日制定通过后（简称“1983年《商标法》”），至本案判决作出之时历经了三次修正。分别为1993年2月22日第一次修正（简称“1993年《商标法》”），2001年10月27日第二次修正（即“2001年《商标法》”），2013年8月30日第三次修正（即“2014年《商标法》”）。其中，1983年《商标法》中没有关于地名商标的规定。1993年《商标法》第一次加入了地名商标的规定，该法第八条第二款规定，“县级以上行政区划的地名或者公众知晓的外国地名，不得作为商标，但是，地名具有其他含义的除外；已经注册的使用地名的商标继续有效。”2001 年《商标法》延续了 1993 年《商标法》有关地名商标的规定，并增加了“地名作为集体商标、证明商标组成部分的除外”的内容，该法第十条第二款规定，“县级以上行政区划的地名或者公众知晓的外国地名，不得作为商标。但是，地名具有其他含义或者作为集体商标、证明商标组成部分的除外；已经注册的使用地名的商标继续有效。”

可见，“已经注册的使用地名的商标继续有效”是自 1993 年《商标法》第一次加入地名商标时就一直存续的规定，其目的是解决在法无明文禁止之前，已经注册的地名商标的有效性问题，这是法不溯及既往原则在《商标法》中的具体体现。因此，2001 年《商标法》中“已经注册的使用地名的商标继续有效”应当理解为，在 1993 年《商标法》施行（1993 年 7 月 1 日）之前，已经注册的使用地名的商标继续有效。而不是理解为，在 2001 年《商标法》施行（2001 年 12 月 1 日）之前，已经注册的使用地名的商标继续有效。

三、“已经注册的使用地名的商标继续有效”能否适用于在先注册的地名商标的延续商标

本案中，原告还主张其在先持有一枚“神农架”商标，诉争商标是对该在先商标的延续注册，本案属于“已经注册的使用地名的商标继续有效”的情形。

法院认为，首先，根据文义解释，“已经注册的使用地名的商标继续有效”，其含义是明确的，如前所述，其是指在 1993 年《商标法》施行（1993 年 7 月 1 日）之前，已经注册的使用地名的商标继续有效。不包括同一主体在相同或类似商品上，在 1993 年 7 月 1 日之后申请的与在先已经注册的使用地名的商标相同或近似的商标。

其次，即便对“已经注册的使用地名的商标继续有效”这一例外规定做一定范围的扩大解释，从基础注册商标和在后商标的一般关系上看，它们是相互独立的商标，并不存在当然的延续关系。如果一味准许商标权人在基础注册商标之上注册在后商标，则一方面可能会对基础商标注册后、在后商标申请前，申请注册近似商标的其他主体有失公平；另一方面也可能使得商标权人轻易规避“连续三年不使用的商标可被撤销”的规定。虽然司法实践中对基础注册商标和在后商标的关系并非一律不考虑，但结合《商标法》第三十条及相关司法解释中对于商标近似认定中延续关系的判断要求，在基础注册的地名商标和在后申请的地名商标的关系上，应当把握如下标准：基础注册的地名商标经过实际使用具有较高知名度，已被相关公众广为知晓，相关公众在认知该地名商标时，能首先意识到其指代了特定商品的来源而非地名，或者至少能在意识到其指代地名的同时，意识到其也指代了特定商品的来源。但本案中，现有证据不足以证明在先商标“神农架”经过实际使用在“矿泉水、纯净水”等商品上具有较高知名度，从而排除相关公众对“神农架”仅作为县级以上行政区划的地名或特定地理位置名称的认知，并在事实上发挥指示商品来源的功能。因此，在后申请的诉争商标不具备可注册性。

本案对《商标法》第十条第二款的内容进行了深度解读，形成的裁判规则对同类案件的审理有一定的指导作用。同时注重判决的说理性，采用脚注的形式对在先相关案例以及举例论证的内容加以展示，进行了裁判文书撰写方式的有益探索。（本案判决书获评“第二届北京法院优秀裁判文书百佳奖三等奖”）

■ 专家评析

该案判决是通过具体规则的适用来体现对于商标法基础理论探讨并促进规则发展的典范。对于“地名具有其他含义的除外”这一条款，法院没有拘泥于“其他含义”的表面含义，而是深入地名商标制度的背后，指明无论地名商标的限制注册，还是地名具有其他含义的除外规定，归根到底都是为了确保商标具备区分商品来源的显著特征，并防止影响到同地域其他经营者对地名的合理使用，因此，对于“其他含义”的界定也需要据此制度原理展开。在此基础上，法院对于“其他含义”进行了类型化且条分缕析的剖析，将其分为两种基本类型，分别考察其对商标区分来源功能的实质影响，并明确认为，“神农架”

作为原始森林的名称，“其他含义”强于作为县级以上行政区划的地名的含义，但依然具备表征特定地理位置的功能，无法发挥商标应当具有的区分不同商品来源的作用，不具备可注册性。在这一过程中，还考虑了与诉争商标指定使用的“矿泉水”等商品的特性与地理位置因素关系密切，分析周全，逻辑严密。判决对于“已经注册的使用地名的商标继续有效”条款的理解和适用也遵循了上述原则，从制度机制和体系化视角来解释和发展规则，说理充分，结论可靠，为商标法理论和法律规则的创新和发展提供了十分值得借鉴的范例。

（**评析专家**：刘晓春，中国社会科学院大学互联网法治研究中心 执行主任）

◀

（2015）京知行初字第 2515 号原告江西润田饮料股份有限公司诉被告国家工商行政管理总局商标评审委员会、第三人湖北省神农架林区人民政府商标宣告无效裁定行政纠纷一审判决书

声音商标的显著性判断应遵循传统商标显著性判断基本原则

——腾讯公司诉商标评审委员会商标驳回复审行政纠纷案

司品华（北京知识产权法院　法官）
刘月庆（北京知识产权法院　法官助理）

裁判要旨　《商标法》是商标注册审查的基本法律依据，在商标注册申请的审查过程中，无论具体商标标志是由何种要素构成，只要其符合《商标法》第八条的规定，都应当采用相同的审查标准予以同等对待。作为新类型商标的声音商标的显著性判断亦应当遵循传统商标显著性判断的基本原则。

【案号及审判人员】

一审：北京知识产权法院（2016）京73行初3203号　审判长张剑、审判员司品华、人民陪审员宋启才

二审：北京市高级人民法院（2018）京行终3673号　审判长周波、审判员俞惠斌、审判员苏志甫

【相关条款】

2014年《中华人民共和国商标法》第十一条

【裁判情况】

腾讯科技（深圳）有限公司（简称“腾讯公司”）向商标局提出第14502527号“嘀嘀嘀嘀嘀嘀”（声音商标）商标的注册申请，指定使用在国际分类第38类的下列服务项目上：电视播放；新闻社；提供互联网聊天室；电子邮件；信息传送；在线贺卡传送；数字文件传送；计算机辅助信息和图像传送；提供在线论坛；电话会议服务。商标局于2015年8月作出商标驳回通知，依据《商标法》第十一条第一款第（三）项作出不予注册的决定。腾讯公司提出复审申请，商标评审委员会决定驳回复审申请。腾讯公司不服，于法定期限内提起行政诉讼。本案是我国2014年《商标法》将声音纳入可申请注册商标的范围以来，首例声音商标申请驳回复审行政纠纷案。

北京知识产权法院一审审理后认为：对于声音商标是否具有显著性进行判断，除应遵循对传统商标是否具有显著性的基本判断原理、标准与规则外，还应结合声音商标声音的时长及其构成元素的复杂性等因素，综合考察。一般情况下，声音商标需经长期使用才能取得显著特征。通过原告提交的证据可以看出，QQ软件持续使用的时间长、范围广泛、市场占比份额较大、使用群体所涉及的领域众多，随着QQ软件、“QQ”商标知名度的提升，诉争商标作为QQ软件默认的新消息传来时的提示音已经与QQ软件之间形成了可相互指代的关系，诉争商标的声音亦已经在即时通信领域建立了较高的知名度、识别性进一步增强，诉争商标与QQ软件、腾讯公司之间已经建立了稳定的对应关系，诉争商标在指定使用的“信息传送”服务项目上起到了商标应有的标识服务来源的功能。

此外，在互联网行业中，通过提供增值服务或开发衍生产品、升级技术产品等商业模式以实现商业目的，是互联网企业的通常选择。且诉争商标的声音亦已经与QQ软件、腾讯公司及其提供的服务建立了对应关系，诉争商标可注册的服务项目范围也应当与诉争商标本身的知名度、影响力相适应。电视播放与新闻社服务等服务与“信息传送”均属于国际分类第38类“电信”领域，前述服务项目在功能、用途、服务对象等方面存在着比较紧密的联系。结合QQ软件知名度、“QQ”商标知名度、诉争商标知名度及相互之间对应关系等方面可以认定，诉争商标指定使用在电视播放、新闻社服务等服务项目上亦可以起到商标应有的标识服务来源的功能，诉争商标应予核准注册。综上，一审法院判决撤销被诉决定，并由被告重新作出复审决定。

商标评审委员会不服一审判决，向北京市高级人民法院提起上诉。二审法院经审理后认为：诉争商标属于《商标法》第十一条第一款第（三）项规定的缺乏显著特征的标志。腾讯公司提供的证据能够证明诉争商标通过在QQ即时通信软件上的长期持续使用，在“信息传送、提供在线论坛、计算机辅助信息和图像传送、提供互联网聊天室、数字文件传送、在线贺卡传送、电子邮件”服务上具备了商标注册所需的显著特征并无不当。但诉争商标并未在“电视播放、新闻社、电话会议服务”上实际使用，原审判决对此适用法律错误，应当予以纠正。综上，原审判决认定事实清楚，适用法律基本正确，裁判结论适当，二审法院在纠正其相关错误的基础上，对其结论予以维持。

■ 法官说法

本案涉及的核心就是声音商标的显著性问题，显著性也是商标法的基本原理问题。对于声音商标而言，国外授权的实例相对较多，但对其显著性问题的文字性论述在国内外并不多见，而且，理论界也存在颇多争议。

关于声音商标是否具有显著性的问题，有一种观点认为，声音商标作为一种特殊形式的非常见新型商标，对于长期以来习惯了以文字、图形作为表现形式的传统商标的消费者而言，不易将其作为区分商品或服务来源的标志，均缺乏固有显著性，必须经过使用取得较高知名度才能获得显著特征。

我们认为，声音商标只是形式较为新颖的一种商标，仅意味着从传统的视觉识别方式到听觉识别方式的转换，但其与普通商标并无实质不同，均属于将商品或者服务的主体与商标之间建立联系从而起到识别作用的介质，或者说均属于使相关公众能够区分商品或者服务来源的介质，同样存在固有显著性和获得显著性。且对其是否具有固有显著性的判断同样遵循普通商标的一般判断标准：（1）含义是否指向本商品的通用的名称、型号等；（2）是否直接属于商品的功能性声音；（3）是否过于简单（如单音节、单音调或者属于纯自然的声音）或者过于复杂（如一首完整的曲子，又如复杂到无意义的嘈杂或者接近无意义的嘈杂）从而不能或不易作为商标识别。

具体而言，对于声音商标是否具有显著性的判断，除应遵循对传统商标是否具有显著性的基本判断原理、标准与规则外，即应考虑指定使用的商品或服务、相关公众的认知习惯及指定使用商品或服务所属行业的实际情况等因素外，还应结合声音商标声音的时长及其构成元素的复杂性等因素，综合考察其整体在听觉感知上是否具有可起到识别作用的特定节奏、旋律、音效，从而对其可否起到区分商品或服务来源的作用作出判断。但同时也要考虑到声音商标的特殊性，对于长期以来习惯了以文字、图形作为表现形式的传统商标的消费者而言，目前阶段不易将其作为区分商品或服务来源的标志，一般情况下，声音商标需经长期使用才能取得显著特征。

具体到本案而言，考察诉争商标是否属于被诉决定所认定的“较为简单”的情形，不能仅考虑其构成元素单一、整体持续的时间较短等因素，而应当综合考察诉争商标整体在听觉感知上是否具有可起到识别作用的特定的节奏、旋律、音效。本案诉争商标虽然仅由同一声音元素“嘀”音构成且整体持续时间较短，但诉争商标包含六声“嘀”音，且每个“嘀”音音调较高、各“嘀”音之间的间隔时间短且呈连续状态，诉争商标整体在听觉感知上形成比较明快、连续、短促的效果，具有特定的节奏、音效，且并非生活中所常见，因此，其并不属于被诉决定所认定的声音整体较为简单的情形。

一般情况下，声音商标需经长期使用才能取得显著特征。20 世纪 90 年代后期是我国互联网发展迅猛的阶段，QQ 软件自 1999 年 2 月即以 OICQ 软件的形式在我国互联网上开始使用。通过互联网实现即时通信的模式变革对人们生活带来的冲击及作为 QQ 软件提供的消息传送这种最基本、最常用服务的新消息传来时的提示音，使得诉争商标的声音在使用之初即对相关公众的听觉产生强烈的冲击力，从而使得其极易被相关公众所感知、记忆。

诉争商标指定使用在第 38 类的电视播放、新闻社、提供互联网聊天、电子邮件、信息传送、在线贺卡传送、数字文件传送、计算机辅助信息和图像传送、提供在线论坛、电话会议服务十项服务上。这十项服务是否都可以获准注册？商标的获得显著特征是否只能给予实际使用的具体服务项目？如本案二审法院指出的：由于这种显著特征的取得建立在使用的基础之上，因此，此类商标获准注册的商品或者服务范围，也应当以其实际使用的商品或者服务为限。通常情况下，不存在在一个商品或者服务项目上经过使用而取得显著特征的标志，即可仅因其在该商品或者服务上的使用行为，而在其他商品或者服务项目上当然获得显著特征。

对于通过使用而取得显著特征的商标的审查，必须遵循“商品和服务项目特定化”之审查原则，避免显著特征使用取得认定过程中的泛化处理和以偏概全。

■ 专家评析

“嘀嘀嘀嘀嘀嘀”声音商标申请驳回复审行政纠纷是关于新类型非传统商标显著性判断的典型案件。非传统商标包括立体、颜色、位置、全息、动态、声音、气味等商标，无论是哪一种，与传统商标一样，只有足以区分商品或服务来源时才成为商标并获得注册。

声音商标可以是人为创作或制作的、也可以是自然界存在的，或二者组合；腾讯 QQ 新消息传送到达时的“嘀嘀嘀嘀嘀嘀”声，正是人为制作的非音乐性声音。一般情况下，声音商标很少本身具有显著性，即使音乐旋律本身具有著作权法意义上的独创性，但这与商标法意义上的显著性并不相同；“嘀嘀嘀嘀嘀嘀”声本身虽有一定特点，但也是经过长期使用才具备了较强的显著性。

“嘀嘀嘀嘀嘀嘀”判决指出，对于声音商标是否具有显著性进行判断，除应遵循对传统商标是否具有显著性的基本判断原理、标准与规则外，还应结合声音商标声音的时长及其构成元素的复杂性等因素，综合考察其整体在听觉感知上是否具有可起到识别作用的特定节奏、旋律、音效，从而对其可否起到区分商品或服务来源的作用作出判断。这一关于《商标法》第八条、第十一条第一款第（三）项的显著性、获得显著性要求适用于声音商标的裁判标准无疑是科学的。

（**评析专家：**管育鹰，中国社会科学院　教授）

◀ （2016）京 73 行初 3203 号原告腾讯科技（深圳）有限公司诉被告商标评审委员会商标驳回复审一审行政判决书

◀ （2018）京行终 3673 号腾讯科技（深圳）有限公司与商标评审委员会商标驳回复审行政纠纷二审行政判决书

期刊名称的商标注册问题

——上海交通大学诉商标评审委员会商标驳回复审行政纠纷案

吴园妹（北京知识产权法院　法官）

裁判要旨　期刊名称一般在于简要提示内容，而商标的意义则在于发挥区分出版物来源的功能。出版物名称和商标在保护范围上不能等同，出版物名称不能当然注册为商标，但符合商标法显著性条款等规定的期刊名称可以注册为商标。本身不容易使相关公众对商品的质量等特点或者产地产生误认，且与其使用主体建立了较为稳定的对应关系的期刊名称，相关公众能够识别商品来源的，可以注册为商标。

【案号及审判人员】

一审：北京知识产权法院（2016）京73行初134号　审判长吴园妹、人民陪审员周平、人民陪审员苏品

【相关条款】

2014年《中华人民共和国商标法》第十条第一款第（七）项、第十一条

【裁判情况】

《交大法学》是上海交通大学公开发行的期刊。2012年1月和2月，国家新闻出版总署、上海市新闻出版局发函同意创办《交大法学》杂志。该杂志由

上海交通大学主管、主办，办刊宗旨为：服务于中国特色社会主义民主法治建设，反映我国法学研究和法律实践最新成果，刊载重大复杂法律问题相关主题论文和法律实践最新成果，开展国内外学术交流、促进法学学科健康发展。2012 年 2 月 21 日获“期刊出版许可证”，期刊名称为《交大法学》，刊期为季刊。截至本案开庭审理时该期刊共计出版了 15 期。

2011—2013 年，上海交通大学就期刊《交大法学》与万律网、北大法宝、中国知网等均存在合作关系。在 2013 年度中国人文社科学术期刊、科研机构排行榜“复印报刊资料”转载学术论文指数 180 余种期刊排名中，《交大法学》2013 年和 2014 年转载率名次为第 13 名和第 10 名，2014 年转载量排名为第 22 名，综合指数排名为第 17 名。2014 年起《交大法学》被《中文科技期刊数据库》全文收录。2015 年 8 月 28 日，《交大法学》入选 2015 年《中国学术期刊影响因子年报》统计源期刊。

2013 年 12 月 25 日，上海交通大学向国家工商行政管理总局商标局就“交大法学”（简称“申请商标”，江平教授曾题词“交大法学院”，申请商标标志取自题词中的前四字“交大法学”）申请注册商标，使用的商品类别为第 16 类，包括小册子、印刷品、书籍、印刷出版物、证书、杂志（期刊）等。商标局和商标评审委员会均认为该标志直接表示了商品的内容等特点，用在“杂志（期刊）”上易使消费者产生误认，不得作为商标注册，根据《商标法》第十条第一款第（七）项、第十一条第一款第（二）项的规定，驳回了申请商标的注册申请及复审申请。

上海交通大学不服上述复审决定，向北京知识产权法院提起诉讼。法院经审理认为，“交大法学”指定使用在第 16 类印刷品、印刷出版物、教学材料（仪器除外）等商品上具有显著特征，并便于识别，可以作为商标注册。商标评审委员会认定事实有误，适用法律错误，应予撤销。依照《中华人民共和国行政诉讼法》第七十条第（二）项之规定，判决商标评审委员会撤销被诉决定，并判令其就“交大法学”商标所提出的复审请求重新作出决定。

一审判决作出后，双方当事人均未提起上诉，一审判决生效。

■ 法官说法

本案涉及的《商标法》的条款是第十条第一款第（七）项以及第十一条第一款第（二）项。特殊之处在于，申请商标“交大法学”同时也是杂志的名称，是否可以注册为商标。

首先，申请商标是否构成《商标法》第十条第一款第（七）项之情形。《商标法》第十条第一款第（七）项规定的是“带有欺骗性，容易使公众对商品的质量等特点或者产地产生误认的”的标志不得作为商标使用。该条规定系商标拒绝注册的绝对事由，规定的是标志本身或者其构成要素具有欺骗性，容易使相关公众对商品的产地、内容、质量、品质等产生错误的认识的情形。带有欺骗性的标志以虚假信息掩盖了商品的真实情况，其申请注册行为在主观上具有恶意。本案中，从标志本身来看，虽然我国存在多所以“交通大学”命名的高校，如西安交通大学、北京交通大学等，“交大”不能直接对应上海交通大学，但“交大”亦来自“上海交通大学”的学校名称，且“交大”为上海交通大学的注册商标，申请人上海交通大学主观上并无与其他“交通大学”混淆的故意，相关公众对商品的来源不会产生误认。从申请商标的实际使用来看，“交大法学”亦是使用在法学类杂志期刊上，相关公众对商品的内容也不会产生错误认识。故该标志在指定商品上的使用在客观上不会使相关公众对商品的来源和内容产生误认，该标志不属于《商标法》第十条第一款第（七）项规定的情形，商标评审委员会适用该条法律属于法律适用不当。

其次，申请商标是否构成第十一条第一款第（二）项之情形。《商标法》第十一条第一款第（二）项规定的是“仅直接表示商品的质量、主要原料、功能、用途、重量、数量及其他特点的”的标志不得作为商标注册。符合该条情形的标志因为容易被识别为对商品特征的描述，而不是识别为具有区分意义的商标，不具有显著特征，故不得作为商标注册。本案中，“交大”是高校名称简称，“法学”亦是常见学科，从“交大法学”四个字本身来说，使用在小册子、印刷品、书籍、印刷出版物、杂志（期刊）、书籍封皮、教学材料（仪器除外）等商品上，易被相关公众识别为对商品内容的描述，属于描述性标志。

描述性标志能否注册为商标，应当对标志进行综合全面的考量。《最高人民法院关于审理商标授权确权行政案件若干问题的意见》第五条规定："人民法院在审理商标授权确权行政案件时，应当根据诉争商标指定使用商品的相关公众的通常认识，从整体上对商标是否具有显著特征进行审查判断。标志中含有的描述性要素不影响商标整体上具有显著特征的，或者描述性标志是以独特方式进行表现，相关公众能够以其识别商品来源的，应当认定其具有显著特征。"故描述性标志并非绝对属于《商标法》第十一条第一款第（二）项规定的不得作为商标注册的情形。本案中，基于以下两点因素，申请商标的注册不应当机械适用《商标法》第十一条第一款第（二）项所指之情形：一是申请商标并非简单的文字组合商标，"交大法学"四字系江平教授的书法作品，在整体呈现方式上具有独特性，增加了该标志的固有显著特征；二是"交大"作为上海交通大学在第16类印刷品、印刷出版物、教学材料（仪器除外）等商品上的注册商标，已经和上海交通大学建立了较为稳定的对应关系，相关公众能够识别商品的来源。故商标评审委员会仅从文字组成上判断申请商标构成《商标法》第十一条第一款第（二）项规定的情形，在法律适用上亦属不当。

《商标法》第十一条第二款同时规定，经过使用取得显著特征并便于识别的上述类型的标志（即《商标法》第十一条第一款规定的固有显著特征先天不足的标志），可以作为商标注册。上海交通大学还主张申请商标经过长期使用，取得了显著特征，可以识别并起到区分商品来源的作用。根据上海交通大学提交的使用证据，"交大法学"主要的使用方式是以期刊名称进行使用。本案中，期刊《交大法学》从创刊到正式发行，从纸质期刊到电子期刊，不断通过各种途径增强《交大法学》的知名度，在涉及180余种期刊的相关排名中亦相对较为靠前，与上海交通大学之间建立了较为紧密的联系。申请商标"交大法学"与期刊《交大法学》同名，使用在"教学材料（仪器除外）""杂志（期刊）"等商品上，相关公众能够识别其提供者即上海交通大学，亦不会与其他相同或类似商品的提供者产生混淆。同时，一般来说，教学类、期刊类相关公众的专业性程度较高，注意力亦较高，对"交大法学"使用在本案指定的商品类别上并不容易导致混淆误认。因此，“交大法学”指定使用在第16类印刷品、印刷出版物、教学材料（仪器除外）等商品上具有显著特征，并便于识别，可以作为商标注册。

再次，期刊名称与商标注册之间的关系。本案延审的问题是，出版物名称可否注册为商标？就这一问题，有学者提出将出版物划分为“非连续性出版物（Monographs）”（如单行本、丛书）和“连续性出版物（Serials）”（如报纸、期刊）两类，并认为单行本书名实际上起到了对书籍内容提示的作用，丛书名乃是对系列书籍共同特征的一个简要概括。期刊或报纸的名称可以在一定程度上折射出期刊或报纸的风格，但并不能向读者提示期刊或报纸中作品内容的主题。

非连续出版物和连续出版物在功能上存在一定差异，在能够注册为商标的问题上也存在差异。出版物名称是否可注册为商标应当回归到商标法的本义，也即从显著性的角度考察出版物的可注册性。如果出版物名称属于《商标法》第十一条规定的“（一）仅有本商品的通用名称、图形、型号的；（二）仅直接表示商品的质量、主要原料、功能、用途、重量、数量及其他特点的；（三）其他缺乏显著特征的”三种情形，属于先天显著性不足的情形，不能作为商标注册。作为“名称”的出版物名称和作为“商标”的出版物名称作用也是不同的。出版物名称恰恰主要目的在于简要提示内容，而商标的意义则在于发挥区分出版物来源的功能。因此，出版物名称和商标在保护范围上是不能等同的，出版物名称不能当然注册为商标。出版物名称首先要面对上述显著性的考察。非连续性出版物名称因为与内容存在密切关系，在显著性问题上面临的考察可能更为严格。

本案涉及的商标是期刊名称。本案既考虑了申请商标本身具有一定的显著特征，同时也考虑了申请商标的实际使用状况。申请商标作为期刊名称，进行了连续性的使用，在使用上具有反复性和一贯性。正是这种连续性，让期刊名称和期刊的主办单位建立了较为紧密的联系，能够发挥商标所应有的识别和区分作用，具有显著特征，可以注册为商标。

■ 专家评析

该案涉及期刊名称是否可以注册商标的问题。我国实行注册商标制度，需要保障被核准注册的商标能够区分商品或者服务来源，即具有显著性，以此树立厂商的信誉，促使厂商改善商品或者服务质量，最终建立自身的品牌竞争优势。这也是注册商标制度正当性的体现。

从该案“交大法学”申请注册商标来看，法院与商标评审委员会的认定相反。结合该案事实和适用的法律规范来看，法院的观点具有合理性。这可以从以下几方面加以理解：首先，“交大法学”由上海交通大学申请注册商标，不会导致消费者误认或者混淆，不属于《商标法》第十条第一款第（七）项规定的不得作为商标使用的情形。原因是尽管简称为“交大”的大学不限于该校，但该校已经将“交大”申请注册为商标，且其知名度在交大系列中非常高，这也是认定“交大法学”与申请人之间的对应关系的重要原因。其次，法院并没有否认“交大法学”作为期刊名称具有的描述性，但描述性商标并非都不能作为商标注册，关键还是要看其是否能够识别相关商品或服务来源。该案中，鉴于涉案商标与申请主体的对应关系以及在实践中使用的事实，最终使法院确信涉案商标具备显著性而可以获得注册。该案可以认为是涉及期刊名称是否可以注册商标较为典型的案例。

（**评析专家**：冯晓青，中国政法大学　教授）

◀

（2016）京73行初134号上海交通大学诉国家工商行政管理总局商标评审委员会商标驳回复审行政纠纷一审判决书

未注册驰名商标保护的适用要件

——商务印书馆诉华语出版社侵害商标权及不正当竞争纠纷案

田芬（北京知识产权法院　法官助理）

裁判要旨　未注册驰名商标的认定，需要在认定商标是否具备显著识别性的基础上，判断该未注册商标是否达到驰名商标的程度。个别案件中还需要衡量保护必要性与公共利益及社会秩序之间的关系。

【案号及审判人员】

一审：北京知识产权法院（2016）京73民初277号　审判长张玲玲、审判员冯刚、审判员杨洁

【相关条款】

《中华人民共和国侵权责任法》第十五条，《中华人民共和国商标法》第十三条、第十四条，《中华人民共和国反不正当竞争法》（简称《反不正当竞争法》）第五条第（二）项、第二十条第一款

【裁判情况】

原告商务印书馆与被告华语出版社同为出版机构。原告商务印书馆自1957年至今，连续出版《新华字典》通行版本至第11版。2010—2015年，原告商务印书馆出版的《新华字典》在字典类图书市场的平均占有率超过50%。截至2016年，原告商务印书馆出版的《新华字典》全球发行量超过5.67亿册，获

得“最受欢迎的字典”吉尼斯世界纪录及“最畅销的书（定期修订）”吉尼斯世界纪录等多项荣誉。

原告商务印书馆诉称被告华语出版社生产、销售“新华字典”辞书的行为侵害了原告商务印书馆“新华字典”未注册驰名商标，且被告华语出版社使用原告商务印书馆《新华字典》（第11版）知名商品的特有包装装潢的行为已构成不正当竞争，请求法院判令被告立即停止侵害商标权及不正当竞争行为，在相关媒体上刊登声明消除影响，赔偿经济损失300万元及合理支出40万元。

被告华语出版社辩称，“新华字典”由国家项目名称发展为公共领域的辞书通用名称，原告无权就“新华字典”主张商标权益，无权禁止他人正当使用。涉案《新华字典》（第11版）的装潢不属于《反不正当竞争法》第五条第（二）项规定的“特有装潢”，不会使购买者产生混淆或误认。原告提起诉讼旨在通过司法判决的方式独占“新华字典”这一辞书通用名称，具有排除竞争、实现垄断辞书类市场的不正当目的。

一审法院认为，“新华字典”具备商标的显著特征，且经过原告商务印书馆的使用已经达到驰名商标的程度，构成未注册驰名商标，被告华语出版社复制、摹仿原告商务印书馆的未注册驰名商标“新华字典”的行为，容易导致混淆，构成商标侵权。原告商务印书馆出版的《新华字典》（第11版）构成知名商品的特有包装装潢，被告华语出版社擅自使用《新华字典》（第11版）知名商品的特有装潢的行为构成不正当竞争。一审法院判决华语出版社立即停止侵害商标权及不正当竞争行为，在相关媒体上刊登声明消除影响，赔偿商务印书馆经济损失300万元及合理支出27万余元。

本案一审宣判后，双方当事人达成执行和解，一审生效。

■ 法官说法

作为近年来少有的适用未注册驰名商标进行司法保护的案件，关于未注册驰名商标的认定要件，本案从三方面进行了有针对性的论述。

一、关于“新华字典”是否具备商标的显著特征问题

显著识别性是商标的基本特征，是一个标志可以作为商标的基本属性。只有具有显著特征的标识才能发挥区别商品来源的作用，进而可以作为商标注册或保护。本案中，“新华字典”具有特定的历史起源、发展过程和长期唯一的提供主体以及客观的市场格局，保持着产品和品牌混合属性的商品名称，已经在相关消费者中形成了稳定的认知联系，具有指示商品来源的意义和作用，具备商标的显著特征。本案参考在先案例再审申请人佛山市合记饼业有限公司与再审申请人珠海香记食品有限公司侵犯注册商标专用权纠纷案［（2011）民提字第55号民事判决书］及再审申请人华文出版社有限公司与被申请人吉林文史出版社及一审被告长春联合图书城有限公司侵害著作权及不正当竞争纠纷案［（2013）民申字第371号民事裁定书］中确立的裁判标准，认定“新华字典”具有商标的显著特征，能够发挥商品来源的识别作用。且华语出版社提供的在案证据不能证明全国范围内相关公众已将“新华字典”认定为辞书商品上约定俗成的通用名称。

二、关于“新华字典”是否构成未注册驰名商标的问题

《最高人民法院关于审理涉及驰名商标保护的民事纠纷案件应用法律若干问题的解释》第五条规定，当事人主张商标驰名的，应当根据案件具体情况，提供下列证据，证明被诉侵犯商标权或者不正当竞争行为发生时，其商标已属驰名：（1）使用该商标的商品的市场份额、销售区域、利税等；（2）该商标的持续使用时间；（3）该商标的宣传或者促销活动的方式、持续时间、程度、资金投入和地域范围；（4）该商标曾被作为驰名商标受保护的记录；（5）该商标享有的市场声誉；（6）证明该商标已属驰名的其他事实。

本案结合在案证据可知，商务印书馆自1957年“商务新1版”开始，在辞书类商品上持续使用“新华字典”标识，至今已经出版《新华字典》通行版本至第11版，销售数量达到5亿册以上，销售范围基本覆盖中国大陆地区。商务印书馆在经营“新华字典”品牌的过程中，在中国内地范围内及中国香港、马来西亚、新加坡、日本等境外地区积极进行品牌宣传，在相关公众中的知晓程度较高，并获得了国家图书奖荣誉奖、国家辞书奖特别奖等奖项及受到国家有关部门给予的保护。即便时间截至被诉侵权行为发生时的2012年，现有证据亦能够证明“新华字典”已经达到驰名商标的程度。

三、“新华字典”作为商务印书馆的未注册驰名商标给予保护是否会破坏出版行业正常的经营管理秩序，损害知识的传播

商务涉案商标“新华字典”经过商务印书馆的使用已经达到驰名商标的程

度，应该得到商标法的保护。但是，华语出版社认为将“新华字典”作为商务印书馆的未注册驰名商标给予保护将会破坏出版行业正常的经营管理秩序，损害知识的传播。对此，《商标法》的根本目标在于促进市场经济的发展，不能因为给予一方市场主体商标权保护而导致限制市场竞争，损害市场经济发展。“新华字典”作为辞书名称给予商标保护的根本原因是商务印书馆长期大量的使用已经使得“新华字典”与商务印书馆产生了稳定的对应关系，且“新华字典”凝结了其所标识商品的商誉，给予其未注册驰名商标保护符合商标法关于未注册驰名商标保护的立法目的。商标法保护的商标权本身即为对商标独占使用的权利，这种独占使用针对的是商标本身，而非商标所附着的商品。即便给予商务印书馆“新华字典”未注册驰名商标的保护，给予的仅为独占使用“新华字典”商标的权利而非出版相关辞书的专有权，不会因此而直接造成辞书行业所谓的垄断，更不会因此破坏辞书市场正常的经营管理秩序。如果商务印书馆的实际经营行为构成了垄断并符合《中华人民共和国反垄断法》所禁止实施的行为，相关市场竞争主体可以依据前述法律规定维护自身合法权益和公平的市场竞争秩序。

此外，本案亦考虑到辞书作为工具书的特殊性，识字类辞书不仅关系社会公众特别是中小学生学习汉字的正确性和汉语言知识的传承与积累，还关涉民族文化知识的传播与发展，因此辞书内容的正确性和权威性至关重要。商标恰是保障商品内容品质的一种重要方式，商标是其所标识商品声誉的承载者。“新华字典”作为商标，其商誉亦与其内容紧密相连，商务印书馆作为“新华字典”的未注册驰名商标持有人不仅享有权利，更承担了商标法意义上商标权利人对其提供商品质量的保障义务及与其驰名商标美誉度相称的传播正确汉语言文字知识的社会责任。将“新华字典”作为商务印书馆的未注册驰名商标给予保护，不仅是对于之前商务印书馆在经营“新华字典”辞书商品中所产生的识别来源作用和凝结的商誉给予保护，更是通过商标保护的方式使其承担法定义务和社会责任。由此而言，将“新华字典”作为商务印书馆的未注册驰名商标给予保护，不仅不会损害知识的传播，相反，为了维护“新华字典”良好的品牌商誉，商务印书馆对其出版、发行的标有“新华字典”标识的辞书更会注重提升品质，促进正确知识的广泛传播。

■ 专家评析

过去十年来，司法对驰名商标的认定问题一直持谨慎的态度，目的是矫正原来驰名商标保护的异化现象，引导正确的驰名商标认定观念和保护意识。该案判决基于严谨的法律逻辑，对未注册驰名商标在什么情况下进行司法认定、认定的法律依据、司法认定的具体思路等都做出了详细的论证。

从逻辑顺序上来看，该案判决基本上是遵循未注册商标的显著性、未注册商标的驰名性、未注册商标作为驰名商标保护的必要性和法律依据这样的思路进行的说理。判决着力分析了“新华字典”作为未注册商标的显著性问题，是基于该案产品名称和品牌混合的特殊情况，解决商标与通用名称的界分，判决针对消费者就商标与商品来源建立稳定认知从而确定商标显著性之间的关系进行了分析。从未注册商标驰名认定的具体要素和认定标准方面，该案判决也进行了充分论证。

该案判决是对司法保护未注册驰名商标基本态度的诠释：要准确把握驰名商标保护的必要性和尺度，特别是对未注册驰名商标的认定，防止驰名商标保护乱象的再现；但在未注册商标确实达到了驰名的程度，且确实存在以未注册驰名商标对其进行保护的必要时，司法就应该做出认定和保护。

该案判决会对未注册驰名商标保护的类似案件提供指引。

（**评析专家**：杜颖，中央财经大学　教授）

◀

（2016）京 73 民初 277 号原告商务印书馆有限公司诉被告华语教学出版社有限责任公司侵害商标权及不正当竞争纠纷民事一审判决书

商标功能视角下驰名商标的侵权认定

——贵阳老干妈公司诉贵州永红公司、北京欧尚公司侵害商标权纠纷案

罗素云（北京知识产权法院　法官助理）

裁判要旨

1. 从商标功能视角出发，“商标使用”可以区分为“识别性商标使用”和“广告性商标使用”，进而将驰名商标侵权区分为混淆式侵权与淡化式侵权。

2. “描述性使用”并不是与“商标使用”并列的一个概念，而是作为“商标使用”中的一种合理使用情形。商标法上的合理使用主要包括两种情形：描述性使用与指示性使用。

【案号及审判人员】

一审：北京知识产权法院（2015）京知民初字第1944号民事判决　审判长邓卓、人民陪审员高松、人民陪审员官朝红

二审：北京市高级人民法院（2017）京民终28号民事判决　审判长周波、审判员俞惠斌、审判员苏志甫

【相关条款】

2014年《中华人民共和国商标法》第十三条、第四十八条，《最高人民法

院关于审理涉及驰名商标保护的民事纠纷案件应用法律若干问题的解释》第九条第二款

【裁判情况】

贵阳南明老干妈风味食品有限责任公司（简称“贵阳老干妈公司”）拥有第2021191号“老干妈”文字注册商标，核定使用在第30类商品上，包括豆豉、辣椒酱、炸辣椒油等。该注册商标经贵阳老干妈公司的长期使用、广泛宣传，已经为国内外广大消费者所知悉，多次在行政和司法程序中被认定为“具有较高知名度”或直接被认定为驰名商标。贵阳老干妈公司发现贵州永红食品有限公司（简称“贵州永红公司”）制造、销售的牛肉棒产品印有“老干妈味”字样。贵阳老干妈公司认为，“老干妈”是其拥有的注册商标，具有很强的显著性和较高的知名度，已经成为驰名商标。贵州永红公司未经贵阳老干妈公司同意，擅自在其商品上使用了涉案商标，其傍名牌意图非常明显。因此，贵州永红公司的行为属于恶意侵犯驰名商标专用权的行为。此外，贵州永红公司在牛肉棒上使用“老干妈味”字样以及销售印有上述“老干妈味”字样的牛肉棒，也构成不正当竞争的行为。北京欧尚超市有限公司（简称“北京欧尚公司”）销售侵权商品亦违反了相关规定。由此，贵阳老干妈公司将贵州永红公司和北京欧尚公司诉至法院，要求判令两被告立即停止侵权并承担损害赔偿等责任。

北京知识产权法院经审理认为：从商标功能视角去解释“商标使用”，可以将其分为“识别性商标使用”和“广告性商标使用”。在识别性商标使用行为目的是使消费者对来源产生混淆，属于混淆式侵权；而在广告性商标使用行为后果在于淡化驰名商标的显著性，属于淡化式侵权。本案中，被告贵州永红公司将涉案驰名商标作为自己牛肉棒产品的系列名称，用涉案驰名商标来描述自己的产品，会使消费者误以为涉案产品与商标权人贵阳老干妈公司具有某种联系，被告贵州永红公司将“老干妈味”作为一种口味，有可能导致涉案驰名商标的显著性、识别性减弱，甚至会导致其通用名称化。综上，为了避免涉案驰名商标“老干妈”最后淡化为一种通用的口味描述性词汇，有必要在本案中对该驰名商标作出反淡化保护，一审法院认定被告贵州永红公司的生产、销售行为，侵犯了原告贵阳老干妈公司所拥有的涉案商标专用权。一审法院判决贵州永红公司立即停止在其生产、销售的牛肉棒商品上使用“老干妈味”字样，北京欧尚公司停止销售上述印有“老干妈味”字样的牛肉棒，贵州永红公司赔偿贵阳老干妈公司经济损失及合理支出共计42.65万元。

贵州永红公司不服一审判决，向北京市高级人民法院提起上诉。二审法院以同样的事实和理由作出二审判决：驳回上诉、维持原判。

■ 法官说法

一、商标使用对商标功能的利用——“识别性商标使用”和“广告性商标使用”的认定

由于传统商标制度是以“禁止混淆”理论搭建的，传统混淆理论认为具有商标使用行为是侵犯注册商标专用权的先决条件，认定“商品来源存在混淆的可能”是商标保护的基础。但是交通运输技术和传播技术的发展，推动了国际国内贸易的深入发展，商业交易新形式的出现，市场的深度扩大和商业广告的无缝流行，商标在其基础功能识别来源的基础上，分化出了对广而告之以吸引眼球为目的之新功能，由此也就产生了新颖的对商标的使用形式。尤其对于驰名商标而言，商标权人为塑造和维护驰名商标的品牌效应通过传统的使用和宣传推广使用付出了巨大成本。由于普通商标与驰名商标发挥的商标功能的广度与深度不同，二者所具有的商标专用权与禁用权范围有别，进而针对二者的侵权后果会有所不同，对于普通商标，着重在于破坏商标权人禁止混淆商品来源的权利，是以“混淆商品来源”为后果对商标专用权的侵犯，即混淆式侵权；而对于驰名商标还存在另一种情形，更着重在于破坏商标权人禁止淡化商标显著性的权利，是以“淡化商标显著性”为后果对驰名商标专用权的侵犯，即淡化式侵权。

《商标法》第四十八条规定：本法所称商标的使用，是指将商标用于商品、商品包装或者容器以及商品交易文书上，或者将商标用于广告宣传、展览以及其他商业活动中，用于识别商品来源的行为。通过对该条款的理解，我们认为，前述规定对商标使用概念的确定立基于传统混淆理论，体现了商标的识别功能的价值。毋庸置疑的是，商标最基本的功能是区分识别功能，因此，从商标的该项功能之视角理解，所谓商标使用，即指在商业活动中，将已注册商标作为

商标使用，用于识别商品来源，防止混淆，可称为识别性商标使用。但是，对于驰名商标的淡化式侵权，虽然也存在对商标的使用行为，却并不要求以此为前提。实践中还常出现这类情形，即使用者仅在自己的产品、包装、广告宣传中使用他人商标，但是使用者使用他人商标并不是想以该商标来标明自己产品或服务的来源，相反，使用者会在自己产品上标明自己注册的商标，表现为对驰名商标具有的广告功能所蕴含的价值的破坏，这类情形明显有别于前述商标使用行为，从其发挥商标广告功能的角度出发，其实质上仍然属于“商标使用”，可称之为广告性商标使用。由上分析可见，识别性商标使用与广告性商标使用均属于商标使用。随着经济发展和实践积累，驰名商标侵权的前提条件不再仅仅是识别性商标使用行为，还包括了广告性商标使用行为，两者区别主要体现在：在识别性商标使用行为中，被诉侵权人是将权利人的商标当作“识别标识”来使用，目的是使消费者对来源产生混淆，属于混淆式侵权；而在广告性商标使用行为中，被诉侵权人不仅仅是把权利人的驰名商标当作识别标识使用，而更为主要的是将其用于包装、宣传中，起到广告作用，甚至被诉侵权人在其商品或服务中还标注了自己的商标以表明其正确来源，后果在于淡化驰名商标的显著性，属于淡化式侵权。

二、明确“描述性使用”并不是与“商标使用”并列的一个概念，而是作为“商标使用”中的一种合理使用情形的认定

商标合理使用是为了使社会主体间的利益达成平衡而设计的一种制度，他人在生产经营过程中可以正当地使用权利人的商标，而不必征得权利人的许可，也不必支付商标使用费。现在主流观点认为，商标法上的合理使用主要包括两种情形：描述性使用与指示性使用。描述性使用是指生产经营者使用他人的商标对自己生产经营的商品予以叙述性描述。指示性使用是指为指明产品、服务的种类而使用他人的商标。必须承认，如果是为了描述、指明商品的基本信息，应当允许他人在不引起消费者混淆、误认或联想的情况下，正常、合理地使用权利人的商标。

可见，区分商标合理使用和侵权使用的界限应该是：这种使用不致引起一般消费者或相关公众对商品来源的混淆或误认，也不应使消费者对该商品与使用的商标间产生不恰当联想。具体到本案，涉案产品上虽然印有的是“老干妈味”字样，涉案产品也确实添加了“老干妈”牌豆豉，但不同于“原味”“香辣”“黑胡椒”等口味，“老干妈”在现实生活中并非任何一种口味，也不是任何一种原料，而是贵阳老干妈公司所拥有的驰名商标，具有强烈的显著性，与贵阳老干妈公司具有唯一对应关系。因此，被诉侵权行为易引起消费者将涉案产品与贵阳老干妈公司之间搭建不恰当的联系，将涉案“老干妈”商标所享有的优良商誉投射到涉案产品之上，故不属于合理使用的范畴。

三、从损害商标功能的角度出发——驰名商标侵权区分为混淆式侵权与淡化式侵权的认定

《驰名商标司法解释》第九条第二款规定：足以使相关公众认为被诉商标与驰名商标具有相当程度的联系，而减弱驰名商标的显著性、贬损驰名商标的市场声誉，或者不正当利用驰名商标的市场声誉的，属于《商标法》第十三条第二款规定的“误导公众，致使该驰名商标注册人的利益可能受到损害”。

本案涉案“老干妈”商标属于驰名商标，需要给予其在不相同或者不相类似商品上的跨类保护，《商标法》第十三条规定的“误导公众，致使该驰名商标注册人的利益可能受到损害”不应简单地从一般商标侵权的市场混淆意义上进行理解，通常还都涉及因误导相关公众而减弱驰名商标的显著性或者贬损其声誉，因而《驰名商标司法解释》第九条第二款对此进行了界定。

驰名商标淡化是指未经权利人许可，在不相同或不类似的商品或服务上使用与驰名商标相同或类似的标识，利用驰名商标的商业信誉来推销其商品或服务的行为。商标淡化首先淡化的是商标的显著性，驰名商标之所以驰名，是因为其本身具有较强的显著性，淡化行为会直接导致这种自然属性的削弱。同时，商标淡化行为也会损害商标的识别性。因为一件本来具有很强识别性的商标，与它所标志的商品或服务具有相对固定的联系，但将他人的驰名商标使用在不同的商品或服务上的行为，会使该商标的此种固定识别功能减弱。毕竟，注册商标禁用权的范围并非一成不变的，例如我国《商标法》中规定了驰名商标，其保护范围不仅包括了对商品来源的误认，同时还包括了减弱驰名商标的显著性、贬损驰名商标的市场声誉、不正当利用驰名商标的市场声誉等“淡化”的情形，故保护范围明显大于非驰名的注册商标。究其原因，正是商标的实际价值在于使用，通过积极、有效、合法、广泛的使用，注册商标所蕴含的商业信誉、商品声誉不断累积，其影响范围也随之扩大，由此在判断商标禁用权范围时，也是出于对注册商标所形成商誉的有效保护。

■ 专家评析

驰名商标保护制度是各国商标法不可或缺的重要组成部分，而保护制度的基本构造与驰名商标受法律保护的功能密不可分，长期以来我国商标法理论和实践中，对于驰名商标淡化保护未能达成统一共识，究其原因也是因为无法清晰界定在识别功能之外驰名商标的何种功能应受法律保护。该案在这一驰名商标制度的核心问题上作出了重要的探索，明确提出广告性利用作为驰名商标反淡化保护的一种情形，与商标的识别性利用相并列，并结合案例进行了深入而有针对性的阐述，为广告性利用这一提法的构成要件和具体适用提供了鲜明而清晰的范例，通过典型性案例积极在立法和司法解释提供的框架内进行创新性规则运用和释明，也为理论探讨和发展提供了重要素材。

此外，该案对于商标合理使用规则的厘清也进行了积极的探索和贡献，明确提出“描述性使用”不属于“商标使用”，本质上也明确了合理使用并非属于商标侵权的例外，从而澄清了理论和实践中的一些误区。在该案中，“老干妈味”这类使用方式，相对于传统的混淆性商标使用行为而言相对特殊，但又在当前的实践中具有相当的代表性，判决对于这类商标使用行为展开了庖丁解牛般的解析，通过对于商标法概念的深度理解和创新式适用，一方面清晰划定了驰名商标的保护范围，另一方面也为理论和实践的进一步发展提供了重要的参考和支持。

（**评析专家**：刘晓春，中国社会科学院大学互联网法治研究中心　执行主任）

◀ （2015）京知民初字第1944号原告贵阳南明老干妈风味食品有限公司诉被告贵州永红食品有限公司、北京欧尚超市有限公司侵害商标权纷案一审判决书

◀ （2017）京民终28号贵州永红食品有限公司与贵阳南明老干妈风味食品有限责任公司侵害商标权纠纷、不正当竞争纠纷二审民事判决书

诉争商标知名度对商标近似判断的影响分析

——鳄鱼恤公司诉商标评审委员会、克洛克斯有限公司商标权无效宣告请求行政纠纷案

赵楠（北京知识产权法院　法官助理）

裁判要旨　在商标无效行政程序中判断两商标是否近似时，除了考虑商标本身标识是否构成近似外，还应当考虑商标的显著性、知名度以及注册人的恶意等因素。若诉争商标使用时间较长，取得了较高的知名度，已经形成了稳定的市场秩序，与引证商标相区分，那么诉争商标就有被核准注册或者维持有效的可能性。

【案号及审判人员】

一审：北京知识产权法院（2016）京73行初1395号　审判长张晓津、人民陪审员负桂玲、人民陪审员李新平

二审：北京市高级人民法院（2017）京行终3268号　审判长陶钧、审判员王晓颖、代理审判员孙柱永

【相关条款】

2001年《中华人民共和国商标法》第二十八条

【裁判情况】

本案诉争商标系第G873725号“CROCS”商标，商标权利人是克洛斯有限公司（简称“克洛克斯公司”）。在鳄鱼恤有限公司（简称“鳄鱼恤公司”）对该商标提出的争议程序中，商标评审委员会认为诉争商标未违反2001年《商标法》第二十八条的规定，故诉争商标予以维持。鳄鱼恤公司不服提起诉讼。北京知识产权法院认为，诉争商标与引证商标在英文构成方面有部分字母相同，但整体存在一定的差异，相关公众施以一般注意力尚可区分；第三人提交的《牛津高阶英汉双解词典》等词典并未收录“CROC”“CROCS”，原告提交的《新英汉词典》第276页记载“croc = crocodile［俚语］”，可见“CROC”“CROCS”并非英语的常见词汇，故相关消费者并不会将“CROCS”与“鳄鱼”含义联系起来；且诉争商标与鳄鱼恤公司的“鳄鱼”“鳄鱼图形”“CROCODILE”商标在服装等商品上已在市场上共存多年，诉争商标具有较高的知名度，诉争商标经过使用已经形成稳定的市场秩序，已经能够与引证商标相区分。故诉争商标与引证商标未构成使用在同一种或类似商品上的近似商标。因此，北京知识产权法院判决驳回原告的诉讼请求。二审法院经过审理，判决维持一审判决。

■ 法官说法

本案涉及的主要问题是诉争商标与引证商标是否构成近似商标的问题。

虽然商标近似问题在商标授权确权案件中占有较大比例，但我国《商标法》中并没有关于如何判定两商标构成近似商标的具体规定。商标授权确权行政案件的评审阶段和司法阶段均采用的是2014年《商标法》第三十条和第三十一条（即2001年《商标法》第二十八条和第二十九条）。但这两条法律规定均未明确商标近似的含义及判定标准。《最高人民法院关于审理商标民事纠纷案件适用法律若干问题的解释》第九条规定，《商标法》第五十二条第（一）项（这里指2001年《商标法》）规定的商标相同，是指被控侵权的商标与原告的注册商标相比较，二者在视觉上基本无差别；《商标法》第五十二条第（一）项规定的商标近似，是指被控侵权的商标与原告的注册商标相比较，其文字的字形、读音、含义或者图形的构图及颜色，或者其各要素组合后的整体结构相似，或者其立体形状、颜色组合近似，易使相关公众对商品的来源产生误认或者认为其来源与原告注册商标的商品有特定的联系。《最高人民法院关于审理商标民事纠纷案件适用法律若干问题的解释》第十条规定，人民法院依据《商标法》第五十二条第（一）项的规定，认定商标相同或者近似按照以下原则进行：（1）以相关公众的一般注意力为标准；（2）既要进行对商标的整体比对，又要进行对商标主要部分的比对，比对应当在比对对象隔离的状态下分别进行；（3）判断商标是否近似，应当考虑请求保护注册商标的显著性和知名度。

在商标注册和审查的前期，行政机关及司法机关在大多数案件中仅从商标的音、形、意方面进行比对，即单纯地从商标标识进行比较。但商标法意义上的近似不仅仅是构成要素上的近似，还应当考虑请求保护注册商标的显著性和知名度等因素。一般情况下，请求保护商标的知名度是必须考虑的因素，诉争商标的知名度只是在例外情况下予以考虑的情况。这是因为判断在后商标能否获得注册，考虑的是该商标申请注册日之前的事实，该商标申请注册后的使用情况并非判断混淆之虞的要素。比如，在（2015）京知行初字第 1492 号原告意大利爱马仕国际服装集团有限公司诉被告中华人民共和国国家工商行政管理总局商标评审委员会、第三人爱马仕国际商标异议复审行政纠纷案中，法院认定诉争商标与引证商标在字母构成、读音及视觉效果上相近，加之引证商标在核定使用商品上具有较高的知名度，故诉争商标与各引证商标构成使用在相同或类似商品上的近似商标。

但是，对于使用时间较长、已建立较高市场声誉和形成相关公众群体的诉争商标，应当准确把握商标法有关保护在先商业标志权益与维护市场秩序相协调的立法精神，充分尊重相关公众已在客观上将相关商业标志区别开来的市场实际，注重维护已经形成和稳定的市场秩序。具体到本案，诉争商标与引证商标的文字部分在英文构成方面有部分字母相同，但整体存在一定的差异，相关公众施以一般注意力尚可区分；第三人提交的词典并未收录“CROC”

“CROCS”，原告提交的《新英汉词典》第 276 页记载“croc = crocodile ［俚语］”，可见“CROC”“CROCS”并非英语的常见词汇，故相关消费者并不会将“CROCS”与“鳄鱼”含义联系起来；且诉争商标与鳄鱼恤公司的“鳄鱼”“鳄鱼图形”“CROCODILE”商标在服装等商品上已在市场上共存多年，克洛克斯公司提交的关于“crocs”或者“卡骆驰”的宣传报道，克洛克斯公司在上海、南京、无锡、西安、北京等地实体店的装潢展示照片，克洛克斯公司2007—2012 年的产品手册、网上店铺截图等证据可以证明诉争商标具有较高的知名度，诉争商标经过使用已经形成稳定的市场秩序，已经能够与引证商标相区分。故北京知识产权法院认定诉争商标与引证商标未构成使用在同一种或类似商品上的近似商标。

在判断两商标是否近似时，除了考虑商标本身标识是否构成近似外，还应当考虑商标的显著性、知名度以及注册人的恶意等因素。若诉争商标使用时间较长，取得了较高的知名度，已经形成了稳定的市场秩序，与引证商标相区分，那么诉争商标就有被核准注册或者维持有效的可能性。

■ 专家评析

商标近似性的判断从来不是纯粹客观的过程，除了考虑商标标志构成要素及其整体的近似程度外，还需要结合争议商标与引证商标的知名度等要素判断。这一点也被最高人民法院在 2010 年发布的《关于审理商标授权确权行政案件若干问题的意见》第十六条所确认：“人民法院认定商标是否近似，既要考虑商标标志构成要素及其整体的近似程度，也要考虑相关商标的显著性和知名度、所使用商品的关联程度等因素，以是否容易导致混淆作为判断标准。”该规定明确将相关商标知名度作为商标授权确权案件中商标近似性的考量因素。此处规定的“相关商标的知名度”既包含引证商标的知名度，也包含诉争商标的知名度。该案判决在处理诉争商标与引证商标的近似性判断时，能够将保护在先商业标志权益与维护既有市场秩序两者进行协调和平衡，充分尊重相关公众已在客观上将相关商业标志区别开来的市场实际，体现对商标法注重维护市场秩序和消费者利益的法律精神的把握。当然，需要指出的一点是，对于争议商标的知名度判断，还需要与诚实信用原则结合在一起考虑，如果争议商标的实际使用情况及知名过程是建立在违反诚信原则的基础上的，则在近似性的判断上，应当更多采用客观的标准，摈弃争议商标知名度的考虑。当然具体到该案，并不存在这种情况。

（**评析专家**：姚欢庆，中国人民大学　副教授）

◀
（2016）京 73 行初 1395 号原告鳄鱼恤有限公司诉被告国家工商行政管理总局商标评审委员、第三人克洛克斯公司商标无效宣告请求行政纠纷一审行政判决书

◀
（2017）京行终 3268 号鳄鱼恤有限公司与国家工商行政管理总局商标评审委员、第三人克洛克斯公司商标无效宣告请求行政纠纷二审行政判决书

商标权无效宣告案件中共存协议的效力认定

——蓝巨星公司诉商标评审委员会、塔尔帕公司商标权无效宣告请求行政纠纷案

周丽婷（北京知识产权法院　法官）

裁判要旨

1. 商标权无效宣告请求行政纠纷中，若原告和第三人在诉讼阶段就双方商标共存达成协议，则法院既需要评价被告依据行政审查阶段的事实作出被诉裁定是否正确，亦需要评价诉讼阶段的新事实对于诉争商标能否维持注册的影响。

2. 因商标驳回程序中的混淆判断更多是从商标标志本身出发，而无效宣告程序中的混淆判断会考虑双方商标使用情况、商标申请人的主观状态等多种因素，故相对于驳回程序，无效宣告程序中的共存协议往往具有更大的可参考性。

【案号及审判人员】

一审：北京知识产权法院（2017）京73行初449号　审判长周丽婷、审判员刘义军、人民陪审员张立伟

【相关条款】

2001年《中华人民共和国商标法》第二十八条、第十五条、第四十一条第一款

【裁判情况】

第11591269号“蓝巨星好声音”商标（简称“诉争商标”）由原告浙江蓝巨星国际传媒有限公司（简称“蓝巨星公司”）申请注册，核定使用在第41类组织表演（演出）、娱乐、电视文娱节目等服务上。第三人塔尔帕容量有限公司（简称“塔尔帕公司”）以诉争商标与其在先注册的第G1089326号“The Voice of及图”商标（简称“引证商标”）构成使用在类似服务上的近似商标等理由为由，向商标评审委员会提出无效宣告请求。商标评审委员会经审理认为，诉争商标申请注册违反2001年《商标法》第二十八条、第十五条、第四十一条第一款的规定，并裁定诉争商标予以无效。

原告蓝巨星公司提起行政诉讼，其主张诉争商标申请注册未违反前述条款规定，并且原告已与第三人达成商标共存协议，因此诉争商标与引证商标共存不会造成相关公众的混淆误认，诉争商标的注册应予维持。

北京知识产权法院经审理认为：（1）诉争商标与引证商标虽在整体外观、呼叫等客观方面存在较大差异，但考虑到引证商标的实际使用状态和相关公众的认知情况，诉争商标的注册使用易使相关公众对其与引证商标所指代的服务来源产生混淆。被诉裁定依据作出之时的事实状态认定诉争商标申请注册违反2001年《商标法》第二十八条的规定，并无不当。但是，原告和第三人在本案诉讼阶段就双方商标共存达成协议，针对已变化的事实基础，综合考虑两商标标志本身的差异程度，双方当事人关于商标共存的意思表示和对避免相关公众混淆所作出的安排，应当认为，诉争商标的注册使用已经克服了易致相关公众混淆的缺陷，其注册已不违反2001年《商标法》第二十八条的规定。（2）关于诉争商标申请注册是否违反2001年《商标法》第十五条的规定。无论从立法目的的角度还是商标法体系解释的角度，均应得出2001年《商标法》第十五条所保护的权利客体是被代理人或者被代表人的未注册商标。第三人以已注册的引证商标作为权利基础主张诉争商标申请注册违反2001年《商标法》第十五条的规定，不能成立。故被告认定诉争商标申请注册违反2001年《商标法》第十五条的规定，系适用法律错误。（3）关于诉争商标申请注册是否构成2001年

《商标法》第四十一条第一款“以其他不正当手段取得注册”之情形。诉争商标注册行为主要损害的是第三人的利益，对商标注册秩序和公共利益的影响有限。且第三人已表达谅解并同意诉争商标注册，应当认为诉争商标注册可能对第三人造成的损害已得到弥补。诉争商标申请注册未违反2001年《商标法》第四十一条第一款之规定。综上，北京知识产权法院判决撤销被诉裁定，并责令商标评审委员会重新作出裁定。

本案一审判决后，各方当事人均未提起上诉，一审判决已生效。

■ 法官说法

本案涉及与浙江卫视知名电视节目《中国好声音》的节目标识有关的“蓝巨星好声音”商标确权行政纠纷，受到广泛关注。特别是，在被告作出诉争商标予以无效的行政裁决后，原告和第三人在行政诉讼阶段就双方商标共存达成协议，即诉讼阶段的事实基础相对于行政审查阶段已发生明显变化。故本案既需要评价被告依据行政审查阶段的事实作出被诉裁定是否正确，亦需要评价诉讼阶段的新事实对于诉争商标能否维持注册的影响。

关于共存协议的效力问题，我国法律没有明确规定，但司法实践中一直都有涉及。如“NEXUS”商标案中，最高人民法院认为，引证商标权利人通过出具同意书，明确对争议商标的注册、使用予以认可，实质上是引证商标权利人处分其合法权利的方式之一。在该同意书没有损害国家利益、社会公共利益或者第三人合法权益的情况下，应当予以必要的尊重。相较于尚不确实是否受到损害的一般消费者的利益，申请商标的注册和使用对于引证商标权利人的利益的影响更为直接和现实。现引证商标权利人出具同意书，明确同意申请商标在我国注册和使用，表明引证商标权利人对申请商标的注册是否容易导致相关公众的混淆、误认持否定或者容忍态度。[1] “GROUPON”商标案中，最高人民法院认为，引证商标作为本案申请商标注册的障碍，通过引证商标所有人的同意，

---

[1] 见（2016）最高法行再103号行政判决书。

已经予以消除，申请商标可以予以核准注册。[1]

我国目前司法实践中，提交商标共存协议的情形多发生在商标驳回复审案件中，因为商标驳回程序系单方程序，并非由在先商标权人启动，在先商标权人的意愿并不明朗，故诉争商标申请人有较大机会争取到在先商标权人关于双方商标共存的意思表示。而商标异议程序和无效宣告程序系由在先商标权人或利害关系人启动，诉争商标申请人此时再想争取双方商标共存，违背了在先商标权人的初始意愿，难度较大，故实践中较为少见。

本案即属于无效宣告程序中出现共存协议的情况，应该说，在判断双方商标能否在在先商标权人同意共存的情况下在法律上共存时，商标驳回程序和无效宣告程序既有一致之处，又有一定差异。

一致之处在于，均需要考虑双方商标标志之间的近似程度，相关公众根据双方商标标志之间的差异有无合理区分的可能性。商标法之所以禁止他人在相同或类似商品上注册与在先商标相同或近似的商标，一方面是对在先商标权利人合法权利的保护，避免其经济利益和市场声誉受损；另一方面是避免消费者因混淆产生误认误购，亦避免因商标之间过于近似而增加消费者的辨识负担。前者属于在先商标权人的私益，后者有公共利益的考量。正因为商标共存并非仅涉及双方当事人的私益，还会对广大消费者的利益造成影响，故通常来说，共存协议不能成为双方商标共存的当然理由，而是混淆判断的重要参考。

差异之处在于，因商标驳回程序中的混淆判断更多是从商标标志本身出发，而无效宣告程序中的混淆判断会考虑双方商标使用情况、商标申请人的主观状态等多种因素，故无效宣告程序中的共存协议往往具有更大的可参考性。具体分析如下。

混淆判断并非商标标志之间的近似性判断或商品自然属性之间的类似性判断，它与商标的显著性和知名度、商标的实际使用情况、相关公众的认知因素等密切相关。然而，商标驳回程序为单方程序，在先商标权利人并未进入审查程序，故在先商标的使用及知名度情况一般无法考虑。虽然不排除在一些司法

[1] 见（2017）最高法行再15号行政判决书。

实践中，裁判者可能根据其作为普通消费者的生活经验对在先商标的使用和知名度情况予以一定程度的考量，但这种考量是大而化之的，缺乏精细性，一般会比较谨慎。由于无法考虑在先商标的使用情况，所以对于诉争商标的使用情况一般也是不予考虑的，否则有失公平。同时，诉争商标申请人亦不可能“自证有罪”，陈述自身存在搭便车之故意或其他恶意。因此，商标驳回程序中混淆与否的判断，一般情况下多从商标标志本身及商品的自然属性出发进行判断。以本案商标为例，诉争商标在驳回程序中，被认定与引证商标构成近似的可能性是很小的。

商标无效宣告程序由当事人启动，在先商标权利人和诉争商标权利人均参与程序，有提交证据、陈述意见的平等机会，故双方商标的使用情况和当事人的主观因素均可纳入考量。也就是说，相较于驳回程序中较为单纯的考虑商标标志本身，无效宣告程序中，既存在因考虑引证商标的知名度较高、诉争商标申请人有搭便车或企图误导公众之故意等，从而认定客观上有一定差异的标识容易造成混淆的情况，也存在因考虑诉争商标经过使用具有较高知名度已形成稳定的市场认知、引证商标未投入实际使用等因素，从而认定客观上较为接近的标识不易造成混淆的情况。因后一种情况会准许诉争商标注册或维持诉争商标注册，故一般不会出现共存协议。前一种情况下，认定构成混淆虽考虑了相关公众的认知因素，但亦是出于对享有较高市场声誉的引证商标以更大范围的保护之故，兼有对违反诚信者的惩罚。如果此时引证商标权利人同意诉争商标与之共存，则意味着其放弃了法律给予的与其市场声誉相关的更大范围的保护，或谅解了诉争商标申请人的非诚信行为，通常并无不可。而且，此种情况下，因双方商标标志之间客观上存在一定差异，相关公众有区分的基础，且双方在共存的协商中往往会对已经发生或可能发生的混淆采取补救或预防措施，故对消费者利益的损害亦可控。因此，在可能发生的真实案例中，无效程序中的在先商标权人关于商标共存的意思表示对混淆判断往往具有更大的可参考性。

具体到本案中，诉争商标标志与引证商标标志客观上存在较大差异，相关公众有区分的基础。本案作出混淆可能性的判断主要基于双方商标的实际使用状态及由此产生的相关公众认知情况，现原告与第三人就各自持有诉争商标和引证商标协商一致，第三人在中国放弃使用“中国好声音”标识，也不再在中国就“The Voice of ...”节目模式寻求新的授权合作。此意味着“中国好声音”或“好声音”将只指向原告及其关联主体，不会于未来产生新的混淆可能。对于可能已经产生的混淆，当事人对社会公众的公开声明及本案判决均能一定程度上予以澄清。

因此，虽然被诉裁定依据作出之时的事实状态认定诉争商标申请注册违反2001年《商标法》第二十八条的规定并无不当，但综合考虑诉争商标标志与引证商标标志本身的差异程度，原告和第三人之间关于商标共存的意思表示和对避免相关公众混淆所作出的安排，应当认为诉争商标的注册使用已经克服了易使相关公众混淆误认的缺陷，其注册已不违反2001年《商标法》第二十八条的规定。

■ 专家评析

在商标确权行政纠纷疑难案件中，事实认定与法律适用往往引发巨大争议。该案正是这样的典型案例。在事实认定方面，该案的一个特殊之处在于，原告与第三人在商评委做出裁定之后达成了商标共存和解协议，由此带来的问题是，该新事实对于“诉争商标是否应宣告无效”有何影响？对此，一审判决表达了非常重要的观点：“共存协议不能成为双方商标共存的当然理由，而是混淆判断的重要参考”，所以，必须考察和解协议中有关“避免相关公众混淆”的安排，继而才能判断允许诉争商标的注册是否能克服“易使相关公众混淆误认”的缺陷。在法律适用方面，商评委依据2001年《商标法》第十五条、第二十八条、第四十一条宣告诉争商标无效，但一审法院运用体系化的方法，对第十五条、第四十一条的立法本意进行了解释，其说理相较于商评委的裁定更具合理性和说服力，同时也避免了法条之间不必要的交叉、竞合。体系化的解释方法对实践中经常出现的结果导向的法律适用思维是一个很好的约束，避免了不适当地扩大商标权的保护范围。综合起来，该案实际上还触及了一个非常值得反思的根本性问题，即：《商标法》究竟是一部竞争法抑或是一部财产法？尽管该案一审判决不可能对此明确表态，但其关于“商标共存达成协议”的考量足以窥见一斑。

（**评析专家**：杨明，北京大学　教授）

（2017）京73行初449号原告浙江蓝巨星国际传媒有限公司诉被告国家工商行政管理总局商标评审委员会、第三人塔尔帕容量有限公司商标无效宣告请求裁定行政纠纷一审行政判决书

商标授权确权案件中作品及角色名称的在先权益保护

——手塚株式会社诉商标评审委员会、开元公司商标权无效宣告请求行政纠纷案

赵楠（北京知识产权法院　法官助理）

裁判要旨　动漫作品名称以及动漫的角色名称若已为相关公众所了解，具有较高知名度，将其作为商标使用在相关商品上容易导致相关公众误认为其经过动漫作品权利人的许可或者与权利人存在特定联系的，该作品名称以及作品的角色名称可以作为在先权益予以保护。

【案号及审判人员】

一审：北京知识产权法院（2016）京73行初1823号　审判长张晓津、审判员崔宁、人民陪审员丁艳玲

二审：北京市高级人民法院（2018）京行终1245号　审判长岑宏宇、审判员戴怡婷、审判员马军

【相关条款】

2014年《中华人民共和国商标法》第三十二条

【裁判情况】

本案诉争商标为阿童木公司的“铁臂阿童木”纯文字商标，后在本案诉讼

过程中转让至泉州市开元体育用品有限公司（简称“开元公司”）。日本手塚株式会社（简称“手塚株式会社”）针对诉争商标向商标评审委员会提出无效宣告请求，商标评审委员会经过审理认为，诉争商标的注册申请未侵犯手塚株式会社的在先著作权和在先商品化权，故裁定诉争商标予以维持。手塚株式会社不服提起诉讼，认为阿童木（福建）体育用品有限公司（简称“阿童木公司”）在未获得手塚株式会社许可的情况下在其产品、注册商标及网站上大量使用手塚株式会社的“阿童木”动漫形象作品，主观恶意明显，侵犯了手塚株式会社在先的著作权和在先商品化权。

北京知识产权法院认为，诉争商标仅为纯文字商标，并未体现阿童木的卡通形象，故诉争商标的注册申请并未侵犯手塚株式会社享有的著作权。“阿童木”既是手塚株式会社出品的动漫作品《铁臂阿童木》的片名，也是动漫作品中主要人物的名称。在诉争商标申请日前，“铁臂阿童木”“阿童木”作为动漫作品的名称以及动漫的角色名称已为相关公众所了解，具有较高知名度，且该知名度的取得是手塚株式会社创造性劳动的结晶，其所带来的商业价值和商业机会亦是手塚株式会社投入大量劳动和资本所获得。因此，“铁臂阿童木”“阿童木”可以作为在先作品名称以及在先作品的角色名称进行保护。虽然在诉争商标申请日之前原告并未在鞋等商品上使用阿童木形象，但手塚株式会社在第25类商品上注册有“铁臂阿童木”商标，且鞋等商品系生活必需品，阿童木公司在销售诉争商标核定使用的鞋等商品时必定借用了在先作品名称及角色名称所形成的市场声誉或不当损害了其商业利益，使相关公众对诉争商标核定使用的商品来源与在先作品名称及角色名称的所有人产生混淆误认，从而挤占了在先作品名称及角色名称所有人基于该在先作品名称及角色名称而享有的市场优势地位和交易机会，故诉争商标的注册申请损害了手塚株式会社的在先权益。综上，判决撤销被诉裁定并判令重作。二审法院经过审理，判决维持一审判决。

■ 法官说法

本案的争议焦点问题是诉争商标的注册是否违反《商标法》第三十二条“不得损害他人现有的在先权利”规定的问题，涉及手塚株式会社动漫作品的作品名称和动漫角色名称如何保护的问题。

根据2014年《商标法》第八条的规定，任何能够将自然人、法人或者其他组织的商品与他人的商品区别开的标志，包括文字、图形、字母、数字、三维标志、颜色组合和声音等，以及上述要素的组合，均可以作为商标申请注册。动漫作品的作品名称和动漫角色名称均可依据商标法注册为文字商标，如果动漫角色有特有的形象，还可以将其被设计为平面的图形商标或立体商标要素加以保护。一旦将动漫作品的作品名称、动漫角色名称积极注册为商标，商标注册人可直接依据《商标法》相关规定来保护自身合法权利，从而可较好地解决现实中动漫角色被大量抢注、仿冒但因权属不清所产生的维权困境。同时，相较于著作权法对作品的“独创性”要求以及保护期限的限制，动漫角色诸多要素符号更容易满足商标法的显著性要求，商标权保护可以通过续展而不断得以延长，从而适应了角色形象吸引力可长期存在及可供持续商品化的利益需求。

但是如果未将动漫作品的作品名称、动漫角色名称直接注册为商标，当事人如何保护其合法权益呢？根据2014年《商标法》第三十二条的规定，申请商标注册不得损害他人现有的在先权利，也不得以不正当手段抢先注册他人已经使用并有一定影响的商标。本条规定的在先权利，是指在诉争商标申请注册日之前已经取得的，除商标权以外的其他权利，包括姓名权、著作权等。一般来说，动漫作品中的动漫角色形象可以作为美术作品进行著作权法保护，但是动漫作品的作品名称和动漫角色名称却难以通过现行的著作权法进行保护。因此，司法实践中对动漫作品的作品名称和动漫角色名称的保护历程大体上经历了三个阶段，即由不保护到保护，由非在先权利保护到在先权利保护，再由称其为“商品化权”的权利保护到称其为“商品化权益”的利益保护历程。

司法实践中首次出现“商品化权”是在（2011）高行终字第374号行政判决书中，该案的一审法院认为基于谢花珍明知“007”“JAMES BOND”作为电影人物角色名称的知名度和该知名度可能在商业上产生的较高价值，而申请注册被异议商标，认定其行为违反诚实信用的公序良俗，被异议商标属于商标法规定的“有其他不良影响的标志”。但北京市高级人民法院认为“007”“JAMESBOND”作为丹乔有限公司“007”系列电影人物的角色名称已经具有较高知名度，已为相关公众所了解，其知名度的取得是丹乔有限公司创造性劳动的结晶，由此知名的角色名称所带来的商业价值和商业机会，也是丹乔有限公司投入大量劳动和资本所获得的。因此，作为在先知名的电影人物角色名称应当作为在先权利得到保护。之后在“功夫熊猫”系列案中，北京市高级人民法院在裁判文书中详细论述了保护“商品化权”的理由。北京市高级人民法院在（2016）京行终3508号上诉人商标评审委员会与被上诉人梦工场动画公司、原审第三人上海卫普服饰有限公司商标异议复审行政纠纷案中认定，虽然“功夫熊猫 KUNG FU PANDA”作为梦工场动画公司知名电影的特有名称应受到保护，但其保护范围仍需明确。在判断他人申请注册的商标是否损害该在先知名电影名称权益时，需要综合考虑如下因素：一是影片知名度高低和影响力强弱。知名电影名称的保护范围，与其知名度及影响力相关。其保护范围与电影的知名度、影响力成正比，知名度越高、影响力越强，保护范围越宽，且随着知名度增高、影响力增强，其保护范围亦随之扩大，反之亦然。二是混淆误认的可能性。商标的主要功能在于标识商品或服务的来源，尽可能消除商业标志混淆误认的可能性。在目前的商业环境下，电影作品衍生品已涵盖了多类商品，但知名电影特有名称权益的保护范围并不当然及于全部商品和服务类别，仍应以限于相同或类似商品或服务为原则，但诉争商标的申请注册确实借用了在先知名电影名称所形成的市场声誉或不当损害了其商业利益，使相关公众对诉争商标指定使用的商品或服务来源与知名电影特有名称所有人产生混淆误认，从而挤占了知名电影特有名称所有人基于该电影名称而享有的市场优势地位和交易机会时，可以根据知名度及实际的利益要素影响范围进行保护。后北京市高级人民法院在裁判文书中又明确所保护的商品化权益是民事利益。在（2015）高行（知）终字第752号上诉人国家工商行政管理总局商标评审委员会与被上诉人苹果有限公司、原审第三人连小元、陈冠洪商标异议复审行政案中，北京市高级人民法院认定，《商标法》并无“商品化权”的规定，《民法通则》也“无商品化权”的规定，但文学艺术作品、作品名称、角色名称、某种标识性的名称、姓名等确实会使上述作品或名称的拥有者通过上述作品、姓名等取得声誉、信誉、知名度等，拥有者通过将上述的声誉、信誉、知名度等与商品或服务的结合进行商业性的使用而实现经济利益，因此，上述作品或名称通过商业化使用，能够给拥有者带来相应的利益，可以作为“在先权利”获得保护。“商品化权”无明确规定，称为“商品化权益”并无不可。苹果公司所主张的“The BEATLES”乐队名称可以作为“商品化权益”的载体。

根据2017年3月1日施行的《最高人民法院关于审理商标授权确权行政案

件若干问题的规定》第二十二条的规定，对于著作权保护期限内的作品，如果作品名称、作品中的角色名称等具有较高知名度，将其作为商标使用在相关商品上容易导致相关公众误认为其经过权利人的许可或者与权利人存在特定联系，当事人以此主张构成在先权益的，人民法院予以支持。该规定首次在司法解释中肯定了作品名称和角色名称可以作为商标授权确权纠纷中的在先权利，并规定了相应的构成条件，但并未明确说明作品名称和角色名称所形成的合法权益为“商品化权益”。以本案为例，“阿童木”既是动漫作品《铁臂阿童木》的片名，也是动漫作品中主要人物的名称，在诉争商标申请日前，“铁臂阿童木”“阿童木”作为动漫作品的名称以及动漫的角色名称已为相关公众所了解，具有较高知名度，且该知名度的取得是手塚株式会社创造性劳动的结晶，其所带来的商业价值和商业机会亦是手塚株式会社投入大量劳动和资本所获得。因此，“铁臂阿童木”“阿童木”可以作为在先作品名称以及在先作品的角色名称进行保护，加之阿童木公司在销售商品时必定借用了在先作品名称及角色名称所形成的市场声誉或不当损害了其商业利益，使相关公众对诉争商标核定使用的商品来源与在先作品名称及角色名称的所有人产生混淆误认，从而挤占了在先作品名称及角色名称所有人基于该在先作品名称及角色名称而享有的市场优势地位和交易机会，故诉争商标的注册申请损害了手塚株式会社的在先权益。本案手塚株式会社在无效宣告请求阶段和诉讼阶段均提出了“商品化权”的主张，而且明确所主张的“商品化权”包括作品名称以及角色名称的在先权益，但是北京知识产权法院并未直接认定该项权益为“商品化权”或者“商品化权益”。虽然最高人民法院出台了司法解释，在满足某些条件的情况下作品名称和角色名称构成可受保护的一种合法在先权益，但是我国法律中并未明确规定“商品化权”或者“商品化权益”，故在司法实践中仍需要保持审慎的态度，慎用“商品化权”或者“商品化权益”的字样。

司法实践中，作品名称以及角色名称的商品化权益保护一波三折，期间历经多个阶段的尝试和调适，也经历了多种不同观点的交锋，但是最终司法解释给出了定论，即在对于著作权保护期限内的作品，作品名称、作品中的角色名称等具有较高知名度，将其作为商标使用在相关商品上容易导致相关公众误认为其经过权利人的许可或者与权利人存在特定联系，当事人以此主张构成在先权益的，人民法院就应当予以支持。

■ 专家评析

关于商品化权益，学术研究和司法实践一直在不断探索。《最高人民法院关于审理商标授权确权行政案件若干问题的规定》第二十二条选择了矛盾极突出的具有较高知名度的作品名称、作品中的角色名称进行先行突破尝试，以司法解释确定了其权益保护地位。但该在先权益的保护边界极为难以把握，该案判决是对该权益保护范围进行科学界定的成功典例。

首先，判决明确了动漫作品的名称及动漫的角色名称“铁臂阿童木”“阿童木”获得在先权益保护的前提和依据是具有较高的知名度，而这种知名度是通过权益人播出和宣传动漫作品、投入大量劳动和资本获得的，因此带来了商业价值和商业机会，从而产生了保护的必要性。其次，判决进一步明确了在先作品名称及在先作品的角色名称权益的保护范围并不当然及于全部商品和服务类别，而应以限于相同或类似商品或服务为原则，以使相关公众对诉争商标核定使用的商品来源与在先权益的所有人产生混淆误认为判断标准。这样，判决使在先作品名称及在先作品的角色名称权益的保护回到了市场混淆规制逻辑上，回应了司法解释对该权益保护的限定性精神，并清晰确定了其保护边界。

该案判决会为涉及作品名称和作品角色名称在先权益保护的类似案件提供指引。

（**评析专家**：杜颖，中央财经大学　教授）

◀ （2016）京73行初1823号原告日本手塚株式会社诉被告国家工商行政管理总局商标评审委员会、第三人泉州市开元体育用品有限公司商标权无效宣告请求行政纠纷一审行政判决书

◀ （2018）京行终1245号日本手塚株式会社与国家工商行政管理总局商标评审委员会、泉州市开元体育用品有限公司商标权无效宣告请求行政纠纷二审行政判决书

商标和竞争领域的混淆行为的司法认定

——德威国际学校诉大兴德威幼儿园、北京德威公司侵害商标权及不正当竞争纠纷案

王金山（北京知识产权法院　法官）
麦芽（北京知识产权法院　法官助理）

裁判要旨　市场主体被控实施混淆行为时，法院应当根据诉请区分不同法益，分别进行认定。当被控侵权标识与注册商标标识未构成相同或近似，不会导致相关公众混淆误认时，被控侵权行为不构成侵犯商标权的行为。而未经许可在企业名称中使用他人有一定影响的字号，引人误认为是他人服务或者与他人存在特定联系的，即便被控侵权主体的企业名称经过注册，仍构成不正当竞争。

【案号及审判人员】

一审：北京市西城区人民法院（2018）京0102民初30577号　审判长吴献雅、人民陪审员刘晓梅、人民陪审员边红

二审：北京知识产权法院（2019）京73民终1306号　审判长王金山、审判员周丽婷、审判员刘义军

【相关条款】

2014年《中华人民共和国商标法》第五十七条第（二）项，2018年《中

华人民共和国反不正当竞争法》第六条第（二）项

【裁判情况】

北京德威英国国际学校（简称“德威国际学校”）于2018年将北京市大兴区德威公学幼儿园（简称“大兴德威幼儿园”）、北京德威教育科技发展有限公司（简称“北京德威公司”）诉至北京市西城区人民法院，主张二被告未经许可在企业名称中突出使用与“德威士学院”“DULWICH COLLEGE”商标近似的“德威”，构成商标侵权；同时主张二被告将“德威”在企业名称中使用并注册，并且在宣传、服务中将与原告商号相同的“德威”在企业名称中使用，构成不正当竞争行为。德威国际学校请求法院判令二被告停止侵权及不正当竞争行为、变更企业名称、消除影响并赔偿经济损失300万元。

一审法院认为，德威国际学校主张的侵权标识为“德威”，与其注册商标“德威士学院”“DULWICH COLLEGE”不构成相同或近似标识，故二被告被诉行为不构成商标侵权行为。但是，德威国际学校的字号“德威”经过多年的经营、使用和宣传，已经具备一定影响力和知名度，大兴德威幼儿园和北京德威公司擅自将“德威”用于其企业名称构成不正当竞争。据此判决大兴德威幼儿园和北京德威公司停止涉案不正当竞争行为并变更企业名称、消除影响、赔偿德威国际学校经济损失50万元。大兴德威幼儿园和北京德威公司不服提起上诉。

北京知识产权法院二审审理认为一审判决并无不当，终审判决驳回上诉，维持原判。

■ 法官说法

德威国际学校成立于2004年，有超过1460名来自45个不同国家的在校学生，提供幼儿园至高中的教育，在北京的国际学校中拥有较高的知名度和影响力。媒体报道，有不少明星子女就读于该校，该校还曾被媒体评选为“北京和上海‘最受欢迎国际学校’”“2017胡润百学·中国国际学校百强”前五名、“福布斯中国‘最受欢迎的国际学校’”之一等。英国德威士学院在教育、文娱活动等服务上注册有“德威士学院”和“DULWICH COLLEGE”商标，授权许可德威国际学校在中国大陆使用上述商标并进行相关维权。2016年，大兴德威幼儿园经批准办学，在招生宣传中使用“德威公学幼儿园”“德威公学诺博国际幼儿园”等标识。该幼儿园的创办者是北京德威公司。

一般而言，对于侵害非驰名注册商标专用权的行为的司法判定过程为，在确认相关标识的使用属于商标性使用的前提下，依次对使用服务类别是否相同或类似、商标标识是否相同或近似、是否构成混淆、是否存在合理使用等违法阻却情形进行分析。在任何一个要件不满足的情况下，侵权行为均可能不成立，但是对于任何一个要件的判断都不能仅对该要件进行孤立的判断，而是要结合其他要件进行综合考量。

在商标侵权的判断上，商标近似的判断直接涉及商标权的范围。商标近似是一个法律概念，即从制止商标侵权的目的是禁止市场混淆的前提出发，只有构成混淆的近似，才能构成商标侵权判定中的近似，而非仅仅是商标标识各要素在事实上的近似。[1]《最高人民法院关于审理商标民事纠纷案件适用法律若干问题的解释》第十条对商标相同或者近似的认定原则进行了规定，同时还需要注意，仅商标文字、图案近似，但不足以造成相关公众混淆、误认的，不构成商标近似，在商标近似判断中应当对是否足以造成相关公众的混淆、误认进行认定。

一审法院认为，原告注册商标“德威士学院”是对注册商标“DULWICH COLLEGE”的中文翻译，其词组本身是一个不可分割的整体；其中“德威士”是“DULWICH”的中文音译，本身不具有显著性。因此，判断被告行为是否构成侵权时，应将“德威”与“德威士学院”进行整体比对。虽然大兴德威幼儿园在其学校楼顶放置的“德威公学幼儿园”标识一定程度上突出使用了“德威”两字，但“德威”与“德威士学院”在字形、读音以及含义上均不构成相似；并且由于德威国际学校并未提供证据证明“德威士学院”商标具有较高的知名度，故就相关公众的一般注意力而言，也不会导致两者之间的混淆。此外，“德威”与注册商标“DULWICH COLLEGE”无论是从读音、字形还是从整体视觉上皆不构成相似。综上，一审法院认定二被告未构成商标侵权。

对此，各方当事人均未提起上诉。从不告不理的民事诉讼原则出发，除涉及国家和公共利益，法院的审理和判决应以当事人请求、主张的范围为限，故北京知识产权法院在二审过程中并未对商标侵权一节进行审理。但是对于商标

---

[1] 孔祥俊．商标与不正当竞争法原理和判例［M］．北京：法律出版社，2009：249.

近似的判断，一审法院基本遵循了前述判断原则，结合被告的使用行为对标识的视觉效果、注册商标的知名度以及混淆可能性进行了探讨。对一审法院的认定结论，二审合议庭也是基本认同的。需要注意的是，对于商标侵权的判断，是对被诉行为与注册商标之间进行判断，而非将原告、被告双方的商标使用行为进行比较。一般而言，原告对自身商标的使用行为仅影响民事责任承担，对是否构成侵权并无直接影响。本案中，德威国际学校提交的商标使用情况的证据，较少出现二注册商标，仍是以“德威”为主，这也是一审法院认定二注册商标知名度有限的原因。

在北京知识产权法院审结的两起类似案件[1]中，也涉及了教育机构商标侵权的混淆行为判断问题。在“伊顿”案中，一审法院认定被告在网页、幼儿园墙体、宣传材料中对原告注册商标“伊顿”的使用系指示性使用，非商标性使用，对此，北京知识产权法院在二审过程中予以纠正。在综合考虑了服务类别和标识均相同、易造成相关公众混淆且缺乏违法阻却抗辩的情况下，二审最终认定被诉行为构成商标侵权。在“启航”案中，一审法院在认定被诉行为构成商标性使用行为、服务类别和标识均构成近似的情况下，指出侵权判断的关键是被告的先用抗辩是否成立，并给出了肯定的答案。对此，北京知识产权法院在二审过程中详细分析了先用抗辩条款的适用条件，最终维持了一审判决。

三、关于仿冒的司法认定

与《商标法》权利保护的性质不同，《反不正当竞争法》的目的在于保护公平竞争、制止不正当竞争，但是两部法律均对禁止混淆行为进行了规定，对于后者而言，即为第六条的规制仿冒条款。当经营者试图通过“搭便车”“傍名牌”的方式不劳而获，仿冒他人主体标识，引人将自己的商品误认为是他人商品或者与他人存在特定联系时，即属于扰乱市场竞争秩序、误导消费者的典型不正当竞争行为。[2] 此条款从某种角度可以看作是对《商标法》侵权条款的补充，当经营者未就标识进行商标注册（或注册失败），且该标识尚未达到未注册驰名商标的程度时，针对他人的仿冒行为，可以构成不正当竞争为由提起

---

[1] 见北京知识产权法院（2015）京知民终字第588号北京中创东方教育科技有限公司与北京市海淀区启航考试培训学校、北京市启航世纪科技发展有限公司侵害商标权纠纷案民事判决书及（2016）京73民终585号伊顿国际学校诉北京伊顿国际幼儿园有限公司侵害商标权纠纷案民事判决书。

[2] 王瑞贺. 中华人民共和国反不正当竞争法释义［M］. 北京：法律出版社，2018：13-14.

诉讼以达到保护自身权益的目的。

《反不正当竞争法》第六条所规定的被混淆对象主要包括三类标识，其中第（二）项中规定的是主体标识，包括企业名称及其简称、字号等，社会组织名称及其简称等。本案中，“德威”即为德威国际学校的字号。由于企业名称、学校名称的登记主管机关主要为是地方各级工商行政管理局、民政部门或教育部门，所以实践中常常有不同地区存在相同字号的经营主体的情形。企业名称经过合法登记，并不意味着可以任意使用名称中的字号，也不意味着名称中的字号就当然享有了字号权利，如果擅自使用他人有一定影响的字号，引人误认为是他人商品或与他人存在特定联系，可能会构成不正当竞争行为。

本案中，大兴德威幼儿园、北京德威公司的主体名称虽然已经经过了登记机关的注册，但由于二主体字号均为“德威”，与德威国际学校的字号相同，而德威国际学校经过多年的经营、使用和宣传，已经在相关市场中积累了一定的知名度和影响力，其字号“德威”具有识别经营主体的商业标识意义。作为相同行业的市场经营者，二被告在设立时应该知晓在先使用并具有一定影响力的德威国际学校的存在，但仍将德威国际学校的字号“德威”用于其学校名称和企业名称，且在案证据显示，大兴德威幼儿园使用“德威”字号的行为已经引人误认为其与德威国际学校存在联系。根据《反不正当竞争法》第六条第（二）项的规定，大兴德威幼儿园在其主体名称中使用“德威”的行为构成不正当竞争。北京德威公司系大兴德威幼儿园的举办者，其业务范围亦涉及教育领域，故其在设立时应当知晓德威国际学校的存在，但仍将德威国际学校的字号“德威”用于其企业名称，该行为容易引相关公众误认为其与德威国际学校存在特定联系，故北京德威公司在其企业名称中使用“德威”的行为亦构成不正当竞争。

在生产经营活动中，经营者应当通过自身努力，提高自己商品或服务质量，从而增加影响力和美誉度。尤其是关系到下一代成长的教育机构，更应当注重通过自身努力提高市场竞争力，而不能试图通过搭便车的方式不劳而获，使人将自己的服务误认为是与他人存在特定联系，借助他人的品牌影响力提高自己服务的市场竞争力。这种混淆行为，不但损害了被混淆对象的合法权益，欺骗、误导了消费者，而且扰乱了市场竞争秩序，属于典型的不正当竞争行为，必须被制止。

■ 专家评析

2017 年《反不正当竞争法》修改后，第六条的规定在立法层面实现了反不正当竞争法与商标法的完美衔接，但该条具体如何适用，仍需要司法机关贡献智识，通过审判实践进一步明确适用思路和适用条件。该案判决以严谨的逻辑、充分的说理，明晰了《反不正当竞争法》第六条第（二）项内容所规定的行为的构成要件。

判决在确定被控侵权人的行为不构成商标侵权之后，接着分析其行为为何构成不正当竞争，体现了反不正当竞争法对商标法的补充地位。判决详细分析和论证了涉案行为是否构成《反不正当竞争法》第六条第（二）项所规定的行为，即擅自使用他人有一定影响的字号，引人误认为是他人商品或与他人存在特定联系的市场混淆行为，并明确了该行为的以下构成要件：（1）当事人双方在业务范围、服务对象等方面存在重合，具有竞争关系；（2）经过大量的媒体报道和宣传，权利请求人的“德威”字号在教育行业中具有较高的知名度和影响力；（3）“德威”字号与权利请求人能够形成对应关系；（4）被控侵权人具有不正当利用权利请求人的“德威”字号知名度的主观恶意；（5）相关公众容易就当事人双方的服务来源产生混淆误认。该判决能够为适用《反不正当竞争法》第六条规定的类似案件提供指引。

（**评析专家**：杜颖，中央财经大学　教授）

◀
（2018）京 0102 民初 30577 号原告北京德威英国国际学校诉被告北京市大兴区德威公学幼儿园、北京市德威教育科技发展有限公司侵害商标权及不正当竞争纠纷一审民事判决书

◀
（2019）京 73 民终 1306 号上诉人北京市大兴区德威公学幼儿园、上诉人北京市德威教育科技发展有限公司与被上诉人北京德威英国国际学校侵害商标权及不正当竞争纠纷二审民事判决书

商标先用权抗辩的适用要件

——中创公司诉启航考试学校、启航公司侵害注册商标专用权纠纷案

陈锦川（北京知识产权法院　法官）
周文君（北京知识产权法院　法官助理）

裁判要旨　商标在先使用抗辩的适用要件为：（1）他人在注册商标申请日之前存在在先使用商标的行为；（2）该在先使用行为应善意且早于商标注册人对商标的使用；（3）该在先使用的商标应具有一定影响；（4）被诉侵权行为系他人在原有范围内的使用行为。

【案号及审判人员】

一审：北京市海淀区人民法院（2014）海民（知）初字第27796号　审判长曹丽萍、人民陪审员王叔洁、人民陪审员梁铭全

二审：北京知识产权法院（2015）京知民终字第588号　审判长陈锦川、审判员芮松艳、审判员周丽婷

【相关条款】

2014年《中华人民共和国商标法》第五十九条第三款

【裁判情况】

北京中创东方教育科技有限公司（简称“中创公司”）以北京市海淀区启航考试培训学校（简称“启航考试学校”）、北京市启航世纪科技发展有限公司（简称“启航公司”）共同运营的网站上使用与其“启航学校 Qihang School”商标相近似标识为由提起侵权诉讼。启航考试学校、启航公司辩称在涉案商标注册之前已在全国范围内享有极高的知名度和影响力，并据此提出先用权抗辩。

一审法院认为，涉案商标申请日之前，启航考试学校在考研等教育服务上存在在先使用“启航”商标的行为，且该商标在考研服务上已产生了实质上的识别作用，符合《商标法》第五十九条第三款规定的情形，据此判决两被告使用“启航考研”附加适当区别标识，但应停止其他商标意义上使用“启航”文字的行为。中创公司不服提出上诉。

北京知识产权法院二审审理认为一审判决并无不当，并详细阐释了商标先用权抗辩的适用要件包括：(1) 他人在注册商标申请日之前存在在先使用商标的行为；(2) 该在先使用行为应善意且早于商标注册人对商标的使用；(3) 该在先使用的商标应具有一定影响；(4) 被诉侵权行为系他人在原有范围内的使用行为。在此基础上，二审法院判决维持原判。

■ 法官说法

本案中，法院认为商标在先使用抗辩一般应当满足以下要件。

一、他人在注册商标“申请日”之前存在在先使用商标的行为

该要件是对在先使用行为时间点的限定。对于该要件的适用，存在两种不同观点：一是在先使用人使用未注册商标的时间早于注册商标的申请日；二是在先使用人使用未注册商标的时间早于注册商标的注册日。

如若将在先使用行为的时间点确定为“申请日”，则该期间内的使用行为将无法用于证明使用人在商标注册后的后续使用行为具有合法性。以“注册

日”为时间点，则其后续使用行为只要在原有范围内，注册商标人将无法要求他人停止在原有范围内的后续使用行为。前者有利于商标申请人，后者有利于商标使用人。鉴于我国实行的是商标注册制度，采用以申请日为时间点的做法，更加符合我国商标法立法目的。

二、该在先使用行为原则上应早于商标注册人对商标的使用行为

该要件是基于前述要件，对在先使用行为作进一步限定。商标法如此规定的缘由在于：如果商标注册人在申请注册前使用了商标，使得商标发挥了标识作用，则需禁止他人在后使用该商标，以防止相关公众的混淆误认。而其实质上是民法的两项基本原则——公平原则及诚实信用原则在商标法中的体现。公平原则要求维持民事主体之间的利益均衡，[1] 即平衡商标注册人和在先使用人的利益；诚实信用原则要求民事主体以善意方式行使权利、履行义务，即商标注册人和在先使用人的使用行为均应是善意的。还需注意的是，此时商标注册人的使用行为属于对非注册商标的使用。依据商标法的规定，对于非注册商标的保护是有一定程度和条件限制的，至少要求在先使用并具有一定影响，其目的亦在于排除在后使用人的恶意。[2] 据此，本案在考虑该要件时，不是仅从字面含义上，简单考量在先使用行为是否早于商标注册人对商标的使用行为，而是结合前述原则及相关法律规定，认为把握该要件时应把在先使用是否出于善意作出重要考虑因素。具体而言，并非只要商标注册人早于在先使用人对商标进行了使用便当然认定先用抗辩不成立。当在案无证据证明在先使用人具有恶意情形时，不能仅因商标注册人具有在先使用行为而否认先用抗辩的成立。

三、该在先使用的商标应具有一定影响

该要件是对在先使用行为使用的“量”的考量。因在先使用的商标为非注册商标，商标法为其提供保护的前提是未注册商标经使用已产生需要商标保护的利益。该利益不要求该商标具有较高知名度，并延及较大的地域范围。因此，本案认为如果使用人对其商标的使用系真实使用，且经过使用使得商标在使用

---

[1] 王利民．民法［M］．6版．北京：中国人民大学出版社，2015：30.

[2] 《中华人民共和国商标法》第三十二条规定，申请商标注册不得损害他人现有的在先权利，也不得以不正当手段抢先注册他人已经使用并有一定影响的商标。

地域内起到识别作用，则达到了“一定影响”的要求。

四、被诉侵权行为系他人在原有范围内的使用行为

因商标法对“原有范围”未做细化规定，但考虑到商标使用至少包括“商标”“商品或服务”“使用行为”及“使用主体”等要素，本案从这四个方面着手分析。在具体分析时，本案综合考虑了条款立法目的、商标性质及经营活动特点等因素。

1. 在后使用的“商标”及“商品或服务”应于在先使用的商标及商品或服务“相同”或“基本相同”。

本案中，将在先使用和后续使用的“商标”及“商品或服务”限定为“相同”或“基本相同”，而且不能延伸到未使用过的类似商品或服务上的近似商标。之所以有此限定，是源于对先用抗辩制度设立目的的考量，其设立目的是通过限制注册商标专用权以保护商标在先使用人的正当利益，其主要解决的是商标自用行为的合法性问题，而不是为商标在先使用人设定等同于注册商标专用权的权利。因在先使用人自用行为的合法性来源于其在先商标使用行为，故在其并未在类似商品或服务上使用过近似商标的情况下，后续使用行为显然无法延续到上述范围。

2. 商标在后使用行为的规模不受在先使用规模的限制。

本案中，对“使用规模”进行了限制性解释，将其定义为在先使用人自身的经营规模，不包括许可他人使用的情形。如此定义，是要与之后的使用主体要件予以区分，避免许可情形被重复考量。对于在先使用规模是否受限制，是目前分歧最大的考虑因素。

对此，主要是两种观点，一方认为为了避免对注册商标权人利益过分损害，动摇现行的商标注册制度，在先使用规模应当限制在在先使用范围内；另一方则认为对在先规模不应予以限制。后者是本案所秉持的观点。

本案从以下几方面论述了秉持该观点的考量因素：一是对《商标法》第五十九条第三款立法目的的考量。该条旨在保护那些在市场上具有一定影响但未注册商标的所有人利益。这种保护应当是实质性的，而非无实际价值和意义的形式上的保护。如果对在后使用行为的使用规模进行限制，会很大程度上削弱对在先使用人所提供的保护，使该条立法目的落空。二是限制在后使用行为的可行性及影响的考量。在具体案件中，原告起诉时间距离前述时间点可能有相当长的期限。如果在先使用人想继续使用其商标不得不退回某一时间点之前的规模。这会导致在先使用人已实际取得的市场利益被剥夺，很可能会使得经营者难以有继续使用其商标的动机。三是对现行商标注册制度影响程度的考量。不可否认，对在后使用行为的规模不予限制会对注册商标权人的利益产生一定影响。但考虑到《商标法》对注册商标的保护力度远大于未注册商标的保护，❶商标使用人在权衡利弊的情况下，仍会选择商标注册而非商标使用，故这一做法并不会动摇现有的商标注册制度。

3. 使用的主体仅限于“在先使用人”本人及在先已获授权许可的“被许可使用人”。

通常情况下，在先使用人通过自身经营扩大经营规模，一般需要一段时间的努力和积累，较难在短时间内达到较大规模。因此，即便不对在先使用人的经营规模进行限制，其对商标注册人利益的影响亦相对有限。但是因为发放许可相对于自身经营规模的扩大更为容易，且被许可人的整体数量较难控制，故如无条件地允许在先使用人通过发放许可进行经营规模的扩张，对商标注册人利益造成的影响将难以预料。因此，基于对商标注册人利益的考虑，对于被许可使用人的使用原则上应加以限制。

具体至本案中，启航考试学校提供的证据足以证明其在涉案商标申请注册之前，已在先使用其商标并有一定影响。而中创公司提供的证据却不足以证明涉案商标注册人存在在先使用涉案商标的行为。在案证据可以看出，启航考试学校在先使用和在后使用的商标及服务是相同的。在主体方面，涉及启航考试学校及启航公司两个主体的使用行为。对于启航考试学校是其自身对“启航”商标的使用，故其使用未超出原有范围。而启航公司的使用行为，因其未单独使用“启航”商标，二者并非商标法意义上的许可人与被许可人之间的关系。启航公司的行为是否构成侵权，取决于启航考试学校在先抗辩是否成立。在启

❶ 例如：注册商标权人的禁用权范围既包括相同商品或服务上的相同商标，亦包括类似商品或服务上的近似商标。且该权利是种对世权，可以对他人行为进行阻却。

航考试学校在先抗辩成立情况下，启航公司的行为亦未构成侵权。

■ 专家评析

与所有实行注册制的国家一样，我国《商标法》对经过实际使用且已产生一定影响的未注册商标提供一定程度的保护。此类未注册商标的在先使用人若无法证明注册人属于《商标法》第三十二条所说的以不正当手段抢注，或已过异议期和无效请求除斥期，还可依据2014年《商标法》增加的第五十九条第三款之先用权抗辩作为补救。

“启航”案判决阐释了申请日之前、善意、有一定影响、原有范围等先用权抗辩的适用要件，其中对以下两个争议焦点的阐释尤其具有示范意义和参考价值。

其一，关于在先使用行为的认定。我国地域广大，不同主体在不同地区同时开展同类经济活动，同一商标由多个主体先后各自善意使用、后来被其中某一主体注册的情形并非罕见。此案回答了这样一个重要问题，即：并非只要商标注册人在申请日之前的使用早于其他在先使用人后者便当然丧失先用权抗辩，当无证据表明后者有恶意且其商标已具有一定影响时仍应获得先用权救济。

其二，对原有使用规模的界定。应当为在先使用人保留合理的发展空间，否则可能使其丧失继续使用的动机，从而使先用权条款的立法目的落空。基于时间节点的差异，将原有使用规模严格限定在申请日之前，会使在先使用人经长期正当经营获得的商誉受到侵蚀、合法利益得不到保障。

（**评析专家**：管育鹰，中国社会科学院　教授）

◀

（2014）海民（知）初字第27796号北京中创东方教育科技有限公司诉北京市海淀区启航考试培训学校、北京市启航世纪科技发展有限公司侵害商标权纠纷一审民事判决书

◀

（2015）京知民终字第588号上诉人北京中创东方教育科技有限公司与被上诉人北京市海淀区启航考试培训学校、北京市启航世纪科技发展有限公司侵害注册商标专用权纠纷二审民事判决书

代理国外品牌期间自行附加商标标识的权利归属

——杭州琴侣公司诉深圳西为公司、京东公司侵害商标权纠纷案

张宁（北京知识产权法院　法官）

裁判要旨

1. 国内代理商在代理国外品牌的产品期间，在该产品的外文商标之上附加中文标识，外文商标和中文标识经过长期共同使用后，中文标识起到了区分商品来源的作用，在没有相反证据的情况下，该中文标识的标识利益属于国外一方。

2. 在前述代理关系结束后，国内代理商将该中文标识注册，并主张国外一方新的代理人继续使用该中文标识的行为属于侵权，不应当获得支持。

【案号及审判人员】

一审：北京市西城区人民法院（2017）京0102民初1263号　审判长温同奇、人民陪审员刘艳云、人民陪审员罗春林

二审：北京知识产权法院（2017）京73民终1992号　审判长张宁、审判员周丽婷、审判员崔宁

【相关条款】

2014 年《中华人民共和国商标法》第三十二条、第四十八条、第五十九条第三款

【裁判情况】

原告杭州琴侣高新技术有限公司（简称“杭州琴侣公司”）以被告深圳西为进出口有限公司（简称“深圳西为公司”）在被告北京京东叁佰陆拾度电子商务有限公司（简称“京东公司”）的网络营销平台上开设了“storchenmuhle旗舰店”，销售儿童安全座椅及配件，将“阳光超人”作为销售的儿童安全座椅的品牌，在销售链接的商品名称之前使用“阳光超人”标识，在商品宣传的显著位置标有“阳光超人”标识，出售的实物商品包装箱上标有“阳光超人”标识等行为侵犯了原告“阳光超人”注册商标专用权为由，提起诉讼。

一审法院认为，杭州琴侣公司享有“阳光超人”注册商标专用权，依法应受到保护。现有证据无法认定深圳西为公司有权使用“阳光超人”标识。即使“阳光超人”的标识存在在先使用的问题，也是使用在 RECARO 公司的儿童安全座椅产品上，而涉案产品上并无任何中文标识，被告深圳西为公司作为代理公司并无“阳光超人”的在先使用权。故判决被告深圳西为公司应停止对“阳光超人”的使用并承担相应的赔偿责任。

杭州琴侣公司、深圳西为公司均不服提出上诉。

北京知识产权法院二审审理认为：第一，“阳光超人”标识经过多年使用，逐渐与其所标识的 RECARO 公司生产的儿童安全座椅产生稳定的对应关系，使得相关公众在看到“阳光超人”这一标识时，就会联想到 RECARO 公司生产的儿童安全座椅。由此可见，“阳光超人”所标识的产品来源指向 RECARO 公司，而非杭州琴侣公司。第二，“阳光超人”经过多年使用，相关公众在看到该标识时不仅联想到产品，还会联想到该产品“德国制造”的良好品质，故“阳光超人”不仅起到区分产品来源的作用，还承载了特定的品质和声誉，形成了附载在该标识上的特有利益。在双方代理关系结束之时，“阳光超人”标识代表的声誉和品质，均源于 RECARO 公司的产品。第三，商标名称创造与商标权利

归属并不能等同。在双方代理关系存续期间，相关消费者对“阳光超人”的认知均是与RECARO公司及其产品相关联。故杭州琴侣公司作为RECARO公司的原代理商，即使其自行创设了“阳光超人”这个名称，并进行了商标注册，并不当然地享有“阳光超人”标识的相关商业利益。

法院同时认为，“阳光超人”标识在获得核准注册之前，即已在长期使用过程中，与RECARO公司生产的儿童安全座椅相联系，并形成了一定的消费者认知，在案证据能够证明RECARO公司同意深圳西为公司使用“阳光超人”标识。深圳西为公司使用“阳光超人”标识的方式系沿袭之前杭州琴侣公司在京东网络销售平台的使用方式，故依照《商标法》第五十九条第三款之规定，深圳西为公司有权在原使用范围内继续使用，并不构成侵权。故二审判决撤销一审判决，驳回杭州琴侣公司的全部诉讼请求。

■ 法官说法

本案的主要的争议焦点为：（1）国内代理商在代理国外品牌期间，在外文商标之上附加中文标识，外文商标和中文标识经过长期共同使用，在代理关系结束之时，中文标识的相关权益归属问题；（2）代理关系结束以后，国内代理商将上述中文标识注册，国外一方继续使用该中文标识，是否构成侵犯注册商标专用权。

一、在代理关系结束之时，中文标识的相关权益归属问题

关于代理关系中中文标识及所载利益的分析。有以下两种观点：第一种观点认为，国内代理商系中文标识的创造者，也是该标识的注册人，当然享有该标识的相关权利，国外一方只对外文商标享有权利，而对中文商标，国外一方既没有主观上的使用，也没有客观上的创设商标的行为，不应享有该标识的相关权利；即使国外一方属于该中文商标的在先使用人，国内代理商注册中文标识的行为属于抢注，但毕竟国内代理商属于合法的注册人，在通过商标无效程序否定注册商标的效力之前，他人未经许可使用该注册商标的行为均属于侵犯商标权的行为。第二种观点认为，外文商标和中文标识经过长期共同使用，中文标识起到了区分商品来源的作用，逐渐形成一定的消费者认知，该中文标识

在相关公众中的认知指向外国产品，承载了国外一方的商誉，故在没有相反证据的情况下，该中文标识的标识利益属于国外一方。故代理关系结束后，国内代理商将该中文标识注册，并主张国外一方新的代理人继续使用该中文标识的行为属于侵权，不应当获得支持。在被告提出先用抗辩后，法院应当根据案情需要实质审查是否存在《商标法》第三十二条后半段或五十九条第三款的情形，避免程序空转带来的无端消耗，快速解决争议。

本案中，杭州琴侣公司代理 RECARO 公司的 storchenmuhle 品牌儿童安全座椅期间，基于认读、宣传便利等方面的考虑，将"阳光超人"中文标识与原有外文标识共同使用在上述产品的宣传、销售等环节，起到了标识商品来源的作用，属于商标性使用。

在标识指示功能的层面，"阳光超人"标识经过多年使用，已形成了一定的消费者认知，逐渐与其所标识的 RECARO 公司生产的儿童安全座椅产生稳定的对应关系，使得相关公众在看到"阳光超人"这一标识时，就会联想到 RECARO 公司生产的儿童安全座椅。由此可见，"阳光超人"所标识的产品来源指向 RECARO 公司，而非杭州琴侣公司。

在标识价值指向的层面，商标作为一种财产，其最核心的价值就在于其代表了特定的质量和信誉，进而影响消费者的选择，帮助商标权利人在激烈的市场竞争中取得更多的交易机会，获得更多利润。本案中，杭州琴侣公司在双方代理关系存续期间对商品的描述为："斯迪姆 STM 汽车儿童安全座椅德国原装进口阳光超人带 SOFIX3 到 12 岁"，突出强调了产品系"德国制造"。"阳光超人"经过多年使用，相关公众在看到该标识时不仅联想到产品，还会联想到该产品"德国制造"的良好品质，故"阳光超人"不仅起到区分产品来源的作用，还承载了特定的品质和声誉，形成了附载在该标识上的特有利益。很显然，在双方代理关系结束之时，"阳光超人"标识代表的声誉和品质，均源于 RECARO 公司的产品。

在标识利益形成的层面，消费者的认知是商标价值实现的桥梁，没有消费者和市场，商标就无法实现其价值。消费者的认可和评价在很大程度上决定了标识的商业价值。因此，判断某一标识经使用产生的原始利益归属，并非考察标识的称谓本身由谁创造，而是应当考察消费者将该标识与何种商品相联系，进而判断相应标识利益的归属。本案中，在双方代理关系存续期间，相关消费者对“阳光超人”的认知均是与 RECARO 公司及其产品相关联。故杭州琴侣公司作为 RECARO 公司的原代理商，即使其自行创设了“阳光超人”这个名称，并进行了商标注册，并不当然地享有“阳光超人”标识的相关利益。这是因为，商标名称创造与商标权利归属并不能等同，阳光超人一词本身由谁创造的争议，属于作品意义上的权利诉求，而是否构成作品、是否享有作品上的权利，属于著作权法的调整对象，并不是商标侵权法律关系调整的内容。

而对于 RECARO 公司是否有主观使用意图的问题，由于中文标识“阳光超人”和外文标识长期使用，“阳光超人”已经客观上起到指示商品来源的作用，除非 RECARO 公司明确否认、拒绝“阳光超人”的指示效果，均应当承认“阳光超人”在相关公众中客观上指向 RECARO 公司的现实状态。对于某一商标的权利人并非主动使用该商标的别称，而因其他原因如媒体宣传报道等，使得相关公众将该别称与其相联系的，同样应当受到司法保护，亦有司法案例对此持肯定态度，如“陸虎”商标争议案。[1] 个别早期案例有过不同态度，如“索爱”商标争议案，[2] 这是因为个案中的特殊情况所致。

二、深圳西为公司对“阳光超人”标识的使用是否构成侵权

《商标法》第五十九条第三款规定：“商标注册人申请商标注册前，他人已经在同一种商品或者类似商品上先于商标注册人使用与注册商标相同或者近似并有一定影响的商标的，注册商标专用权人无权禁止该使用人在原使用范围内继续使用该商标，但可以要求其附加适当区别标识。”

本案中，“阳光超人”标识在获得核准注册之前，即已在长期使用过程中，与 RECARO 公司生产的儿童安全座椅相联系，并形成了一定的消费者认知，起到了指示商品来源的作用，属于 RECARO 公司具有一定影响的未注册商标。

根据深圳西为公司提供的《关于深圳西为进出口有限公司有权使用“阳光

---

[1] 见北京市高级人民法院（2011）高行政字第 1151 号行政判决书。在该案中，一审、二审法院均认为，“LAND ROVER”越野车已经在中国被呼叫为“路虎”，虽然相关新闻报道并未表明是由当时的权利人主动进行的商业宣传，但仍可以证明“路虎”商标与“LAND ROVER”商标指向同一产品，并进行了商业化的使用，故“LAND ROVER”的商标权人有权禁止他人在类似商品上注册“陸虎”商标。

[2] 见最高人民法院（2009）民申字第 313 号民事裁定书。生效裁定认为：“‘索尼爱立信’商标权人没有将其商标简称为‘索爱’的意图和行为时，不能仅因为相关媒体报道而创设未注册商标权益。”但在该案中，证据显示索尼爱立信公司明确表示不承认“索爱”为其“索尼爱立信”商标的简称。

超人”标识的说明》等证据，能够证明深圳西为公司经 RECARO 公司授权，获得了使用“阳光超人”标识的许可；另据本案证据所反映的事实，深圳西为公司使用“阳光超人”标识的方式系沿袭之前杭州琴侣公司在京东网络销售平台的使用方式，故根据《商标法》第五十九条第三款之规定，深圳西为公司有权在原使用范围内继续使用，并不构成侵权。

■ 专家评析

近年来，抢注人起诉被抢注人侵犯商标权的案件时有发生。对于此类情形，商标法本身并没有规定可以构成注册商标侵权的例外。但我国法院已经在相关案件中做出了有益探索，认定此类起诉行为违反诚实信用原则，构成商标权滥用或不正当竞争，驳回抢注人的诉讼请求。该案中，法院也依据商标法中的诚实信用原则和在先使用例外条款认定被告不构成侵权。该案涉及代理人抢注被代理人的商标，但案情与此类案件的典型情形不同：涉案商标并非供货商提供或授权的商标，而是经销代理人创造和启用的中文商标。法院从商标的识别功能和品质指示功能两个角度结合该案事实认定：代理人所使用的中文商标在相关公众的认知中指向被代理人，也指示着被代理人的商品品质，因此，代理人的中文商标使用行为所产生的商标法权益属于被代理人。这一分析符合商标法原理，值得肯定。但需要注意的是，代理人在销售被代理人的商品中所使用的商标之上的权益并非都可以基于上述原理归于被代理人。比如，如果代理人启用某标志于其代理的多个供货商的商品，则该商标的识别和品质指示功能将不再单一地指向某一个被代理人，而且该商标也将具有服务商标的特征。

（**评析专家**：冯术杰，清华大学　副教授）

◀ （2017）京 0102 民初 1263 号杭州琴侣工贸有限公司诉深圳西为进出口有限公司、北京京东叁佰陆拾度电子商务有限公司侵害商标权纠纷一审民事判决书

◀ （2017）京 73 民终 1992 号上诉人杭州琴侣高新技术有限公司与、深圳西为进出口有限公司与被上诉人北京京东叁佰陆拾度电子商务有限公司侵犯商标权纠纷二审判决书

商标在先使用抗辩的适用

——钱程与北京音乐厅侵害注册商标专用权纠纷案

张晓津（北京知识产权法院　法官）

马云鹏（北京知识产权法院　原法官助理）

裁判要旨　2014 年《商标法》设置在先使用权抗辩的主要目的是在以保护注册商标为原则的前提下，对那些善意在先使用与注册商标相同或相近似标识的人，给予其以一定条件的豁免，以保证注册商标持有人与社会公众之间的利益平衡。当然，该项抗辩权有着严格的适用条件，需根据《商标法》第五十九条第三款中所列出的标准来针对具体情况进行注意判断。

【案号及审判人员】

一审：北京市西城区人民法院（2014）西民初字第 17652 号　审判长夏旭、人民陪审员朱德昌、人民陪审员张丽荣

二审：北京知识产权法院（2014）京知民终字第 00134 号　审判长宋鱼水、审判员张晓津、审判员侯占恒

【相关条款】

2014 年《中华人民共和国商标法》第五十九条

【裁判情况】

1993年10月15日，中央乐团作为甲方与作为乙方的北京赛洛艺术品有限公司签订《承包经营合同书》，约定由乙方承包经营北京音乐厅并派员担任后者的法定代表人。后乙方依据上述合同约定，派钱程出任北京音乐厅总经理，并担任法定代表人。钱程在1994—2002年担任北京音乐厅总经理期间，以该音乐厅名义先后组织策划了包括“打开音乐之门”在内的一系列音乐演出活动，并取得了一定影响。

2006年11月23日，钱程向国家工商行政管理总局商标局申请在第16类、第41类注册“打开音乐之门”文字商标。2009年12月28日，钱程就该商标取得注册号为第5742497号的商标注册证，核定使用商品为第16类，杂志（期刊），注册有效期限自2009年12月28日至2019年12月27日止。2011年10月7日，钱程就该商标取得注册号为第5742496号的商标注册证，核定服务项目为第41类，包括：培训；组织竞赛（教育或娱乐）；图书出版（广告宣传册除外）；演出；健身俱乐部；电视文娱节目；节目制作；为艺术家提供模特；娱乐；提供在线电子出版物（非下载的）。

1998年8月1日至8月31日，“打开音乐之门”暑期系列音乐会在北京音乐厅举办；1999年，“打开音乐之门”周末普及音乐会在北京音乐厅举办；2000年7月15日—8月31日，“打开音乐之门”暑期系列音乐会在北京音乐厅、中山公园音乐堂举办；2001年，“打开音乐之门”周末普及音乐会在北京音乐厅、中山公园音乐堂举办。

钱程认为，北京音乐厅未经其许可，将“打开音乐之门”标识用于相关经营活动中，侵犯了其注册商标专用权，故将北京音乐厅诉至法院，要求其停止侵权行为，赔礼道歉，并赔偿经济损失及合理支出共计4万元。

北京市西城区人民法院经审理认为，北京音乐厅在钱程申请商标注册之前，已在同一种商品上先于商标注册人使用与注册商标近似并有一定影响的商标，钱程作为注册商标专用权人，无权禁止北京音乐厅在原使用范围内继续使用涉案商标，钱程的诉讼请求没有事实和法律依据，不应予以支持。综上，判决驳回钱程的诉讼请求。钱程不服原审判决并上诉至北京知识产权法院，北京知识产权法院判决：驳回上诉，维持原判。

■ 法官说法

2001 年《商标法》第三十一条仅从申请注册的角度，笼统地提及了在先权利的概念，含蓄地突破了以商标注册为要件的保护体系，修改后的《商标法》（即 2014 年《商标法》）第五十九条第三款则更为明确地提出了在先使用权抗辩的概念，即商标注册人申请商标注册前，他人已经在同一种商品或者类似商品上先于商标注册人使用与注册商标相同或者近似并有一定影响的商标的，注册商标专用权人无权禁止该使用人在原使用范围内继续使用该商标，但可以要求附加适当区别标识。结合本案，该权利的适用需满足以下几个条件。

第一，有在先商标性使用的情形。所谓在先使用，不应是一般性的使用，而应构成商标法意义上的使用，即用来指示商品或服务的来源，在客观上成为未注册商标。根据本案查明的事实及双方当事人的陈述，1998—2001 年，“打开音乐之门”便被作为标识性的用语用于在北京音乐厅举办的一系列演出及宣传活动中，上述活动与涉案注册商标核准注册的服务属同一类别，时间亦早于涉案注册商标注册申请的 2006 年。该标识客观上已指向了北京音乐厅这一提供服务的来源，相关公众亦借助该标识建立了与北京音乐厅较为固定的联系，以“打开音乐之门”为标识的一系列演出及宣传活动所赢得的商誉不可否认地积累于北京音乐厅这一主体之上。因此可以认定，北京音乐厅在涉案注册商标申请注册前已在类似服务上对“打开音乐之门”进行了商标性的使用。

第二，具有一定的影响力。设置这一要件的初衷在于，只有当在先使用的未注册商标有一定的影响力，即在先使用者已经投入了相当的智力活动，若不给予特殊照顾会伤及其积极性时，才有必要对在后注册商标的保护加以一定的限制。至于如何判断“有一定影响”，则需结合具体案情进行分析，对于其程度的把握，我们认为，不应要求其达到未注册驰名商标的程度，只要现有证据能证明在先使用者有一定的持续性使用行为、进行了一定程度的宣传推广、具有相当的经营规模等，就可推定其提供的商品或服务在相关公众中已经具有了一定的市场份额，具备了一定的知名度。本案中，对于“打开音乐之门”这一标识知名度的问题，鉴于双方当事人在二审期间均认可在涉案商标申请注册之前该标识已具有了一定的知名度，且从北京音乐厅连年以此为名举办系列演出和宣传活动的事实来看，上述活动已成为北京音乐厅固定的特色活动之一，故可认定该标识在相关公众中具有了一定的影响力。

第三，使用者为善意。这一条件主要考虑在先使用者的主观意态，即只有那些善意的在先使用者才可能免于承担侵害注册商标专用权的法律责任。该条件的设置主要是为了限制在先使用抗辩权的适用范围，防止在先使用者滥用该项抗辩权，过多地挤占本属于注册商标专用权人的权利空间。具体而言，使用人只能在原有的经营范围内使用其在先标识，这样可以合理延续其合法拥有的在先权利，不至于过多影响权利人的利益。此外，出于《商标法》防止混淆的基本目的，也可以要求使用者附着适当的区别性标识，以区别商品或服务的来源。本案中，北京音乐厅自始至终都仅在与音乐演出相关的经营活动中使用“打开音乐之门”的标识，没有将该标识扩展至其他业务上，从其行为来看并无侵害他人注册商标专用权的恶意，故可认定北京音乐厅在“打开音乐之门”标识的在先使用中并无恶意。

■ 专家评析

1984 年我国《商标法》制定时带有较强的“管理”色彩，采取了商标权注册取得制度。这一制度，便于管理，也能够为商事主体提供较为明确的行为预期。但是，其主要弊端在于，过于强调注册取得损及了他人的在先权利，有违商标专用权作为私权的本质属性。为了进一步强化商标专用权的私权性质，同时兼顾效率与公平，实现在先权利人与商标权人的利益平衡，2001 年修改《商标法》时引入了商标在先使用抗辩，2013 年修改《商标法》时细化了商标在先使用抗辩的构成要件。

商标在先使用抗辩规则的适用，有三个前提：一是未注册商标的使用行为应该在涉案商标申请注册之前；二是在先使用行为应该属于商标性使用；三是在先使用行为已经具有一定的影响。如果满足了这三个前提，在先使用者有权在原有范围内继续使用其商标。不过，对于“在原有范围内”的使用限制，除了考虑地域、商标标识及其标示商品或者服务类别等因素之外，还应该综合考虑商业社会及商业模式的拓展，具体问题具体分析。

该案中，北京知识产权法院考察了六方面的内容：一是“商品或服务是否相同或类似”；二是“商标是否构成相同或近似”；三是“在先使用的行为是否发生在涉案商标申请注册日之前”；四是“在先使用行为是否为商标性使用”以及“是否指向提出在先使用抗辩的主体”；五是“在先使用是否具有一定的影响”；六是“使用行为是否限制在原有范围内”。法院层层剖析，清晰、合理、全面，为在先使用（权）人与商标权人的利益平衡提供了有效的指引。

（**评析专家**：易继明，北京大学　教授）

◀（2014）西民初字第 17652 号钱程与北京音乐厅侵害商标权纠纷一审民事判决书

◀（2014）京知民终字第 00134 号上诉人钱程与被上诉人北京音乐厅侵害注册商标专用权纠纷二审判决书

涉不动产领域商标侵权案件中损害赔偿数额的考量因素

——紫玉山庄公司诉海润公司商标侵权案

司品华（北京知识产权法院　法官）
刘月庆（北京知识产权法院　法官助理）

裁判要旨　关于不动产商标侵权案件赔偿数额的确定方面，应考虑下列因素：涉案商标本身具有较高的显著性与知名度；侵权人收到商标权利人的提示后拒不纠正，继续实施侵权行为的，应当认定其具备明显的恶意；权利人的损失及侵权人的获利难以确定的情况下，应当将涉案商品的市场价值作为确定侵权赔偿数额的重要参考因素并予以充分考虑。

【案号及审判人员】

一审：北京市海淀区人民法院（2015）海民（知）初字第22346号　审判长曹丽萍、人民陪审员袁卫、人民陪审员秦惠军

二审：北京知识产权法院（2015）京知民终字第1878号　审判长司品华、审判员李燕蓉、审判员江建中

【相关条款】

2014年《中华人民共和国商标法》第五十七条第（二）项、第六十三条第三款，2012年《中华人民共和国民事诉讼法》第一百七十条、第一百七十条第

一款第（二）项，《最高人民法院关于适用〈中华人民共和国民事诉讼法〉的解释》第一百零二条

【裁判情况】

北京紫玉山庄房地产开发有限公司（简称“紫玉山庄公司”）主张享有“紫玉”文字商标、“Purple Jade”文字商标、“PJY 紫玉山庄 PURPLEJADEVILLAS”文字商标。2005 年 1 月，北京海润房地产开发有限公司（简称“海润公司”）将涉案楼盘命名为“紫玉公馆”并对外销售，限价 6 万多元。2015 年 4 月，海润公司将涉案楼盘变更为“海润紫玉公馆”，并持续使用至 2015 年 9 月份。诉讼中，海润公司称涉案楼盘名称使用“紫玉公馆”“海润紫玉公馆”系源于涉案楼盘位于紫竹桥、昆玉河和玉渊潭之间。紫玉公司起诉至海淀法院，请求法院判令海润公司立即停止商标侵权行为，赔偿紫玉山庄公司经济损失 300 万元及公证费、照片冲洗费 3770 元，并赔礼道歉、消除影响。

一审法院经审理认定：海润公司在其房地产项目上将“紫玉公馆”“海润紫玉公馆”作为项目名称使用，突出使用“紫玉”二字，构成在相同或类似服务上使用与紫玉山庄公司享有的“紫玉”文字商标、“PJV 紫玉山庄 PURPLEJADEVILLAS”文字商标相近似的商标，容易导致混淆的情形，构成对紫玉山庄公司所享有上述商标专用权的侵害。一审法院判决，海润公司应停止侵权行为并消除影响，赔偿紫玉山庄公司经济损失及合理开支共计 100 万元。

紫玉山庄公司与海润公司均提起了上诉。二审期间，双方当事人对一审法院认定的事实不持异议。另查明：上诉人紫玉山庄公司明确表示，其在本案中仅主张海润公司侵害了其下述商标（简称“涉案商标”）的专用权：第 6839452 号“紫玉”商标在核定使用的“商品房销售”服务项目上的专用权；第 6839453 号“紫玉”商标在核定使用的“建筑；商品房建造”服务项目上的专用权；第 9221376 号“紫玉”商标在核定使用的“建筑项目的开发”服务项目上的专用权；第 5980087 号“PJV 紫玉山庄 PURPLEJADEVILLAS”商标在核定使用的“不动产管理”服务项目上的专用权。紫玉山庄公司还向法院提交了相关光盘以证明其商标及使用其商标的房地产项目具有较高知名度。

海润公司不服原审判决并上诉至北京市知识产权法院。北京知识产权法院二审审理认为：首先，海润公司在收到紫玉山庄公司的律师函后仍拒不纠正、继续实施侵权行为，存在明显恶意。其次，《商标法》第六十三条第三款规定的权利人的损失及侵权人的获利难以确定的情况下，应当将涉案商品的市场价值作为确定侵权赔偿数额的重要参考因素并予以充分考虑，侵权赔偿的数额应当与涉案商品的市场价值相对应。紫玉山庄公司的涉案商标实际使用的项目与海润公司的涉案楼盘均指向商品房，市场价值巨大，在建造成本相对稳定而商品房价格较高的情况下，开发商的利润空间相对较大。因此，综合各因素，二审改判海润公司赔偿紫玉山庄公司经济损失300万元及合理开支3770元，并判决驳回海润公司的上诉请求。

■ 法官说法

本案涉及不动产商标侵权案件中赔偿数额确定应予考虑的因素及赔偿标准如何确定的问题。由于目前我国缺乏相关问题的具体规范，本案的裁判对于类似案件的裁判具有典型的指导意义。

一、不动产商标侵权赔偿的相关法律规定

目前，我国并无针对不动产商标侵权赔偿的相关法律规定，在处理该类案件，确定侵权赔偿标准时，参照2014年《商标法》第六十三条的商标侵权赔偿的一般性规定：

“侵犯商标专用权的赔偿数额，按照权利人因被侵权所受到的实际损失确定；实际损失难以确定的，可以按照侵权人因侵权所获得的利益确定；权利人的损失或者侵权人获得的利益难以确定的，参照该商标许可使用费的倍数合理确定。对恶意侵犯商标专用权，情节严重的，可以在按照上述方法确定数额的一倍以上三倍以下确定赔偿数额。赔偿数额应当包括权利人为制止侵权行为所支付的合理开支。

“人民法院为确定赔偿数额，在权利人已经尽力举证，而与侵权行为相关的账簿、资料主要由侵权人掌握的情况下，可以责令侵权人提供与侵权行为相关

的账簿、资料；侵权人不提供或者提供虚假的账簿、资料的，人民法院可以参考权利人的主张和提供的证据判定赔偿数额。

“权利人因被侵权所收到的实际损失、侵权人因侵权所获得的利益、注册商标许可使用费难以确定的，由人民法院根据侵权行为的情节判决给予三百万元以下的赔偿。”

在商标侵权案件中确定赔偿数额时，首先考虑权利人受到的实际损失、侵权人实际获利以及注册商标许可使用费进行确定。而在本案中，上述数额均难以确定，应适用第六十三条第三款的规定，根据侵权行为情节确定赔偿数额，这就引出了在不动产商标侵权案件赔偿数额确定过程中，应当考虑何种因素，赔偿数额的确定按照何种依据的问题。

二、不动产商标侵权案件中赔偿数额确定的依据

在适用《商标法》第六十三条第三款确定赔偿数额时，应当考虑涉案商标的显著性与声誉、不动产商标的特殊性、侵权行为的性质及持续时间、侵权行为的地域等因素综合确定。具体到本案而言：

（1）紫玉山庄公司涉案商标具有较高的显著性与知名度。

（2）不动产商标具有一定的特殊性。首先，不动产商标承载着权利人的商誉，直接代表了不动产项目的质量、品质、配套设施及环境等特点。其次，不动产商标因不动产的特殊物理属性而对相关公众产生持续甚至越来越强化的影响力。随着时间的延展，相关公众对于楼盘的识别、区分、不动产价值的认可等事宜，通常将会以楼盘的名称作为初步认知与判断标准，商标对于不动产商品的识别、价值认定等方面所占的比重会逐渐加大。亦即，紫玉山庄公司涉案商标的知名度并非仅停滞于其获得相关荣誉的时间节点，而是会因不动产的存在呈持续状态。而且，“紫玉”同时也是紫玉山庄公司的企业字号。因此，虽然相关公众会对不动产商品施以较高注意力，但仍易将“紫玉公馆”“海润紫玉公馆”与涉案商标相混淆，认为涉案楼盘与紫玉山庄公司存在一定关联。

（3）海润公司的侵权恶意明显。首先，海润公司与紫玉山庄公司同处于北京地区，作为相同行业的经营者，海润公司对于紫玉山庄公司具有较高知名度的涉案商标理应知晓。其次，海润公司使用“紫玉公馆”及“海润紫玉公馆”

缺乏正当理由。尽管海润公司在诉讼中称其使用“紫玉”作为楼盘名称是因为涉案楼盘位于紫竹桥、昆玉河和玉渊潭附近，但其宣传册对该商品房项目的介绍中并未作此解释。而且，无论海润公司使用其他名称代替作为楼盘名称对外进行推广是否符合行规，均不构成其可使用“紫玉公馆”或“海润紫玉公馆”作为楼盘名称的正当理由。再次，海润公司在接到紫玉山庄公司发送的律师函后仍将“紫玉”作为涉案楼盘名称的主要识别因素，继续实施侵权行为，致使侵权行为长达八个月左右，具有明显的恶意。

因此，对于本案，应当将涉案商品的市场价值作为确定侵权赔偿数额的重要因素并予以充分考虑，侵权赔偿的数额应当与涉案商品的市场价值相对应。首先，紫玉山庄公司的涉案商标实际使用的项目与海润公司的涉案楼盘均指向商品房，市场价值巨大，在建造成本相对稳定而商品房价格较高的情况下，开发商的利润空间则相对较大。其次，将涉案商品的市场价值纳入赔偿数额确定的因素，也会使得侵权成本提高，从而达到有效防止侵权、制止侵权行为、保护权利人的合法权益的效果。

因此，在适用《商标法》第六十三条第三款确定赔偿数额时，不仅应当考虑涉案商标的显著性与声誉、不动产商标的特殊性、侵权行为的性质及持续时间、侵权行为的地域等因素，还应当认定：商标侵权行为人收到商标权利人的提示后拒不纠正，继续实施侵权行为的，应当认定其具备明显的恶意；应当将涉案商品的市场价值作为确定侵权赔偿数额的重要参考因素并予以充分考虑，侵权赔偿的数额应当与涉案商品的市场价值相对应。

■ 专家评析

商标侵权损害赔偿的计算相较于著作权、专利权更加困难。其原因就在于，前者针对的是原告、被告的经营状况，而后两者针对的是原被告在权利客体上的损失或收益，如果从价值评估的角度来看，前者显然要更加困难一些。尽管客体具有非物质属性，但作品或发明创造毕竟是客观存在的，商业实践及无形资产评估也都已经确立了一些方法来评估著作权、专利权的价值，以及进行许可定价。但就商标权来说，权利价值与权利人的经营是无法剥离开的，因而一旦发生侵权行为，在因果关系上就很难证明商标侵权造成了怎样的损失抑或违法所得；至于采取合理许可费的计算方法，除非是高度驰名的商标，抑或权利人进行的是特许经营之许可，否则，商标许可使用的事后定价同样是极其困难的。该案为不动产商标侵权案件确定提供了如何适用法定赔偿的清晰思路，这一点是值得肯定的，但由该案出发，我们也应当深入思考"酌定赔偿"与"法定赔偿"之间的关系，具言之，根据传统民法有关侵权损害赔偿的理论和方法，实际损失的计算也并不排斥酌定之情形，这很容易与法定赔偿发生混淆。司法实践中，在虽然缺乏直接证据、但已有足够的间接证据来证明损失时，说明已具备了酌定实际损失的基础，不应轻率地"滑向法定赔偿"，误将那些间接证据当作适用法定赔偿的考量因素。当然，个人认为，著作权相关法律和专利法领域更容易犯这种错误。

（**评析专家**：杨明，北京大学　教授）

◂

（2015）海民（知）初字第 22346 号北京海润房地产开发有限公司、北京紫玉山庄房地产开发有限公司侵害商标权纠纷一审判决书

◂

（2015）京知民终字第 1878 号北京海润房地产开发有限公司、北京紫玉山庄房地产开发有限公司侵害商标权纠纷二审判决书

商标侵权中适用法定赔偿的考量因素

——蒙克雷尔公司诉诺雅卡特公司侵害注册商标专用权纠纷案

江建中（北京知识产权法院　法官）

王仲阳（北京知识产权法院　法官助理）

裁判要旨　在商标侵权案件中适用法定赔偿时，确定赔偿数额的考量因素主要有：原告商标的知名度；被诉侵权商标同被侵权商标的近似程度；被告的主观恶意；被诉侵权产品的价格等。

【案号及审判人员】

一审：北京知识产权法院（2014）京知民初字第52号　审判长江建中、审判员李燕蓉、审判员司品华

二审：北京市高级人民法院（2015）高民（知）终字第3529号　审判长焦彦、审判员刘庆辉、审判员马军

【相关条款】

2014年《中华人民共和国商标法》第六十三条

【裁判情况】

蒙克雷尔股份公司（简称“蒙克雷尔公司”）以被告北京诺雅卡特服装有限公司（简称“诺雅卡特公司”）在其网站上使用带有“MONCLER”标识的

羽绒服图片的行为构成《商标法》第五十七条第（一）项规定的侵犯原告“MONCLER”商标专用权的行为；在羽绒服商品上使用的 MOCKNER 标识侵害了其第 6084721 号“MONCLER”商标、第 4486670 号“MONCLER”商标和第 G991914 号“ ”商标的专用权；使用 标识的行为侵犯了原告第 6084721 号“MONCLER”商标、第 4486670 号“MONCLER”商标、第 G991913 号“ ”商标和第 G991914 号“ ”商标的专用权；使用与原告商标、商号高度近似的“mockner. com”域名，构成不正当竞争行为等为由，诉至北京知识产权法院，要求判令被告停止侵权并承担赔偿损失的责任。

北京知识产权法院一审认为，被告上述行为侵犯原告商标专用权，使用“mockner. com”域名，构成不正当竞争行为。综合考虑原告商标的知名度，被诉侵权商标同被侵权商标的近似程度被告的主观恶意，被诉侵权产品的价格等因素，判决被告赔偿原告经济损失及合理支出人民币 300 万元。

诺雅卡特公司不服原审判决并上诉至北京市高级人民法院。北京市高级人民法院二审审理认为一审判决并无不当，确认法院可综合考虑原告商标的知名度、被控侵权行为、情节等相关情况以及蒙克雷尔公司为制止侵权行为而支付的合理开支等因素决定赔偿数额。在此基础上，二审法院判决维持原判。

■ 法官说法

本案是 2014 年《商标法》施行以来就商标侵权适用法定赔偿最高限额的首例判决，具有典型意义。本案的主要争议点在于侵权赔偿数额的确定。原告未举证证明其因被侵权所遭受的实际损失。被告也未举证证明其因侵权所获得的利益或者其生产、销售服装的数量，亦无许可费可以作为参照。在这种情况下，法院依据 2014 年《商标法》第六十三条第三款的规定，综合本案案情酌定被告赔偿原告人民币 300 万元。以上裁判主要的考量因素有：

（1）原告的商标具有较高的知名度。为证明其用以主张权利的三枚商标的知名度，原告调取了三枚商标在多种期刊、报纸等媒体上进行广泛宣传的记录，在中国开设门店情况及媒体报道等材料，证明其三枚商标经过长期宣传、使用，具有较高知名度。

（2）被告行为样态。被告作为涉案服装的生产者，其在网站上邀请加盟并招募代理商且侵权的时间较长。

（3）主观恶意。本案中，被告主观恶意较强的表现主要有：注册并使用同原告“MONCLER”商标近似的网站，足以造成消费者的误认；被告在较长时间内在服装上使用的商标系其将原告主张权利的商标进行组合使用的；在其网站上展示的服装上带有与原告“MONCLER”商标相同的商标；在其生产的服装上，被告故意不标示生产厂商，其意图在于傍附原告较高的知名度和市场美誉度。

（4）原告商品的价格与被控侵权商品的价格。被告生产、销售的服装在同类商品中价格较高，原告生产的标有涉案商品的商品在同类商品中属于高端系列，价格也相对较高。

（5）怠于举证。本案中，被告生产销售侵权产品的账簿等主要证据材料均由被告保管，但其未提供侵权获利或者生产、销售服装数量的证据。

作为2014年《商标法》实施以来适用法定赔偿上限的第一案，对于在法定赔偿中建立起科学标准，充分保障当事人权益，同时又合理约束法官的自由裁量权，实现裁判审理标准的统一具有借鉴意义。本案赔偿数额的确定采用的是法定赔偿方式，但其实质仍为酌情赔偿，这是由商标专用权的特性所决定的。我国《侵权责任法》中对于侵权赔偿数额的认定一般遵循填平原则，侵权赔偿的数额以权利人受到的损失为限。在传统的侵权案件中，侵权的客体一般为生命权、健康权、物权等权益，相较而言，这些权益的损害后果往往有其他可视化因素用以判断因侵权造成的损失或获益。而在侵犯商标专用权的案件中，由于商标权系无形财产，侵权发生后，侵权结果难以直观呈现，导致商标侵权赔偿数额举证难的问题。为此，2001年修改的《商标法》，引入了法定赔偿的制度，具体在2001年《商标法》第五十六条规定中有所体现。2014年《商标法》第六十三条在保留以上条款精神的基础上作进一步完善。

根据上述规定，确定侵害商标专用权赔偿额有四种方式：被侵权所遭受的损失、侵权人因侵权所获得的利益、商标许可费的倍数及法定赔偿。最高人民法院关于审理商标民事纠纷案件适用法律若干问题的解释法释（〔2002〕32号）第十三条规定，人民法院依据《商标法》第五十六条第一款规定，确定侵权人的赔偿责任时，可以根据权利人选择的计算方法计算赔偿数额。第十六条第一款规定，侵权人因侵权所获得的利益或者被侵权人因被侵权所受到的损失均难以确定的，人民法院可以根据当事人的请求或者依职权适用《商标法》第五十六条第二款的规定确定赔偿数额。上述法律及司法解释的规定，仍旧坚持遵循填平原则，努力还原侵权结果造成的损失或获益。就确定赔偿数额而言，以上几种确定赔偿数额的方法中，被侵权所遭受的损失、侵权人因侵权所获得的利益两种方法是最能体现填平原则的精神。由此，法院在认定侵权商标专用权的赔偿数额时，对于前三种计算方式可基于当事人的申请而适用，对于法定赔偿的适用则一般应当在依据前三种方式不能确定的情况下采用。然而，在司法实践中，法定赔偿成为法官认定侵权赔偿额最常见的方式，当事人也往往怠于对侵权损失或者受益进行举证，而直接请求适用法定赔偿。由于法定赔偿的实质是综合案件因素进行酌定，受限于举证的程度、裁判者经验和理念的差异和地区经济发展的不平衡等因素，裁判的结果仍具有较大的不可预测性，甚至可能导致类案不类判的情况。

为解决以上问题，社会各界从不同的角度进行了分析和探讨。比如，吴汉东教授提出以知识产权的“合理价值”，即“成本+收益”的方法作为裁判基础;❶ 浙江省高级人民法院提出“司法层次分析法”，即在对权利信息和侵权信息进行综合评估分析的基础上，设置相应的权重指标系数和层级目标，最终通过法官行使司法裁量权，确定相对赔偿额度❷等创新。但是，确定知识产权的“合理价值”有赖于知识产权等无形资产交易市场的完善及活跃；“司法层次分析法”实际上是将法定赔偿裁判考量因素细化、标准化的，限于样本数据的不

---

❶ 吴汉东. 知识产权损害赔偿的市场价值基础与司法裁判规则［J］. 中外法学，2016（6）：1480-1494.

❷ 首届“三知论坛”纪要——聚焦知识产权损害赔偿［EB/OL］.［2019-12-18］. http://www.zjcourt.cn/art/2016/11/18/art_79_10687.html.

足、不同知识产权价值不同及地区差异等因素，其成为一项通用全国的方法的路途仍任重且远。

针对司法实践中出现的这个问题，目前司法界的较为有效的做法是充分利用民事诉讼中的证据和程序制度，法官在侵权案件中充分行使证据释明职权，通过对证明责任的分配和转移，引导当事人对商标权的价值、侵权损害后果或侵权获益等进行举证，形成双方当事人之间的有效对抗，探索多种证明方式。最高人民法院《关于审理商标民事纠纷案件适用法律若干问题的解释》第十四条规定，《商标法》第五十六条第一款规定的侵权所获得的利益，可以根据侵权商品销售量与该商品单位利润乘积计算；该商品单位利润无法查明的，按照注册商标商品的单位利润计算。第十五条规定，《商标法》第五十六条第一款规定的因被侵权所受到的损失，可以根据权利人因侵权所造成商品销售减少量或者侵权商品销售量与该注册商标商品的单位利润乘积计算。同时，最高人民法院《关于审理侵犯专利权纠纷案件应用法律若干问题的解释（二）》第二十七条规定，权利人因被侵权所受到的实际损失难以确定的，人民法院应当依照《专利法》第六十五条第一款的规定，要求权利人对侵权人因侵权所获得的利益进行举证；在权利人已经提供侵权人所获利益的初步证据，而与专利侵权行为相关的账簿、资料主要由侵权人掌握的情况下，人民法院可以责令侵权人提供该账簿、资料；侵权人无正当理由拒不提供或者提供虚假的账簿、资料的，人民法院可以根据权利人的主张和提供的证据认定侵权人因侵权所获得的利益。此外，也有一些司法案例根据以上规定做了有益尝试。但从整体上看，各地法院仍较为谨慎，只有较少一部分案件采用了上述计算方式。[1] 以上判决中对于诸如“利润率”的计算方式、采信标准、原告初步证明责任的证明程度等问题的把握标准仍旧不统一，有待进一步统一裁判规则。

■ 专家评析

损害赔偿额的认定是每个商标侵权案件审理中的必经步骤，但也是不确定

[1] 见（2016）苏05民初41号判决，（2015）豫法知民终字第00356号判决等。

性最大的一个步骤。就商标侵权损害赔偿的认定而言，一般侵权法上的填平原则与损害赔偿计算方法对于商标法领域具有基础的指导作用，因为赔偿用于弥补损害符合法律对于公平的价值追求，商标法是民法的组成部分，我国的法制注重体系化。但不容置疑的是，商标侵权损害赔偿认定的司法实践受政策的影响很大，绝对金额很高的商标损害赔偿案件在近年频繁出现。但是，尽管我国《商标法》历经多次修改，但原告损害、被告获利、可参考的许可费和法定赔偿四种计算方法基本没有变化。之所以在计算方法不变的情况下出现损害赔偿额大幅提高的情况主要就是因为法定赔偿的广泛适用，而法定赔偿的适用中法院的裁量余地很大。尽管司法解释对于法定赔偿的适用中应当考量的因素做出了规定，但是由于这些因素在损害赔偿确定中的作用不可量化，加之商品销售量、销售额或利润等证据的缺失，部分法院对司法政策执行不到位而泛泛提高赔偿额。该案中，法院正确客观地认定了法定赔偿的各种考量因素：侵权人的恶意、涉案商标的高知名度、侵权的严重情节、涉案商品价格等，在此基础上有理有据地执行司法政策来适用法定赔偿，具有示范意义。

（**评析专家**：冯术杰，清华大学　副教授）

◀ (2014) 京知民初字第 52 号原告蒙克雷尔股份公司诉被告北京诺雅卡特服装有限公司侵害商标权纠纷案一审民事判决书

◀ (2015) 高民（知）终字第 3529 号北京诺雅卡特服装有限公司与蒙克雷尔股份公司侵害商标权纠纷、不正当竞争纠纷二审民事判决书

惩罚性赔偿在商标侵权案件中的适用

——斐乐公司诉中远鞋业公司、独特公司、刘俊、京东公司侵害注册商标专用权纠纷案

张天浩（北京知识产权法院　法官助理）

裁判要旨　法院在审理商标侵权纠纷案件中，可以根据当事人提交的不同证据选取不同的计算方式。如有证据证明被控侵权人已经明知权利人在先注册的商标，而仍继续生产和销售被控侵权商品，可以认定其主观恶意明显，侵权情节严重，可按照2014年《商标法》第六十三条第一款所的规定，在已经计算出的赔偿数额的一倍以上三倍以下确定赔偿数额。

【案号及审判人员】

一审：北京市西城区人民法院（2017）京0102民初2431号　审判长吴献雅、人民陪审员李智华、人民陪审员张丽荣

二审：北京知识产权法院（2017）京73民终01991号　审判长袁伟、审判员王东、审判员陈勇

【相关条款】

2014年《中华人民共和国商标法》第六十三条

【裁判情况】

斐乐体育有限公司（简称“斐乐公司”）经授权成为“FILA”系列品牌

在中国大陆地区的合法使用人，且对商标侵权行为具有单独提起诉讼的权利。2016年6月，斐乐公司发现浙江中远鞋业有限公司（简称“中远鞋业公司”）在网络及线下实体店，温州独特电子商务有限公司（简称“独特公司”）在京东、天猫等线上网络销售平台，宣传展示及销售的鞋类商品使用的商标标识与斐乐公司所持有的“FILA”系列注册商标字形、读音相近，使用形式上亦抄袭了斐乐公司的商标。刘俊作为中远鞋业公司原法定代表人、中远商务公司法定代表人参与了上述生产、销售和宣传的侵权行为。北京京东叁佰陆拾度电子商务有限公司（简称“京东公司”）作为侵权商品的销售平台，亦参与了侵权商品的销售。故斐乐公司将上述四被告诉至法院，请求判令四被告停止侵权并赔偿其经济损失及合理支出共计941万元。

北京市西城区人民法院一审认定中远鞋业公司、独特公司及刘俊的行为侵害了斐乐公司所享有的注册商标专用权，判令三被告立即停止侵权、消除影响，并连带赔偿斐乐公司经济损失791万元及合理开支41万元。一审宣判后，一审被告中远鞋业公司、独特公司及刘俊不服，分别提出上诉。

北京知识产权法院二审审理后认为，根据《最高人民法院关于审理商标民事纠纷案件适用法律若干问题的解释》第十四条的规定，按照当事人提供的相关证据，认定被控侵权商品的销售获利应当为被控侵权商品销售总数额乘以被控侵权商品销售利润率，从而得出一审法院认定的2638322元的获利数额并无不当。另外结合上诉人的主观故意和客观行为，可以认定上诉人构成《商标法》第六十三条第一款规定的恶意侵犯商标专用权的行为，按照其因侵权获利的三倍确定赔偿数额。综上，2018年3月5日，北京知识产权法院作出二审判决，驳回三上诉人的上诉请求，维持了一审判决。

■ 法官说法

2016年11月4日，中共中央、国务院印发《关于完善产权保护制度依法保护产权的意见》，明确提出要加大对知识产权侵权行为的惩治力度，提高知识产权侵权法定赔偿上限。2017年“4·26”期间，最高人民法院发布的《中国知识产权司法保护纲要（2016—2020）》提出，要建立科学合理的知识产权损害赔偿制度体系，建立与知识产权价值相适应的损害赔偿制度体系。2018 年 11 月 5 日，习近平主席在首届中国国际进口博览会开幕式发表主旨演讲时指出，中国将保护外资企业合法权益，坚决依法惩处侵犯外资企业合法权益特别是侵犯知识产权行为，提高知识产权审查质量和审查效率，引入惩罚性赔偿制度，显著提高违法成本。

本案系全国法院首例适用《商标法》第六十三条惩罚性赔偿的案件，通过大胆适用惩罚性赔偿，有力惩处了知识产权侵权行为，保障了相关权利人的权利。《商标法》第六十三条规定，对恶意侵犯商标专用权，情节严重的，可以在按照上述方法确定数额的一倍以上三倍以下确定赔偿数额。如何在商标侵权中正确适用惩罚性赔偿，我们认为，应当结合《商标法》第六十三条的规定，严格遵循两个要件，即主观上“恶意”，客观上“情节严重”。具体来说，主观上的恶意应当体现为“故意”，即侵权人明知他人在相关商品或服务上享有注册商标专用权，却仍在相同或类似商品服务上使用相同或类似商品，造成相关公众混淆误认，应当认定其主观上具有侵权的恶意。客观上的“情节严重”，应当根据侵权人的侵权方式或侵权结果综合判断，具体情况包括：侵权时间长，侵权人长期处于侵犯他人商标权的状态；侵权地域广，比如侵权产品的制造地、销售地覆盖了多个相关地域；侵权次数多，侵权人因同种侵权行为受到行政处罚或经司法机关裁判认定侵权，又实施同种侵权行为的；社会影响大，侵权产品或服务涉及食品、药品等影响公共安全的产业或行业的；损害后果严重，侵权给权利人带来巨大经济损失或其他严重后果的。[1] 本案中，两审法院均认为中远鞋业公司、独特公司、刘俊作为同类商品的经营者，应当知晓涉案注册商标的知名度。同时，在 2010 年的商标行政程序中各被告已经充分知晓斐乐公司在先注册的“FILA”系列商标的情况下，仍然继续生产和销售侵权商品，其主观恶意明显。其次，各被告在京东商城、天猫、淘宝等网站大量销售被控侵权产品，两年的销售额即逾千万元。故本案侵权行为覆盖范围广、侵权获利大、

---

[1] 冯术杰，夏晔．警惕惩罚性赔偿在知识产权法领域的泛用——以商标法及其实践为例［J］．知识产权，2018（2）：42.

损害后果严重，可以认定其侵权情节严重。综上，本案被告的行为符合适用惩罚性赔偿的要件，可以按照其因侵权获利的三倍确定赔偿数额。

另外，近年来北京知识产权法院在探索加大对知识产权侵权行为的惩治力度，提高知识产权侵权赔偿数额方面做出了诸多有益尝试。通过尝试我们发现，目前困扰和制约法官确定知识产权侵权赔偿数额主要有两方面：一是当事人举证的难度和积极性，二是法院适用损害赔偿的计算方式。本案法官在案件审理时通过运用证据规则和释明权，促使当事人积极举证，为查清侵权损害数额扫除障碍。本案中一审法院及二审法院分别适用了不同的赔偿数额计算方式。一审法院参考《最高人民法院关于审理专利纠纷案件适用法律问题的若干规定》第二十条第三款规定，通过计算营业利润来认定侵权人的侵权获利；二审法院则适用《商标民事纠纷解释》第十四条的规定，通过计算侵权商品销售量与该商品单位利润乘积来确定侵权人的侵权获利。这两种计算方式所依据的计算基础不同，因此对证据的要求也就不同。营业利润的计算，通常需要企业的年度报告、财务报表等证据；而侵权商品销售量与该商品单位利润乘积则需要销售数据、产品单价及成本价格等证据。因此，法院在审理商标侵权纠纷案件中，可以根据当事人提交的不同证据选取不同的计算方式，以便得出较为贴切的侵权获利数额。本案法官积极探索科学合理的知识产权损害赔偿计算方式，有理、有力地保护了知识产权权利人的权益。

■ 专家评析

该案作为我国第一起涉及侵犯商标专用权适用惩罚性赔偿的案例，值得研究。商标侵权是民事侵权，界定损害赔偿额时一般也应适用填平原则。但是，基于一些侵权行为主观恶性较强、侵权情节较为恶劣，为有效地制止和威慑此类侵权发生，需要突破填平原则而采取惩罚性赔偿制度。在知识产权侵权责任领域引入惩罚性赔偿制度，已得到党和国家的高度重视，如党的十九届四中全会公报中就提出要建立侵犯知识产权的惩罚性赔偿制度。

该案一审、二审法院均根据 2013 年《商标法》第六十三条第一款规定适用了惩罚性赔偿原则。其中，存在些许差异的是，在计算赔偿基数时两审法院基于当事人提出的不同证据采取了法定计算方式的不同类型。法院基于当事人实际提供的证据情况选择侵权赔偿方式，值得肯定。但值得注意的是，法院在论证该案为何适用惩罚性赔偿方式时，对于“主观恶意明显”的解释，似乎仅等同于主观故意。在司法实践中，这可能会造成适用惩罚性赔偿的情况泛化的现象。实际上，一般故意只有达到主观恶性较强时才能满足适用惩罚性赔偿的条件。主观恶意还可以结合个案中被告实施侵权的情节等认定。总的来说，应当从严掌握适用惩罚性赔偿的条件，严格依照法定的条件加以适用。

（**评析专家**：冯晓青，中国政法大学　教授）

◀
（2017）京 0102 民初 2431 号斐乐体育有限公司与刘俊、瑞安市中远电子商务有限公司、浙江中远鞋业有限公司、北京京东叁佰陆拾度电子商务有限公司侵害商标权纠纷、不正当竞争纠纷一审民事判决书

◀
（2017）京 73 民终 01991 号上诉人浙江中远鞋业有限公司、温州独特电子商务有限公司、刘俊与被上诉人斐乐体育有限公司、原审被告北京京东叁佰陆拾度电子商务有限公司侵害商标权纠纷二审判决书

诉讼内调解解决知识产权纠纷的典型适用

——宋城演艺公司诉东京艺术公司、一城宋韵公司侵害商标权及不正当竞争纠纷案

陈振华（北京知识产权法院　法官）

麦芽（北京知识产权法院　法官助理）

裁判要旨　法院不仅要居中裁判、公正司法，也应当在必要时充分发挥审判职能，为企业健康发展提供有益指导，为彻底化解双方矛盾提供司法指引，努力实现法律效果和社会效果的统一。

【案号及审判人员】

一审：北京市海淀区人民法院（2017）京0108民初3924号　审判长张连勇、人民陪审员李孟超、人民陪审员彭振义

二审：北京知识产权法院（2019）京73民终1573号　审判长陈振华、审判员张国红、审判员陈勇

【相关条款】

2017年《中华人民共和国民事诉讼法》第九十三条

【裁判情况】

宋城演艺发展有限公司（简称“宋城演艺公司”）于2017年将东京艺术

中心有限公司（简称“东京艺术公司”）、一城宋韵文化发展有限公司（简称“一城宋韵公司”）诉至北京市海淀区人民法院，主张其在“汴梁小宋城”旅游区外景、餐厅、KTV、洗浴中心等使用“小宋城”字样、运营名为“开封小宋城”的新浪微博、注册使用 xiaosongcheng. com 域名等行为侵犯其“宋城”商标专用权并构成不正当竞争。东京艺术公司、一城宋韵公司抗辩其在餐饮、广告等服务上拥有“汴梁小宋城”商标，北宋时期开封就被称为“宋城”，开封市目前还有诸多路牌、地名以“宋城”为名，其使用“小宋城”具有合理理由，不构成侵权。

一审法院认为，东京艺术公司在经营和宣传中单独或突出使用“小宋城”“开封小宋城”字样、经营使用 xiaosongcheng. com 域名的行为侵犯了宋城演艺公司涉案两个注册商标的专用权。东京艺术公司在其官网和微信公众号中使用“宋城”字样，属于擅自使用他人具有一定影响的企业字号的混淆行为，构成不正当竞争行为。据此判决东京艺术公司停止侵权并消除影响、注销涉案域名、赔偿宋城演艺公司 300 万元。东京艺术公司不服提起上诉。

北京知识产权法院二审审理过程中，东京艺术公司停止了大部分被诉侵害商标权及被诉不正当竞争行为，且双方都有和解意愿，在法院主持下，双方最终达成和解协议。

■ 法官说法

一、案件背景

本案原告宋城演艺公司在第 35 类广告代理、第 41 类演出服务和第 42 类餐馆服务上均注册有“宋城”商标，就东京艺术公司、一城宋韵公司的涉案行为，宋城演艺公司先以第 35 类广告代理和第 42 类餐馆服务上的“宋城”商标权利受侵害向海淀法院提起了侵害商标权及不正当竞争纠纷诉讼，之后又以第 41 类演出服务上的驰名商标“宋城”商标权利被侵害向北京知识产权法院起诉［（2017）京 73 民初 40 号，简称“40 号案”］。海淀区人民法院先作出了一审判决，在东京艺术公司向北京知识产权法院提起上诉后，北京知识产权法院就40号案作出一审判决，认定东京艺术公司构成商标侵权，判决作出后涉案当事人均未上诉，判决已生效。2019年初，北京市高级人民法院作出终审判决，认定东京艺术公司在第41类组织表演（演出）等服务上的“汴梁小宋城”商标与宋城演艺公司第41类演出等服务上的在先“宋城”商标构成使用在相同或类似服务上的近似商标，相当于东京艺术公司在第41类组织表演（演出）等服务上的“汴梁小宋城”商标被无效。

由于本案涉及民营上市企业和地方旅游支柱企业，相关法律问题较为典型，一审判赔金额较高，引发了社会广泛关注和热议。

二、解决纠纷路径选择

二审谈话及开庭过程中，东京艺术公司表示其已就被诉不当使用“宋城”标识的行为进行了整改，提交了多处场景整改后的照片。此外，东京艺术公司还表示涉案域名已停止使用，点击涉案域名已不再解析至任何网站，涉案微博也已更名，希望合议庭能考虑相关情节。同时，东京艺术公司坚持主张其不具备侵权故意，其持有“汴梁小宋城”商标，涉案行为至多属于不规范使用注册商标行为，加之其所在的开封市自古被称为“汴梁”“宋城”，其经营的旅游区以“小宋城”自居有合理理由。

在庭后合议过程中，合议庭结合以下案件情况，决定重点以调解方式解决案件争议：一方面，东京艺术公司已经在一审宣判后对涉案侵权行为积极整改，包括不规范使用标识、域名、微博名等，体现出其对一审判决的尊重，虽然整改尚未全部完成，但宋城演艺公司的诉讼主张一部分已经实现，双方具备调解的事实基础；另一方面，在涉及影响企业未来经营发展的案件时，法官不应仅着眼于案件争议的具体事实和法律问题，还应该从充分发挥审判职能的角度出发，为企业健康发展提供有益指导，争取彻底化解双方矛盾。本案双方在各自业务领域内做出现有成绩实属不易，直接判决可能难以彻底解决纠纷，不仅不利于实现案结事了的审判目标，甚至可能影响企业未来的发展。现东京艺术公司已积极整改，宋城演艺公司在一审胜诉的基础上其大部分诉求已经实现。

三、调解中的难题与破解

任何明显有利于一方的一审判决，在二审调解过程中都会存在巨大分歧。

本案调解的最大难度在于赔偿金额，宋城演艺公司认为其在40号案中未主张经济损失，所以坚持本案一审判赔金额即便调解也应当全额履行；东京艺术公司则认为300万元金额过高，其经营时间较短且连年亏损，对于地方企业而言难以负担如此高额赔偿。针对上述情况，合议庭向当事人双方分别进行了利弊分析。

对于宋城演艺公司，合议庭向其指出，其在本案和40号案中提交的关于“宋城”商标的使用证据是相同的，相较于40号案中第41类演出服务上的“宋城”商标，第35类广告代理和第42类餐馆服务上的“宋城”商标知名度有限，300万元的赔偿金额确实过高；同时，宋城演艺公司在一审时提交的公证书确实存在较大瑕疵，虽然公证处进行了补正，但是东方艺术公司坚持该公证书不应予以采信并非毫无道理；此外，东方艺术公司使用“小宋城”LOGO并非毫无理由，其在被诉后也积极予以整改，整改效果也得到了宋城演艺公司的认可，在东方艺术公司同意履行一审其他判项的前提下，宋城演艺公司并非不能就赔偿金额予以让步。

对于东方艺术公司，合议庭向其指出，虽然其注册有“汴梁小宋城”商标，但是并未规范使用，在宋城演艺公司成立较早且经营规模较大、知名度较高的情况下，更应该注意在使用时合理避让；东方艺术公司在第41类上的“汴梁小宋城”商标已经被北京高院终审无效，生效判决中认定“汴梁小宋城”与“宋城”构成近似，故东方艺术公司在本案中使用“小宋城”，近似的程度更高，第35类、第42类上的“汴梁小宋城”商标未来也并非没有被无效的可能，虽不影响此前的使用，但毕竟说明不规范使用导致消费者混淆误认的可能性较大；此外，40号案已生效，法院作出相反裁判的可能性较小，接受调解有利于公司未来的经营和发展。

四、该案取得的效果

本案当事人双方最终达成和解。调解协议签订后，东京艺术公司及时在报刊上登载了消除影响的声明，将涉案域名转让至宋城演艺公司，并根据协议分期支付和解金，整改了不规范使用商标标识的行为，案件得到了妥善解决。

本案调解结案成功，实现了法律效果和社会效果的统一，积累了有益的司法实践经验，为优化营商环境、增强经济活力贡献了司法智慧。同时，调解结果实现了各方当事人共赢的局面，获得社会各界认可和好评。

■ 专家评析

调解能够彻底化解当事人双方之间的矛盾，息诉止争的优越性突出。为此，中共中央办公厅、国务院办公厅《关于强化知识产权保护的意见》在多处提到了“调解”，并将其作为建立健全社会共治模式、推动纠纷快速解决的重要机制之一。该案的调解更具有特殊性，一则其为诉讼内调解，而非诉讼外调解；二则其为二审诉讼程序中的调解，而非一审诉讼程序中的调解。这一方面体现了当事人双方最初放弃自行达成和解而走诉讼程序的意向，加大了诉讼内实现调解的难度；另一方面，一审判决结论对双方当事人对纠纷解决的预期判断已经产生影响。该案审判团队准确把握了一审判决后出现的新证据情况对双方当事人纠纷解决基本走向的意义，并针对双方争议的焦点问题，即损害赔偿额的确定，进行重点攻关，成功促成了纠纷双方当事人就纠纷最终解决达成一致意见。可以说，这是一个以法律基本判断为立足点，围绕案件纷繁复杂的事实，通过调解结案，实现彻底解决双方当事人纠纷的成功典例。

该案为诉讼内调解解决知识产权纠纷提供了指引。

（**评析专家**：杜颖，中央财经大学　教授）

浏览器过滤视频广告行为的不正当竞争认定

——腾讯公司诉世界星辉公司不正当竞争纠纷案

芮松艳（北京知识产权法院　法官）
段重合（北京知识产权法院　法官助理）

裁判要旨　一般而言，只有在某一行为违反公认的商业道德时，才宜将其认定为不正当竞争行为。在判断某类行为是否违反《反不正当竞争法》第二条时，亦可通过其是否有利于社会总福利进行量化分析。上述两种判断方法可以相互验证。

【案号及审判人员】

一审：北京市朝阳区人民法院（2017）京0105民初70786号　审判长林子英、审判员崔树磊、代理审判员李一可

二审：北京知识产权法院（2018）京73民终558号　审判长芮松艳、审判员许波、审判员刘炫孜

【相关条款】

1993年《中华人民共和国反不正当竞争法》第二条

【裁判情况】

深圳市腾讯计算机系统有限公司（简称“腾讯公司”）是一家从事互联网

经营的企业，其开发经营的腾讯视频网站为用户提供视频在线观看服务。腾讯公司通过购买影视作品版权，提供“免费+广告”及会员制的影视播放服务。视频网站采取会员制，会员付费后有权利选择不看或关闭广告。北京世界星辉科技有限责任公司（简称“世界星辉公司”）是一家从事互联网经营的企业，其开发运营了“世界之窗浏览器”。该浏览器具有“强力拦截页面广告”的功能，用户在设置中勾选该功能后，可屏蔽视频网站中视频的片头广告和暂停广告。腾讯公司认为世界星辉公司的上述行为使得腾讯公司不能就网站影片的片头及暂停广告获取直接收益，使腾讯公司遭受了经济上的损失。而世界星辉公司屏蔽广告的行为，提升了其用户的使用体验度，获得其商业价值的提升，其行为违反了诚实信用原则及公认的商业道德，极大地损害了腾讯公司的合法权益，据此，起诉至北京市朝阳区法院。

北京市朝阳区人民法院认为，市场竞争具有天然的对抗性，也必然导致损害，但损害本身不具有是与非的色彩，只要该损害并非直接针对性的、无任何可躲避条件或选择方式的特定性损害，就不单独构成评价竞争行为正当性的倾向性要件。世界星辉公司的被诉行为是经营者出于市场利益最大化而进行的经营行为，同时也为网络用户自愿选择提供了合理机会。网络用户对浏览器广告屏蔽功能的使用，虽造成广告被浏览次数的减少，但此种减少只损害竞争对手的部分利益、影响部分网络用户的选择，还达不到特定的、影响其生存的程度，不存在对市场的干扰、构不成对腾讯公司利益的根本损害，世界星辉公司的被诉行为不是不正当竞争行为，据此，北京市朝阳区人民法院作出判决：驳回原告腾讯公司全部诉讼请求。

腾讯公司不服原审判决，提起上诉。北京知识产权法院认为，对于不正当竞争行为的认定应当从违反商业道德和损害社会福利两方面来判断：(1) 对于公认商业道德的确认，国家工商行政管理总局公布的《互联网广告管理暂行办法》已将此类行为明确禁止，这一禁止性规定足以说明主管机关已将此类行为认定为违反公认商业道德的行为。(2) 对于社会总福利的分析，一审判决将消费者利益等同于社会公共利益，这一理解显然是不全面的。反不正当竞争法中所考虑的社会公共利益（或社会总福利）既包括消费者利益，亦包括经营者利益。无论是从消费者、视频平台、广告投放者，还是浏览器经营者角度进行分析，广告过滤功能的放开只可能会损害社会总福利。因此，世界星辉公司的被诉行为构成不正当竞争。综上，二审法院撤销一审判决，改判世界星辉公司赔偿腾讯公司经济损失100万元，诉讼合理支出896708元。

■ 法官说法

随着网络技术的不断发展，互联网企业之间的竞争愈发激烈，部分浏览器提供视频广告过滤功能，帮助网络用户在不付费的情况下过滤视频网站的广告，进而吸引用户流量。对于此类行为是否违反《反不正当竞争法》第二条的规定，实务界存在不同的认识，本案的主要争议焦点也在于此。

我们认为，法院对《反不正当竞争法》第二条的适用应持十分慎重的态度，以防止因不适当扩大不正当竞争范围而妨碍自由、公平竞争。一般而言，只有在该行为违反公认的商业道德时，才宜将其认定为不正当竞争行为。同时，因反不正当竞争法保护的是健康的社会经济秩序，而健康的社会经济秩序通常有利于社会总福利，因此，在判断某类行为是否违反《反不正当竞争法》第二条时，亦可通过是否有利于社会总福利进行量化分析。上述两种判断方法可以相互验证。

对于公认商业道德的确认，最为直接的依据是相关的法律、法规或规范性文件。对于视频广告过滤行为的性质，虽然相关法律、法规并无明确规定，但在2016年9月1日施行的由国家工商行政管理总局公布的《互联网广告管理暂行办法》中对此有所涉及，其中第十六条规定，“互联网广告活动中不得有下列行为：（一）提供或者利用应用程序、硬件等对他人正当经营的广告采取拦截、过滤、覆盖、快进等限制措施。”这一禁止性规定足以说明主管机关已将此类行为认定为违反公认商业道德的行为。

退一步讲，即使不考虑这一规定，仅仅依据常识，同样可以得出相同的结论。本案中，被诉行为对视频广告的过滤使得上诉人免费视频加广告这一经营行为不能依据其意愿原样呈现，被诉行为显然属于一种主动采取措施直接干涉、插手他人经营的行为。而在市场经营中，经营者的合法经营行为不受他人干涉，他人不得直接插手经营者的合法经营行为，此为最为基本且无须论证的商业道德。

需要强调的是，这一商业道德与经营行为是否发生在互联网领域，以及其是否符合用户的现阶段需求均并无关系。虽然互联网环境下的竞争行为确实可能存在传统非互联网环境下所不具有的特殊性，但该特殊性更多地体现在经营行为的具体表现形式上，而非其所应遵循的商业道德上。也就是说，多数情况下，互联网环境下的竞争行为所应遵循的商业道德均可以在传统竞争领域找到答案，对于本案所涉这一最为基本的商业道德更是如此。

至于用户需求这一因素，同样不会影响经营行为的正当性认定。也就是说，对于不具有正当性的行为并不会因为其符合用户需求而具备正当性。否则，用户天然希望一切产品或服务免费这一需求将会使得经营者采取任何措施将其他经营者的收费产品或服务变成免费的行为均被认定具有正当性，而这一结论显然是荒谬的。

退一步讲，即便需要考虑用户需求，被诉行为亦并非真正符合用户的长期需求。用户需求与用户利益密切相关，虽然用户更容易看到现阶段的利益，比如被上诉人所强调的无须观看广告而直接观看腾讯视频这一利益，但并不代表着用户仅在意现阶段的利益，而忽视长期利益。只不过因为现阶段需求更为直观，而相关竞争行为对于用户利益的长期影响需要进行专业分析测算，而这通常是用户无法做到的，因此较难纳入用户的考虑范畴。但对于理性的用户而言，如果其充分知晓对于其现阶段需求的满足可能带来的长期后果，例如因这一行为所增加的视频平台的成本最终会转嫁到消费者头上，则相信用户的需求应会有所变化。

此外，经营者当然可以基于用户需求对自己的产品和服务进行改善，但却不能以此为由直接插手其他经营者的正常经营。也就是说，被上诉人完全可以为满足用户需求对其提供的全部产品及服务做到真正的免费，例如删除包括导航栏在内的任何可能导致用户不满的附加服务，但其无权以此为由要求上诉人对于其提供的视频做到真正的免费，而不附加任何广告。综上，无论从上述任一角度分析，均可得出被诉行为已违反公认的商业道德这一结论。

对于社会总福利的分析，一审判决虽也提及社会公共利益，但其将消费者利益等同于社会公共利益，这一理解显然是不全面的。反不正当竞争法中所考虑的社会公共利益（或社会总福利）既包括消费者利益，亦包括经营者利益。而其中的经营者，则不仅包括本案双方当事人，亦包括其他同业或相关经营者。短期来看，视频网站商业模式可能因浏览器过滤广告而发生转变，变为视频收费模式，这种转变将增加消费者的成本。长期来看，视频网站可能丧失生存空间，其所能提供给用户的内容将会大大减少。广告投放者也会因此增加广告投放成本，浏览器也会因为竞争产品的效仿而失去竞争力。综上，无论是从消费者、视频平台、广告投放者，还是浏览器经营者角度进行分析，广告过滤功能的放开只可能会损害社会总福利。将公认的商业道德与社会总福利的结论相互验证，综合考量行业的经营现状及生存空间，认定此类行为违反了反不正当竞争法的规定。

■ 专家评析

互联网领域因广告过滤而引发的诉讼至今已有多起，引发了关于（原）《反不正当竞争法》一般条款适用的广泛讨论。众多案件中，一般条款如何适用、构成要件如何、如何认定违反诚实信用原则和公认的商业道德存在广泛的争议。

该案在适用《反不正当竞争法》第二条时，一方面考虑了公认的商业道德；另一方面也将是否有利于社会总福利作为分析的补充要素。《反不正当竞争法》旨在促进公平的竞争秩序，在互联网竞争规范尚不完善的情况下，司法判决起到了竞争导向作用；而在我们对互联网行业的竞争特点和商业模式尚未完全掌握的情况下，将公共利益纳入分析范畴、超越权利侵害式的思维方式，更加慎重、更具有合理性。

在具体法律适用中，该案提出很多挑战性的观点：比如“在市场经营中，经营者合法经营行为不受他人干涉，他人不得直接插手经营者的合法经营行为，此为最为基本且无须论证的商业道德”；在社会总体福利分析中不仅考虑消费者短期利益，更考虑消费者的长期利益，并详细论证了保护“视频+广告”商业模式的合理性。这些观点对今后的司法实践具有借鉴意义。

（**评析专家**：张晨颖，清华大学　副教授）

◂

（2017）京 0105 民初 70786 号原告腾讯公司与被告世界星辉公司不正当竞争纠纷案一审判决书

◂

（2018）京 73 民终 558 号上诉人腾讯公司与被上诉人世界星辉公司不正当竞争纠纷案民事二审判决书

商业性利用用户数据信息行为的正当性分析

——微梦公司诉淘友技术公司、淘友科技公司不正当竞争纠纷案

田芬（北京知识产权法院　法官助理）

裁判要旨　互联网中第三方应用通过开放平台例如 OpenAPI 模式获取用户信息时应坚持“用户授权”+“平台授权”+“用户授权”的三重授权原则，第三方应用未经用户同意且未经开放平台授权，获取并使用平台用户信息的行为，构成不正当竞争行为。

【案号及审判人员】

一审：北京市海淀区人民法院（2015）海民（知）初字第 12602 号　审判长曹丽萍、审判员王嘉佳、人民陪审员梁铭全

二审：北京知识产权法院（2016）京 73 民终 588 号　审判长张玲玲、审判员冯刚、审判员杨洁

【相关条款】

1993 年《中华人民共和国反不正当竞争法》第二条、第十四条、第二十条

【裁判情况】

北京微梦创科网络技术有限公司（简称“微梦公司”）独立运营新浪微

博，北京淘友天下技术有限公司（简称“淘友技术公司”）、北京淘友天下科技发展有限公司（简称“淘友科技公司”）共同运营脉脉软件。新浪微博与脉脉软件同属于社交类软件，二者存在竞争关系。

微梦公司向北京市海淀区人民法院诉称，淘友技术公司、淘友科技公司通过脉脉软件对其实施了非法抓取、使用新浪微博平台用户信息、模仿新浪微博的加V认证机制及展现方式以及商业诋毁四项不正当竞争行为，请求法院判令二被告立即停止四项不正当竞争行为，并承担消除影响、赔偿损失的法律责任。一审法院经审理判决：二被告停止涉案不正当竞争行为；二被告在脉脉网站首页、脉脉客户端软件首页连续48小时刊登声明，消除影响；二被告共同赔偿微梦公司经济损失200万元及合理费用208998元。

上诉人不服一审判决，向北京知识产权法院提起上诉，二审的焦点问题为：(1) 上诉人获取、使用新浪微博用户信息的行为是否构成不正当竞争行为；(2) 上诉人获取、使用脉脉用户手机通讯录联系人与新浪微博用户对应关系的行为是否构成不正当竞争行为；(3) 上诉人是否对被上诉人实施了商业诋毁行为；(4) 一审判决有关民事责任的确定是否适当。

二审认为，互联网中第三方应用通过开放平台例如Open API模式获取用户信息时，应坚持“用户授权”+“平台授权”+“用户授权”的三重授权原则。本案上诉人与被上诉人通过新浪微博平台Open API进行合作，上诉人未经新浪微博授权，获取并使用新浪微博用户的职业信息、教育信息，未经非脉脉用户的新浪微博用户的同意，获取并使用其新浪微博的相关信息，损害了用户的知情权、选择权和隐私权，破坏了被上诉人的竞争优势和互联网行业的公平竞争秩序，构成《反不正当竞争法》第二条规定的不正当竞争行为。此外，在互联网环境中，一方披露另一方负面信息时，虽能举证证明该信息属客观、真实，但披露方式显属不当，且足以误导相关公众产生错误评价的行为构成商业诋毁。本案上诉人没有客观、完整地披露其与被上诉人终止合作的前因后果，上诉人公开发表的声明中称“新浪微博今日要求交出用户数据才能继续合作”等内容将会误导新浪微博用户及其他相关公众，对被上诉人产生泄露用户信息及以交换用户数据为合作条件的错误评价，进而导致新浪微博的信用度降低，影响被上诉人的商业信誉，故上诉人淘友技术公司、淘友科技公司的前述行为构成对被上诉人微梦公司的商业诋毁。

综上，北京知识产权法院依法判决驳回上诉，维持原判。

■ 法官说法

一、互联网行业中适用《反不正当竞争法》第二条的六个条件

基于互联网行业中的技术形态及市场竞争模式与传统行业存在显著差别，为保障新技术和市场竞争模式的发展空间，互联网行业中适用《反不正当竞争法》第二条更应秉持谦抑的司法态度，需要满足以下六个条件才可适用：（1）法律对该种竞争行为未作出特别规定；（2）其他经营者的合法权益确因该竞争行为而受到了实际损害；（3）该种竞争行为因确属违反诚实信用原则和公认的商业道德而具有不正当性；（4）该竞争行为所采用的技术手段确实损害了消费者的利益；（5）该竞争行为破坏了互联网环境中的竞争秩序，从而引发恶性竞争或者具备这样的可能性；（6）对于互联网中利用新技术手段或新商业模式的竞争行为应首先推定具有正当性，不正当性需要证据加以证明。

二、网络平台提供方可以对在用户同意的前提下，基于自身经营活动收集并进行商业性使用的用户数据信息主张权利

互联网时代，用户信息已成为数字经济中提升效率、支撑创新最重要的基本元素之一。本案中，新浪微博用户的职业信息、教育信息，不仅是被上诉人微梦公司重要的商业资源，能够为被上诉人创造更多的经济效益，还是被上诉人的竞争优势来源。因此，被上诉人作为网络平台提供方，可以就上诉人淘友技术公司、淘友科技公司未经许可擅自使用其经过用户同意收集并使用的用户数据信息主张权利。

三、互联网不正当竞争纠纷中被诉行为采取的技术手段的举证责任为“谁主张谁举证”

涉及互联网不正当竞争纠纷中被诉行为本身所采取的技术手段的认定适用举证责任分配的一般规则，即“谁主张谁举证”。此外，在现阶段技术手段无

法实现相应的技术效果的情况下，技术实施者有义务就其采取的具体技术手段进行举证。本案中，被上诉人微梦公司主张上诉人淘友技术公司、淘友科技公司通过 Open API 以外的非法手段抓取新浪微博用户的职业信息和教育信息，对此应由被上诉人进行举证。被上诉人对于前述信息是否被爬虫手段或其他手段抓取均不能提供证据进行证明，应当承担举证不能的不利后果。此外，被上诉人主张上诉人通过脉脉用户手机通讯录中联系人展示与新浪微博用户的对应关系，但在上诉人无法举证如何获得该种对应关系的情况下，且现有技术手段无法实现如此高精准和极具个性化信息的匹配关系时，上诉人有义务说明其采取何种技术手段及如何实现该种匹配关系的计算。对于技术问题的查明，法院应当充分运用举证规则，从证据优势的角度判断法律事实而不能直接基于常理进行推断。

四、第三方应用通过开放平台例如 Open API 模式获取用户信息时应坚持“用户授权”+“平台授权”+“用户授权”的三重授权原则

Open API 是一种新型的互联网应用开发模式，互联网企业在运用 Open API 开展合作开发时，应事先取得用户的同意再收集并利用相关信息。第三方应用基于 Open API 合作模式利用用户信息时，除应取得网络平台提供方同意外还应再次取得用户的同意，尊重用户的自由选择权。本案中，被上诉人微梦公司作为网络平台提供方，上诉人淘友技术公司、淘友科技公司作为第三方应用，应当遵守双方签订的《开发者协议》，在读取和运用用户数据时，以“用户同意”+“平台同意”+“用户同意”的三重同意为原则，以保护用户的隐私权、知情权和选择权为底线，以公平、诚信为行为准则，维护互联网络的公平竞争秩序，实现数据经济的合作共赢。

五、互联网中收集利用用户数据信息应遵循合法、正当、必要的原则，网络运营者应尽到管理义务

涉及互联网中获取并使用用户信息的基本原则是“用户明示同意原则”+“最少够用原则”。网络运营者是网络建设与运行的关键参与者，在保障网络安全中具有优势和基础性作用，应当遵循合法、正当、必要的原则，尽到网络运营者的管理义务：（1）制定内部数据信息安全管理制度和操作规程，确定网络安全负责人，落实网络数据信息安全保护责任；（2）采取防范计算机病毒和网络攻击、网络侵入等危害网络数据信息安全行为的技术措施；（3）采取监测、记录网络运行状态、网络安全事件的技术措施，并按照规定留存相关的网络日志；（4）采取数据分类、重要数据备份和加密等措施；（5）制定网络安全事件应急预案，及时处置系统漏洞、计算机病毒、网络攻击、网络侵入等安全风险。第三方应用开发者作为网络建设与运行的重要参与者，在收集、使用个人数据信息时，应当遵循诚实信用的原则及公认的商业道德，取得用户明示同意并经网络运营者授权后合法获取、使用数据信息。同时，收集和使用用户信息时应坚持最少够用原则，网络运营者不得收集与其提供的服务无关的个人信息。

本案中，法律对互联网中网络平台提供者和第三方应用的竞争行为未作出特别规定，但上诉人淘友技术公司、淘友科技公司非法获取、使用新浪微博用户职业信息、教育信息的行为违反了诚实信用原则和公认的商业道德，上诉人获取、使用脉脉用户手机通讯录联系人与新浪微博用户对应关系所采用的技术手段损害了新浪微博用户的合法利益，被上诉人微梦公司的竞争优势及商业信誉因上诉人的不正当竞争行为而受到了实际损害，上诉人的不正当竞争行为破坏了 Open API 的竞争秩序，具有引发互联网行业恶性竞争的可能性。因此，上诉人淘友技术公司、淘友科技公司违反了《反不正当竞争法》第二条的规定，构成不正当竞争行为。综上，一审判决虽然存在部分技术事实认定不清的问题，但考虑到最终结论正确，最终予以维持。

■ 专家评析

北京知识产权法院对新浪微博与脉脉之间的不正当竞争纠纷案做出的终审判决，判决全文 100 多页，近 8 万字。法官在判决中充分展示了个人的专业能力，就用户个人信息保护、平台数据的开放与利用、数据资源保护等法律问题给出了有一定前瞻性的阐述。

如判决所说，用户信息已成为数字经济中提升效率、支撑创新最重要的基本元素之一，但如何保护个人信息，合法应用大数据则是需要立法、司法与行业共同参与并推动。该案的意义在于：首先，判决从司法角度明确个人信息数据是企业的重要权益和资源，其独有性受到法律法规的严格保护。同时要求企业在利用用户信息时坚持“用户授权”+“平台授权”+“用户授权”的三重授权原则。其次，判决强调企业在获取并使用用户信息时，应当遵循用户明示同意、最少够用等原则。判决认为网络运营者在保障网络安全中具有基础性的作用，应当遵循合法、正当、必要的原则，尽到网络运营者的管理义务。

判决很好地把握了个人信息保护与大数据应用之间的平衡，并就大数据应用的商业规则提供了包括“三重授权原则”在内的指引。指引本身也许会随着社会发展、个人信息保护立法的完善而变化，但法官面对新问题不回避，充分考虑各方利益明晰规则的态度和勇气值得肯定。

（**评析专家**：姚欢庆，中国人民大学　副教授）

◀
（2015）海民（知）初字第12602号北京微梦创科网络技术有限公司与北京淘友天下技术有限公司、北京淘友天下科技发展有限公司不正当竞争纠纷一审民事判决书

◀
（2016）京73民终588号北京淘友天下技术有限公司、北京淘友天下科技发展有限公司与北京微梦创科网络技术有限公司不正当竞争纠纷案二审民事判决书

输入法下拉菜单候选内容导向自营网站服务行为的性质认定

——搜狗公司与百度公司不正当竞争纠纷案

芮松艳（北京知识产权法院　法官）
段重合（北京知识产权法院　法官助理）

裁判要旨　一般而言，对于《反不正当竞争法》第二条的判断，应以被诉行为是否违反公认的商业道德为标准，至于其是否针对不同经营者采用了歧视性做法，以及是否采用了行业惯例，均与正当性判断无必然联系。

【案号及审判人员】

一审：北京市海淀区人民法院（2015）海民（知）初字第4135号　审判长李颖、代理审判员陈敏、代理审判员张连勇

二审：北京知识产权法院（2015）京知民终字第2200号　审判长陈锦川、审判员芮松艳、审判员张晰昕

【相关条款】

1993年《中华人民共和国反不正当竞争法》第二条

【裁判情况】

北京百度网讯科技有限公司（简称“百度公司”）是百度网（www. baidu.

com）的经营者，百度搜索引擎在中文互联网市场中享有较高的知名度和良好的声誉。北京搜狗信息服务有限公司（简称“搜狗公司”）是搜狗输入法的开发者，且经营搜狗搜索引擎网站（www. sougou. com）。百度公司与搜狗公司之间存在竞争关系。百度公司发现搜狗公司利用其搜狗输入法客户端软件针对百度公司实施了不正当竞争行为，主要表现在：上网用户在安装搜狗输入法客户端软件后，在百度搜索引擎的搜索框中使用搜狗输入法输入关键词，在搜索栏下方会自动弹出与搜索关键词相关词汇的下拉菜单，下拉菜单覆盖和隐藏了百度搜索引擎的下拉菜单，点击下拉菜单中的任何词会自动跳转到搜狗公司经营的搜狗搜索结果页面。

百度公司就上述行为向搜狗公司发送了律师函，但上述行为仍在继续。百度公司认为，搜狗公司故意仿冒、混淆搜索框和搜索结果，搭便车以劫持百度公司流量，对百度搜索引擎具有针对性，构成不正当竞争。

北京市海淀区人民法院认为，搜狗公司主观上明知或应知百度搜索引擎下拉提示词的显示方式，却不加避免，采取了与之相似的搜索候选呈现形式，主观上具有过错；客观上搜狗输入法在用户事先选定百度搜索的情况下，先于百度公司以类似搜索下拉列表的方式提供搜索候选，实则是利用搜狗输入法在搜索引擎使用中的工具地位，借助用户已经形成的百度搜索使用习惯，诱导用户在不知情的情况下点击候选词进入搜狗搜索结果页面，造成用户对搜索服务来源混淆的可能，不当争夺、减少了百度搜索引擎的商业机会，其行为构成不正当竞争。

搜狗公司不服，提起上诉。北京知识产权法院认为，本案中，搜狗输入法提供下拉菜单搜索候选的具体方式足以造成用户混淆，使得本应属于百度搜索引擎的用户被导向搜狗搜索引擎，该混淆情形的存在使得被诉行为违反了公认的商业道德，属于《反不正当竞争法》第二条所禁止的行为。《反不正当竞争法》保护的是竞争秩序，而非具体的商业模式，即便某一商业模式系由某一经营者在先使用，并形成相应的用户习惯，亦不会由此而产生排他权。本案中，因被诉行为具有不正当性的原因在于其足以导致用户混淆，故如果附着于输入法的下拉菜单搜索候选服务不存在混淆情形，且用户在该服务页面下可以很容易地切换到其正在使用的搜索引擎服务，从而有效地保护用户的选择权，则尽管其使用了该下拉菜单模式，且利用了现有用户习惯，亦不能据此认为其具有不正当性。因此，二审判决驳回上诉，维持原判。

■ 法官说法

互联网技术的蓬勃发展，使得新技术不断涌现，在此情况下，互联网行业的竞争行为也愈发激烈。本案即为一起互联网技术引发的竞争案件，本案审理焦点为搜狗公司以涉案显示方式提供下拉菜单搜索候选服务的行为是否违反《反不正当竞争法》第二条的规定。

本案中，被诉行为系发生在用户进入百度网站页面之后，使用搜狗输入法的用户首先是百度搜索引擎用户，无论被诉行为是否具有正当性，至少可以首先肯定的是，搜狗公司因被诉搜狗输入法下拉菜单行为而获得的用户流量原本属于百度搜索引擎。由被诉行为的表现方式可见，搜狗输入法仅是在最下一行使用并不显著的颜色及字体标注了“由搜狗搜索提供”，除此之外并无其他提示。在百度搜索引擎亦提供下拉提示词服务，而被诉下拉菜单所处位置与通常的百度搜索引擎下拉菜单所处位置并无差别的情况下，上述标注不足以使用户注意到其所使用的下拉提示词由搜狗搜索引擎，而非百度搜索引擎提供。此外，因搜狗公司的下拉菜单依托于搜狗输入法，因此其下拉菜单出现在关键词键入空白搜索框之前，即关键词上屏之前，而百度下拉菜单仅可能出现在上屏之后，上述时间差的存在使得虽然百度下拉菜单并未被实际覆盖，但因相当比例的用户会使用被诉行为中所显示的下拉菜单，故对于这部分用户而言，百度搜索引擎的下拉菜单已不会出现在用户的搜索界面上，上述情形的存在更易使用户误认为其使用的是百度下拉菜单服务，从而在不知情的情况下使用了搜狗搜索引擎。综上可知，本案中所存在的劫持流量后果系源于被诉行为所造成的用户混淆，而非用户主动选择，被诉行为与流量流失的后果具有直接关系。

搜狗公司认为被诉行为属于经营自主权的范畴，而且在百度搜索引擎尚未启动时，用户流量的去向处于尚未确定状态，任何竞争者都可以参与此交易机会。虽然任何竞争在相当程度上均是经营者对于用户的争夺，但这一争夺至少应建立在用户明确知晓的情况下，有意造成用户混淆的竞争行为通常属于违反公认商业道德的行为，这一商业道德在《反不正当竞争法》第五条中已得到明确体现。即便搜狗公司所强调的经营自主权，同样不应超出这一边界。尤其在现有互联网各种商业模式具有很强交叉性的情形下，经营者更应注意避免混淆。本案中，虽然搜狗输入法为搜狗公司的产品，但不意味着依附于该产品的其他产品或其他模式当然具有正当性。被诉行为足以造成用户混淆，违反了公认的商业道德。搜狗公司明知被诉行为可能产生的混淆后果，但仍采用这一方式，其主观具有恶意，违反了《反不正当竞争法》第二条的规定。

需要指出的是，因这一商业道德既适用于传统行业，亦适用于新兴行业或新出现的商业模式，无论被诉行为是否具有技术上或模式上的创新性均在所不论。

对于非歧视对待与被诉行为正当性之间的关系，虽然针对同一经营行为，具有歧视性的做法相对于无歧视性的做法，可能更容易被认定具有不正当性，但无歧视性并不当然使某一经营行为具有正当性，对其正当性的判断仍取决于该行为本身是否符合公认的商业道德。本案中，在被诉行为足以导致用户混淆的情况下，即便搜狗公司在任何使用环境下，针对任何搜索引擎均无歧视性地采用被诉方式提供下拉菜单搜索候选服务，该行为同样不具有正当性。可见，歧视性对待与行为正当性认定并无必然联系。

行业惯例同样与被诉行为的正当性无必然联系。不能否认，行业惯例对于确认公认的商业道德并非毫无作用，尤其是相对于较为稳定的行业或商业模式而言，行业惯例与商业道德具有相对更大的重合性。但需要强调的是，行业惯例并不等同于商业道德，尤其对于新兴行业或新出现的商业模式更是如此。在新兴行业或新出现的商业模式中，商业道德尚处于形成过程中，所谓惯例亦处于变化状态，因此，这一阶段的所谓行业惯例对于商业道德判断的价值较低。例如，在视频分享网站刚开始出现的阶段，大量视频分享网站均会假借用户名义上传他人作品（尤其是热播影视作品）以获取流量。这一做法在一定程度上亦可谓当时的行业惯例，但显然不能认为其符合商业道德。由此可见，本案中，无论输入法的其他经营者是否采用了被诉行为的具体方式，均与被诉行为正当性的认定无必然联系。

《反不正当竞争法》保护的是竞争秩序，而非具体的商业模式，因此，即便某一商业模式系由某一经营者率先采用，并形成相应的用户习惯，亦不会由此而产生排他权。他人同样可以采用与之相同或改进的商业模式，只要其竞争行为未违反公认的商业道德，便不构成对反不正当竞争法所保护的竞争秩序的破坏。对于本案所涉搜索引擎下拉菜单服务亦是如此。本案中，我们所认定具有不正当性的是以本案被诉具体方式提供下拉菜单服务的行为，而非搜狗公司附着于输入法的下拉菜单服务本身。因被诉行为的不正当性系源于该特定方式所产生的用户混淆，故如果附着于输入法的下拉菜单服务不存在混淆情形，且用户在该服务页面下可以很容易地切换到其正在使用的搜索引擎服务，从而有效地保护用户的选择权，尽管其使用了该下拉菜单模式，且利用了现有用户习惯，亦不能据此认为其具有不正当性。

■ 专家评析

《反不正当竞争法》第二条的适用一直是理论界和实务界争议非常大的问题，一方面，确有一些有损市场竞争秩序的新型不正当竞争行为不属于《反不正当竞争法》所列举的类型，只能依赖第二条予以规制；另一方面，如果第二条的适用过于泛化，则难免陷入预设优势利益甚至商业模式产权化的错误。在平台经济时代，“流量劫持”成了最受关注的不正当竞争行为，该案就是这一产业背景下的典型案例，其核心问题在于：被诉行为是否为违反公认之商业道德的“流量劫持”。首先，二审判决明确了，被诉行为“是否针对不同经营者采用了歧视性做法，以及是否采用了行业惯例，均与正当性判断无必然联系”，个人认为是非常正确的，实践中常常存在将“行业惯例”与“公认的商业道德”相混淆的错误，该案判决对这一点的澄清非常有必要。其次，二审判决所明确的“反不正当竞争法保护的是竞争秩序，而非具体的商业模式……在先使用……用户习惯，亦不会由此而产生排他权”也是一大亮点，对实践中存在的

“商业模式产权化保护”这一错误的《反不正当竞争法》适用理念是非常重要的纠正。不过，个人认为，二审判决也还有值得进一步探讨的地方，即：在关键词上屏之前，用户流量为什么就必然归属于原告？二审判决显然认为，用户选择了原告的搜索引擎，由此就产生了归属于原告的用户流量，但是，关键词上屏前后在流量归属的问题上应当是有差别的，即使二审判决采“等同”之立场，也应展开充分说理。

（**评析专家**：杨明，北京大学　教授）

（2015）海民（知）初字第 4135 号原告百度公司诉被告搜狗公司不正当竞争纠纷案一审判决书

（2015）京知民终字第 2200 号上诉人北京搜狗公司与百度网讯公司不正当竞争纠纷案二审民事判决书

浏览器更改UA设置的不正当竞争行为认定

——合一公司诉乐视公司不正当竞争纠纷案

刘义军（北京知识产权法院　法官）

裁判要旨　视频网站根据所访问浏览器的UA信息作为不同系统终端的识别标识，主动或被动地推送不同的视频内容，该行为通常应认定属于视频网站的经营自主权范畴。浏览器服务提供者如果违反诚实信用原则，故意更改UA设置，不正当地利用他人的经营模式为自身谋取利益，可能构成不正当竞争行为。

【案号及审判人员】

一审：北京市海淀区人民法院（2016）京0108民初18471号　审判长张弓、审判员曹丽萍、人民陪审员梁铭全

二审：北京知识产权法院（2017）京73民终1923号　审判长刘义军、审判员周丽婷、审判员兰国红

【相关条款】

1993年《中华人民共和国反不正当竞争法》第二条、第二十条

【裁判情况】

合一信息技术（北京）有限公司（简称“合一公司”）系视频综合类服务

网站优酷网的经营者。乐视网信息技术（北京）股份有限公司（简称“乐视公司”）是网络电视机顶盒乐视盒子以及乐视浏览器的经营者。优酷网提供的免费视频均有片头广告和暂停广告，但2016年3月23日前后，因为iOS系统（苹果操作系统）的专门设置而使优酷网向iPhone端提供免费视频时不显示片头广告和暂停广告，而向其他系统终端推送的免费视频均存在视频广告。基于此，乐视公司将安卓系统下的乐视浏览器在访问优酷网时的UA设置（User-Agent设置）更改为iPhone端标识，当用户使用乐视盒子中的乐视浏览器播放优酷网中的视频内容时，不会出现视频的片头广告以及暂停广告。

合一公司主张，乐视公司实施的前述涉案行为，屏蔽了优酷网的贴片广告，破坏了优酷网的UI设置，干扰了优酷网的正常运营，对合一公司构成不正当竞争，故起诉至北京市海淀区人民法院。

一审法院经审理后认为，乐视公司有意针对优酷网更改乐视浏览器UA设置为iPhone端标识的行为，不当干扰了合一公司的正常经营活动，损害了合一公司本应获得的合法利益，对合一公司构成不正当竞争，判决乐视公司不得更改乐视电视浏览器User-Agent设置，链接优酷网iPhone端，并向合一公司赔偿经济损失20万元。宣判后，乐视公司不服一审判决，提起上诉。

北京知识产权法院二审审理后认为，优酷网视频提供服务区分不同终端系统提供有广告或没有广告的视频节目并非出于合一公司的主动经营行为，是第三方系统设置或合一公司自身技术等原因而被动发生的结果。针对这一结果，其他经营者不应为了自身经营利益，主观故意利用这种结果，损害合一公司本应获得的经营利益。本案中，乐视公司认可其将安卓系统下的乐视浏览器在访问优酷网时的UA设置更改为iPhone端标识，系其故意为之，该行为客观上使市场中通过iPhone终端浏览器访问优酷网的用户量增加，而使本应从安卓系统终端播放视频中可获得的广告收益减少。因此，乐视公司有意针对优酷网更改乐视浏览器UA设置为iPhone端标识的行为，不当干扰了合一公司的正常经营活动，损害了合一公司本应获得的合法利益，对合一公司构成不正当竞争，依法应当承担停止侵权、赔偿损失等民事责任。乐视公司不得针对优酷网更改乐视浏览器的UA设置，链接优酷网iPhone端。关于赔偿损失的数额，因合一公司未能提交证据证明其因本案不正当竞争行为造成的实际损失或乐视公司因此获得的非法收益，一审法院酌情考虑多因素确定本案赔偿数额为20万元并无不当。综上，北京知识产权法院作出二审判决：驳回上诉，维持原判。

■ 法官说法

一、本案应当适用《反不正当竞争法》第二条

本案中，合一公司系经营优酷网提供视频综合类服务的互联网公司，乐视公司在乐视网“关于乐视”中介绍：乐视公司“致力于打造基于视频产业、内容产品和智能终端的‘平台+内容+终端+应用’完整生态系统”，“乐视垂直产业链整合业务涵盖互联网视频、影视制作与发行”等。因合一公司与乐视公司同属于互联网企业，且均经营视频业务，双方在争夺网络用户等市场利益方面存在竞争关系，故本案的审理适用《反不正当竞争法》。

合一公司主张乐视公司实施的涉案侵权行为并不属于我国《反不正当竞争法》中规定的具体不正当竞争行为类型，而属于互联网领域出现的新的不正当竞争行为类型，故对该行为是否构成不正当竞争行为的判断需要结合《反不正当竞争法》的立法精神，运用一般条款即《反不正当竞争法》第二条规定进行审查分析。

根据《反不正当竞争法》第二条的规定，违反该条规定的不正当竞争行为，应当是指违反公平竞争、诚实信用原则和公认的商业道德，扰乱正常的市场交易秩序，使其他经营者的合法权益受到损害的行为。在互联网企业的市场竞争中，应当遵守的商业道德包括对于竞争对手经营模式和合法经营权益的尊重等内容。在市场公平竞争的过程中，经营者可以千方百计地为网络用户提供各种服务，从而增加自身网络用户的数量。但经营者向网络用户所提供的服务亦应当遵守相应的规则，不应当以影响其他经营者正当合法的经营模式或损坏其他经营者的合法经营权益为代价获取自身利益。

二、乐视公司更改乐视浏览器的 UA 设置链接访问优酷网的 iPhone 端的行为对合一公司构成不正当竞争

根据本案查明的事实，优酷网提供的免费视频均有片头广告和暂停广告，但合一公司承认在 2016 年 3 月 23 日前后，因为 ios 系统的专门设置而使优酷网向 iPhone 端提供免费视频时不显示片头广告和暂停广告，但优酷网向其他系统终端推送的免费视频存在视频广告。根据本案在案证据及当事人陈述可以推知，优酷网视频提供服务区分不同终端系统提供有广告或没有广告的视频节目并非出于合一公司的主动经营行为，是第三方系统设置或合一公司自身技术等原因而被动发生的结果。针对这一结果，其他经营者不应为了自身经营利益，主观故意利用这种结果，损害合一公司本应获得的经营利益。

本案中，乐视公司认可将安卓系统下的乐视浏览器在访问优酷网时的 UA 设置更改为 iPhone 端标识，系故意为之，该行为客观上使市场中通过 iPhone 终端浏览器访问优酷网的用户量增加，而使本应从安卓系统终端播放视频中可获得的广告收益减少。因此，乐视公司有意针对优酷网更改乐视浏览器 UA 设置为 iPhone 端标识的行为，不当干扰了合一公司的正常经营活动，损害了合一公司本应获得的合法利益，对合一公司构成不正当竞争，依法应当承担停止侵权、赔偿损失等民事责任。

三、本案的启示和创新意义

本案系浏览器经营者有意对自己的浏览器采取技术措施以获得视频网站为特定系统终端提供的服务内容，被认定为不正当竞争纠纷的典型案件。本案与此前已有生效判决认定的浏览器屏蔽视频网站贴片广告的行为结果表现形式相同，但本案中，法院通过分析当事人抓包公证书、专家辅助人出庭、当庭勘验等多种方式，查明了被告采取的技术措施并不是直接改变视频网站广告播放模式，而是直接对自己浏览器 UA 设置进行修改，使用户通过乐视浏览器网站访问优酷网时，优酷网将安卓端浏览器误认为 iPhone 端浏览器，从而推送不带广告的视频内容。并且，乐视公司在诉讼中承认，更改 UA 设置的行为是在发现优酷网就不同终端推送不同内容后才有针对性作出的。

本案的启示在于，随着互联网经济的蓬勃发展和技术的不断更新，终端设备也日益呈现出多样化发展的趋势。实践中，许多视频网站或基于追求自身利益最大化的经营策略考量，或由于不同软硬件之间的技术兼容性问题，会根据所访问浏览器的 UA 信息作为不同系统终端的识别标识，主动或被动地推送不同的视频内容，该行为在不损害公共利益情况下应认定属于视频网站的经营自主权范畴，其正当商业经营利益应当受到法律保护。其他经营者如果违反诚实信用原则，故意破坏视频网站的正当经营活动，不正当地利用他人的经营模式或市场成果为自身谋取利益，从而损害了视频网站的合法权益，则可构成不正当竞争行为。

本案的创新意义在于：一方面，明确了互联网行业虽然鼓励自由竞争和创新，但竞争自由和创新必须以不侵犯他人合法权益为边界，面对互联网领域涌现的新形式的不正当竞争行为，《反不正当竞争法》第二条仍应充分发挥其明晰市场竞争规则的积极作用。根据《反不正当竞争法》第二条第一款的规定，经营者在市场交易中，应当遵循自愿、平等、公平、诚实信用的原则，遵守公认的商业道德。该法第二条第二款的规定，不正当竞争是指经营者违反本法规定，损害其他经营者的合法权益，扰乱社会经济秩序的行为。据此，违反《反不正当竞争法》第二条规定的不正当竞争行为，应当是指违反公平竞争、诚实信用原则和公认的商业道德，扰乱正常的市场交易秩序，使其他经营者的合法权益受到损害的行为。法院综合考虑本案情况，最终认定乐视公司更改乐视浏览器的 UA 设置链接访问优酷网的 iPhone 端的行为违反了《反不正当竞争法》第二条，对合一公司构成不正当竞争。另一方面，面对互联网领域新出现的不正当竞争行为，法院在确定赔偿数额时应当特别慎重，应综合考量行为人实施不正当竞争行为的主观过错程度、行为方式、情节及损害程度、损害后果等因素酌情确定。本案中，法院考虑到涉案不正当竞争行为系通过改变乐视公司自身产品设计获得用户体验更佳的优酷网服务，虽然能达到不播放视频广告的效果，但该效果的实现依赖于优酷网针对不同系统终端的不同设置或不同服务展现形式，对合一公司正常经营活动的干扰从持续时间、实际效果看均低于主动采取技术措施屏蔽、过滤视频广告的行为。合一公司调整优酷网向不同系统终端推送内容的服务，即能达到制止涉案行为发生效果的作用，因此对涉案不正当竞争行为酌情从低确定赔偿数额。

本案入选2017年度北京市法院知识产权“十大创新性”案例，相关案例分析入选2018年全国优秀案例分析二等奖。

■ 专家评析

该案是由乐视公司通过更改乐视浏览器UA设置而影响优酷网广告播放引发的不正当竞争案件，是由广告屏蔽引起的又一起不正当竞争案件。法院适用（原）《反不正当竞争法》第二条一般条款，认为乐视公司更改UA的行为故意干扰了合一公司正常的经营活动，损害其本应获得的合法利益，对合一公司构成了不正当竞争。

关于一般条款的解释和适用，法院形成了“私益优先”“多益平衡”两种分析范式，前者侧重分析竞争者正当利益是否受到损害、是否违反商业道德和诚实信用原则；后者侧重多元利益的平衡，将对竞争的影响考虑在内，两种分析方式各有利弊。该案是第一种分析方式的典型案例，明确以故意利用技术上的手段、侵犯其他经营者正当商业利益的行为的不正当性，具有很强的指导意义。

在认定罚款数量上，法院考虑到对合一公司正常经营活动的干扰从持续时间、实际效果看低于主动采取技术措施屏蔽、过滤视频广告的行为，认定罚款比例适当、较为慎重，为以后类似案件的处理提供了分析思路和经验借鉴。

（**评析专家**：张晨颖，清华大学　副教授）

◀ （2016）京0108民初18471号合一信息技术（北京）有限公司诉乐视网信息技术（北京）股份有限公司不正当竞争纠纷一审民事判决书

◀ （2017）京73民终1923号乐视网信息技术（北京）股份有限公司上诉合一信息技术（北京）有限公司不正当竞争纠纷二审民事判决书

游戏领域不正当竞争行为适用反不正当竞争法原则条款的情形

——腾讯科技公司、腾讯计算机公司诉光宇在线公司不正当竞争纠纷案

杜文婷（北京知识产权法院　法官助理）

裁判要旨

1. 涉游戏领域知识产权侵权行为发生时，当事人有权选择依据相关部门法或是《反不正当竞争法》提起诉讼。若当事人选择反不正当竞争法进行维权，法院适用《反不正当竞争法》并无不当，且不存在需优先适用相关部门法的问题。

2. 若游戏领域的侵权行为并不属于《反不正当竞争法》第二章所列举的不正当竞争行为，法院可结合当事人主张适用《反不正当竞争法》第二条原则条款对侵权行为进行认定。

【案号及审判人员】

一审：北京市海淀区人民法院（2016）京0108民初15454号　审判长曹丽萍、人民陪审员梁铭全、人民陪审员袁卫

二审：北京知识产权法院（2018）京73民终371号　审判长王金山、审判员张晓津、审判员周丽婷

【相关条款】

1993 年《中华人民共和国反不正当竞争法》第二条、第九条

【裁判情况】

腾讯科技（深圳）有限公司（简称“腾讯科技公司”）和深圳市腾讯计算机系统有限公司（简称“腾讯计算机公司”）主张北京光宇在线科技有限公司（简称“光宇在线公司”）运营《最萌英雄》游戏并向用户提供该游戏下载等服务，构成不正当竞争，故其提起诉讼，请求判令光宇在线公司赔礼道歉、消除影响，并赔偿经济损失及合理费用共计 300 万元。

一审法院认为，《最萌英雄》游戏的启动界面与《英雄联盟》游戏的启动界面构成近似，《最萌英雄》游戏中的 21 个角色形象与《英雄联盟》游戏中对应角色形象构成近似，其中瑞雯等六个角色名称与《英雄联盟》中锐雯等角色名称近似。光宇在线公司宣传推广《最萌英雄》游戏时多次使用诸如“Q 版 LOL 英雄皆在此”等的表述，使人误认为《最萌英雄》游戏为《英雄联盟》游戏的 Q 版手游，构成虚假宣传。一审法院最终判决光宇在线公司刊登侵权声明并赔偿腾讯科技公司和腾讯计算机公司经济损失 100 万元及合理费用 29760 元。光宇在线公司不服，提起上诉。

北京知识产权法院二审审理认为，一审判决并无不当，首先阐述了本案应适用反不正当竞争法进行审理，并不存在需优先适用著作权法的问题；其次，认定光宇在线公司开发运营的《最萌英雄》的游戏启动界面标识、角色形象、角色名称系对《英雄联盟》游戏的模仿，违反 1993 年《反不正当竞争法》第二条规定，构成不正当竞争；最后认定光宇在线公司在其经营的光宇游戏网站在宣传推广《最萌英雄》游戏时多次使用诸如“Q 版 LOL 英雄皆在此”等的表述，违反 1993 年《反不正当竞争法》第九条规定，构成虚假宣传的不正当竞争行为。在此基础上，二审法院判决维持原判。

■ 法官说法

本案主要涉及游戏领域不正当竞争行为的认定问题。涉游戏类侵犯知识产权民事案件一般分为侵犯著作权纠纷案件、侵犯商标权纠纷案件、不正当竞争纠纷案件。因游戏由游戏名称、商标标识、场景地图、故事情节、人物形象、文字介绍、对话旁白、背景音乐等多种元素构成，因此，一些当事人会选择通过著作权法或者商标法来维护自己的合法权益。

在以往生效的案件中，比如腾讯科技公司、腾讯计算机公司诉光宇在线公司侵犯商标权纠纷案中，腾讯科技公司、腾讯计算机公司主张光宇在线公司对“炫舞吧”的使用行为侵犯其就“QQ 炫舞”商标所享有的商标专用权，法院适用商标法，认定光宇在线公司存在涉案侵犯商标权的行为。

但本案适用反不正当竞争法并未适用著作权法或商标法是基于当事人的选择和具体案情等因素。具体而言，腾讯科技公司和腾讯计算机公司一审中系以不正当竞争纠纷为案由提起诉讼，并非以侵害著作权纠纷作为案由。在一审审理过程中腾讯科技公司和腾讯计算机公司明确主张光宇在线公司实施了不正当竞争行为，且腾讯科技公司和腾讯计算机公司一审中并未主张《英雄联盟》游戏的启动界面和角色形象构成作品。在知识产权侵权行为发生时，当事人有权选择依据相关部门法或是反不正当竞争法提起诉讼。虽然涉案《英雄联盟》游戏启动界面与角色形象可能构成著作权法所规定的美术作品，但在腾讯科技公司和腾讯计算机公司选择依据反不正当竞争法提起不正当竞争纠纷诉讼的情况下，本案应适用反不正当竞争法进行审理，并不存在需优先适用著作权法的问题。而且，判断是否构成不正当竞争，亦应根据反不正当竞争法的相关规定进行判定，与当事人主张的相关内容是否应受到著作权法的保护无关。

腾讯科技公司和腾讯计算机公司指控光宇在线公司在运营《最萌英雄》游戏中实施的模仿游戏启动界面标识与角色形象的相关行为不属于 1993 年《反不正当竞争法》第二章所列举的不正当竞争行为，而关于 1993 年《反不正当竞争法》第二条原则条款的适用条件问题，最高人民法院的生效判决中已对此作出过认定。最高人民法院在（2009）民申字第1065号山东省食品进出口公司、山东山孚集团有限公司、山东山孚日水有限公司与马达庆、青岛圣克达诚贸易有限公司不正当竞争纠纷民事判决书认定：“虽然人民法院可以适用反不正当竞争法的一般条款来维护市场公平竞争，但同时应当注意严格把握适用条件，以避免不适当干预而阻碍市场自由竞争。凡是法律已经通过特别规定作出穷尽性保护的行为方式，不宜再适用《反不正当竞争法》的一般规定予以管制。总体而言，适用《反不正当竞争法》第二条第一款和第二款认定构成不正当竞争应当同时具备以下条件：一是法律对该种竞争行为未作出特别规定；二是其他经营者的合法权益确因该竞争行为而受到了实际损害；三是该种竞争行为因确属违反诚实信用原则和公认的商业道德而具有不正当性或者说可责性，这也是问题的关键和判断的重点。”

具体到本案，因腾讯科技公司和腾讯计算机公司指控光宇在线公司在运营《最萌英雄》游戏中实施的模仿游戏启动界面标识与角色形象的相关行为不属于1993年《反不正当竞争法》第二章所列举的不正当竞争行为，且腾讯科技公司和腾讯计算机公司也并未依据该列举式规定主张权利，而是依据该法第二条的原则性规定主张权利，因此本案应当适用《反不正当竞争法》第二条。

关于游戏启动界面标识与角色形象内容是否构成不正当竞争行为的认定，二审判决从游戏启动界面标识与角色形象的近似程度、经营者是否具有模仿的故意等方面进行论述。《英雄联盟》游戏的启动界面标识主要由“英雄联盟”文字、“LEAGUE OF LEGENDS”英文、镶宝石的剑盾及一对展翼构成；《最萌英雄》游戏的启动界面标识主要由卡通化的“最萌英雄”文字、配剑及一对展翼构成，整体风格较为卡通。虽然《英雄联盟》游戏的启动界面标识与《最萌英雄》游戏的启动界面标识存在一些差别，但是两者的整体外观、文字组成、配剑、展翼等元素十分相近，故《英雄联盟》游戏的启动界面标识与《最萌英雄》游戏的启动界面标识属于近似的标识。对于腾讯科技公司和腾讯计算机公司一审中主张的21个角色形象，从整体风格来说，《最萌英雄》游戏的角色形象与《英雄联盟》游戏的角色形象相比更萌、更为卡通。虽然《最萌英雄》游戏的部分角色与《英雄联盟》游戏的部分角色在动作、表情、服装等方面存在一定差异，但是在眼睛、发型、头饰、装备等主要特征设计上十分相近，故《最萌英雄》游戏中的21个角色形象与《英雄联盟》游戏中对应角色形象属于近似的角色形象。《最萌英雄》游戏中的瑞雯等6个角色名称与《英雄联盟》游戏中的锐雯等的角色名称亦十分相近，鉴于两款游戏的部分角色形象构成近似，光宇在线公司在宣传推广《最萌英雄》游戏时强调该游戏为《英雄联盟》的“Q版”游戏、“英雄联盟的角色Q版化”，且光宇在线公司未提交证据证明《最萌游戏》启动界面标识、相关角色形象和角色名称等系其自行设计，因此二审认定《最萌英雄》游戏具有模仿《英雄联盟》游戏的故意。

二审法院结合两款游戏的上线运行时间、游戏启动界面和游戏角色形象、名称的近似程度，最终认定光宇在线公司开发运营的《最萌英雄》系对《英雄联盟》游戏的模仿，违反了经营者应遵守的诚实信用原则和公认的商业道德，具有不正当性，违反了1993年《反不正当竞争法》第二条的规定，构成不正当竞争。

随着游戏产业的繁荣，涉游戏类的知识产权案件日益增多，游戏权利人有权选择依据著作权法商标法等相关部门法或者反不正当竞争法提起诉讼。若游戏权利人选择依据反不正当竞争法，其应明确涉案侵权行为是否属于《反不正当竞争法》第二章所列举的不正当竞争行为。只有涉案侵权行为不属于《反不正当竞争法》第二章所列举不正当竞争行为的情况下，权利人才可以主张适用《反不正当竞争法》第二条原则条款来维护其合法权益。

■ 专家评析

近些年来随着科技文化的深度融合和发展，新领域新业态中产生的大量新型无形财产利益在现行知识产权单行法上尚难以准确定位或者维权复杂困难，权利人在遭遇侵权时往往转向《反不正当竞争法》寻求救济，从而引发学界担心的第二条“扩大适用”可能带来的不确定性及单行法架空问题，《最萌英雄》游戏侵权案的判决在一定程度上作出了解答。

游戏是专门开发来让玩家操作以获得娱乐和情感体验的特殊产品，游戏中除了程序本身是作品外，还包含了角色形象、音乐、文字、情节和场景设计等一系列创造性成果，以及游戏名称、商标等多种指向性元素；因此在遭遇侵权时，一些当事人会通过著作权法或商标法来维护自己的合法权益。但是，游戏产品的运营者同时也是游戏领域的同业经营者，《最萌英雄》案的原被告有竞争关系是无疑的；经营者依据反不正当竞争法而非知识产权单行法主张救济，法院回应此诉求和适用反不正当竞争法解决争议并无不当。

此案中被告构成虚假宣传之判定并无疑义。关于法院适用《反不正当竞争法》第二条的原因和结果，也可以从维护实质正义的角度加以理解。被告对原告游戏启动界面标识和角色形象、名称的模仿行为，使得两个游戏产品在整体观感和玩家体验方面十分相似，这与反不正当竞争法禁止的产品外观混淆行为并无区别。

（**评析专家**：管育鹰，中国社会科学院　教授）

◀
（2016）京 0108 民初 15454 号原告腾讯科技（深圳）有限公司、深圳市腾讯计算机系统有限公司因与被告北京光宇在线科技有限责任公司因不正当竞争纠纷一审民事判决书

◀
（2018）京 73 民终 371 号上诉人北京光宇在线科技有限责任公司因与被上诉人腾讯科技（深圳）有限公司、深圳市腾讯计算机系统有限公司不正当竞争纠纷二审民事判决书

涉虚假宣传不正当竞争纠纷中原告适格性的认定

——穆德远、陈燕民诉创磁公司、恒业公司等虚假宣传不正当竞争纠纷案

刘义军（北京知识产权法院　法官）

裁判要旨　在市场资源相对稀缺的前提下，竞争行为除直接使同业竞争者受到损害外，还会使其他参与市场竞争的经营者受到损害。现代反不正当竞争法的发展趋势之一是竞争关系认定的日益广义化，原告应与案件具有直接利害关系是司法认定原告适格的根本标准。

【案号及审判人员】

一审：北京市海淀区人民法院（2015）海民（知）初字第20815号　审判长李囡、人民陪审员闫洪、人民陪审员郭焕

二审：北京知识产权法院（2016）京73民终156号　审判长刘义军、审判员李燕蓉、审判员兰国红

【相关条款】

1993年施行的《中华人民共和国反不正当竞争法》第一条、第二条、第九条第一款、第二十条，《中华人民共和国民法通则》第一百三十条，《最高人民法院关于审理不正当竞争民事案件应用法律若干问题的解释》第八条、第九条。

【裁判情况】

深圳影业公司为电影《黑楼孤魂》(简称“《黑》片”)的出品人及著作权人。穆德远、陈燕民为《黑》片的编剧、穆德远为《黑》片的导演。北京创磁空间影视文化传媒有限公司(简称“创磁公司”)为《枉死楼之诡八楼》(简称“《枉》片”)出品人,福建恒业影业有限公司(简称“恒业公司”)为《枉》片发行人。穆德远、陈燕民主张搜狐网中的上述有关《枉》片是翻拍《黑》片的宣传内容构成《反不正当竞争法》中规定的引人误解的虚假宣传。创磁公司、恒业公司及北京搜狐互联网信息股份有限公司(简称“搜狐公司”)均确认搜狐网中的有关《枉》片的宣传内容为创磁公司、恒业公司向搜狐公司提供,搜狐公司系免费提供宣传。

一审法院经审理认为,创磁公司作为《枉》片的著作权人,未经《黑》片剧本著作权人穆德远、陈燕民或《黑》片著作权人深圳影业公司的许可而翻拍其作品,创磁公司与恒业公司亦未据证指出《枉》片与《黑》片在作品内容上存在何种承继关系或关联关系,却在《枉》片的图文宣传及预告片中宣称《枉》片系“翻拍 1989 年禁映恐怖电影《黑楼孤魂》”“破禁公映”“将因为放映之时吓死观众的 1989 年被禁映恐怖片《黑楼孤魂》重新搬上大银幕”等内容,可见此一宣传已经在相关公众中产生误导及负面影响,认为《枉》片与《黑》片存在“翻拍”的关联关系。创磁公司与恒业公司存在主观过错,其行为已构成引人误解的虚假宣传,故判令其停止侵权、消除影响并承担相应赔偿责任。创磁公司、恒业公司不服,提起上诉。

北京知识产权法院在二审中针对未获授权的翻拍影视剧在宣传中声称“翻拍”他人影视作品的行为是否构成不正当竞争、被“翻拍”影视作品剧本的著作权人是否有权基于反不正当竞争法主张权利等问题,从著作权视角和反不正当竞争视角对该行为进行了详细的论证分析,并判决驳回上诉,维持原判。

■ 法官说法

本案曾被 2016 年国际保护知识产权协会(AIPPI)中国分会评为 2015—2016 年度十大热点版权案例之一。本案首次论证了未获授权的翻拍影视剧在宣传中声称“翻拍”他人影视作品的行为是否构成不正当竞争，并首次论证了被“翻拍”影视作品剧本的著作权人有权基于反不正当竞争法主张权利。笔者在本文中不对本案涉及的法律问题进行逐一评析，而仅对本案中折射出的虚假宣传不正当竞争纠纷中原告是否适格的司法认定问题进行分析。

一、现代反不正当竞争法的发展趋势——竞争关系认定的日益广义化

《反不正当竞争法》第二条第二款规定，不正当竞争是指经营者“损害其他经营者的合法权益”的行为，即是经营者之间的行为。按照通常理解，不正当竞争行为必须限于竞争者之间实施的行为，以行为人和受害人之间为同业竞争者（相同或类似商品服务的经营者）为前提。但是，现代市场经济的发展导致市场竞争态势复杂化，出现了非同行业的市场参与人严重违反诚实信用原则、违背善良风俗，损害他人竞争能力、严重影响正常的市场竞争秩序的行为和现象。由于是在市场竞争中发生的，对市场格局和竞争关系产生重大影响，也对正当守法的经营者造成了严重损害，适当拓展反不正当竞争法的适用范围，有助于更好地维护公平竞争的市场环境，符合社会现实和社会需要。

本案中，穆德远、陈燕民既是《黑》片剧本的著作权人，又是《黑》片的编剧，系向市场提供智力成果并获取经济报酬的市场主体，构成反不正当竞争法中规定的经营者。创磁公司与恒业公司作为《枉》片的出品人和发行人，搜狐公司作为对《枉》片实施宣传行为的网络媒体，虽然均与穆德远、陈燕民并不存在直接的同业竞争关系，但综合考量本案情况可以认定，穆德远、陈燕民作为《黑》片剧本的著作权人和《黑》片的编剧，在影视文化、娱乐媒体等经营领域与创磁公司、恒业公司及搜狐公司存在反不正当竞争法上规定的广义的竞争关系。具体理由包括如下两方面：

一方面，《黑》片系《黑》片剧本的演绎作品，《黑》片的制片者及他人在行使对该演绎作品的著作权时，均不得侵害原作（即《黑》片剧本）著作权人的权利。穆德远、陈燕民作为《黑》片剧本的著作权人，在影视文化、娱乐媒体等经营领域内享有潜在的交易机会及获取经济报酬的可能性，从而与创磁公司、恒业公司及搜狐公司在上述领域存在竞争关系。

另一方面，穆德远、陈燕民作为《黑》片的编剧，对《黑》片享有署名权。剧本作为一种特殊的文字作品，其创作的目的就是用于影视作品的拍摄，并且通过影视作品的播出体现剧本作者的创作内容，因此体现剧本作者的人格权利最为重要的方式就是在影视作品中进行编剧署名。如本案中关于虚假宣传的指控成立，则会使相关公众将其对《枉》片的负面评价延伸至《黑》片，这将不仅直接损害《黑》片著作权人的合法权益，亦会间接损害穆德远、陈燕民基于其创作行为而以编剧身份在《黑》片字幕中署名的人格权利，这将可能导致其在影视文化、娱乐媒体等经营领域的竞争优势减弱或丧失。因此，穆德远、陈燕民作为《黑》片的编剧，亦与创磁公司、恒业公司及搜狐公司在上述领域存在着广义的竞争关系。

二、原告应与案件具有直接利害关系——司法认定原告是否适格的根本标准

实践中，当事人与案件是否具有利害关系，往往要经过实质审理，通过当事人在法庭上进行主张和抗辩才能做出裁判。在案件进入实体审理之前对原告的主体资格进行实质审查，无疑不利于民事主体合法权益的维护。因此，《民事诉讼法》第一百一十九条规定的“直接利害关系”不能对原告的起诉资格要求过高。有学者认为，具有“直接利害关系”应解释为“原告在起诉时需具备诉权享有要件的要求”，即原告在起诉时需证明自己因诉讼可能获得的“利益”。这种“利益”只是原告观念上认为的利益，至于这种利益是否确实满足实体法上“实体利益”的要求，法院无须在起诉阶段审查确定。❶ 笔者对此表示赞同。具体到虚假宣传不正当竞争纠纷案件的审理中，我们认为，法院应当区分两种不同情形：（1）对于发生于同业竞争者之间的纠纷，由于原告与被告提供的商品或服务具有替代关系，两者之间争夺商业机会的特征较为明显，故可以直接推定原告的起诉已经符合《民事诉讼法》第一百一十九条的规定；（2）对于发生于非同业竞争者之间的纠纷，如果认定被告实施的行为属于不正当手段进行竞争，从而获取竞争优势或破坏他人竞争优势的行为，并认定原告与被告之间存在广义的竞争关系，法院仍需进一步审查原告的起诉是否符合《民事诉讼法》第一百一十九条的规定。

这里需要进一步探讨的问题是，民事诉讼中的原告适格究竟是诉讼成立要件还是权利保护要求，对此理论上历来有争议，这里不再赘述。❷ 概而言之，

---

❶ 肖建华，王勇．论我国民事诉讼立案登记的积极要件——兼评《民事诉讼法》第119条［J］．浙江工商大学学报，2017（2）．

❷ 毕玉谦，谭秋桂，杨路．民事诉讼研究及立法论证［M］．北京：人民法院出版社，2006：164-174．

如果将原告适格问题作为诉讼成立要件，在原告不适格的情况下，法院应当以诉讼不成立为由裁定驳回起诉。如果将原告适格问题作为权利保护要件，在原告不适格的情况下，法院应当以原告的主张缺乏依据为由判决驳回其诉讼请求。对此我们认为，近几年来，我国在民事诉讼领域已大力推行案件受理制度改革，并已基本确立了立案登记制度，该制度的确立宗旨是为充分保障当事人诉权，切实解决人民群众反映的“立案难”问题。根据该制度，对符合法定立案要件的起诉，人民法院应当依法受理。但是，一项法律规则常不只要实现一个目的，毋宁常以不同的程度追求多数目的。[1]《民事诉讼法》第一百一十九条关于原告应与案件具有“直接利害关系”的规定也表明，立案制度的功能并不仅局限于保护当事人的诉权，亦隐含着对当事人滥用诉权的规制。应当说，立案登记制并非绝对的形式登记，强化法院对立案要件的审查管理，摒弃法律范围之外的利益诉求才是该制度的理论精髓。因此，针对虚假宣传不正当竞争纠纷案件，在立案登记制的背景下，再考量到司法实践中对竞争关系认定日益广义化的趋势，我们认为，原告适格问题更适宜被认定为权利保护要件，使虚假宣传不正当竞争纠纷案件能够更容易进入实体审理程序。此种情况下，如法院经审理发现经营者之间没有因具体法律行为和法律关系的存在而建立特定化的联系，特定的经营者未因其他经营者的竞争行为而遭受合法权益的损害，则难以认定上述经营者之间具有直接的利害关系。在缺乏直接利害关系、不符合《民事诉讼法》第一百一十九条规定的情况下，经营者并不必然具有作为原告对其他经营者提起民事诉讼的主体资格。此种情况下，法院应当判决驳回原告的诉讼请求。这更有利于维护市场竞争秩序，更有利于维护正当经营者的合法权益。

■ 专家评析

在作品的利用和传播链条中，除了著作权法明确规定的权利内容之外，实践中可能出现各种各样并不直接受控于法定权利的行为，亦可能影响到作品的价值和作者的合法利益。因此，就出现了在著作权法保护之外，适用反不正当竞争法规则的必要性。在该案中，针对作品利用产生的争议是对于电影作品未

---

[1] 卡尔·拉伦茨. 法学方法论［M］. 陈爱娥，译. 北京：商务印书馆，2003：209.

经授权宣传“翻拍”的行为是否构成不正当竞争行为。法院判决认为，在反不正当竞争纠纷中判断原告是否适格，不应将竞争关系限定为同业竞争者之间的关系，否则将可能使其他受到侵害的市场参与者的合法权益得不到相应保护，从而有悖于反不正当竞争法的立法目标。这一原告适格认定标准符合司法实践中对于涉及作品相关争议的原有实践，法院在这一具有典型意义的案例中再次重申并明确其适用要件，是基于对于反不正当竞争法立法目标的准确理解。

在著作权法之外可以适用反不正当竞争法的规则，这一制度构造本意在于使得法律规则能够具有足够的灵活性和包容性，能够在法定权利构造之外，满足变动不居的实践带来的挑战，使得法院能够在新类型的案件中确定知识产权受到保护的合理边界。对于原告资格如果过于局限于“同业竞争者”，则很可能实质性限制反不正当竞争法这一重要的制度功能，也使得正当的原告利益和市场秩序无法得到在个案中获得实质性保障。该案判决对于原告适格认定标准的阐明和确认，有助于推动反不正当竞争法在实践中继续发挥积极作用，也有助于公平正义的法治目标得到彰显。

（**评析专家：**刘晓春，中国社会科学院大学互联网法治研究中心　执行主任）

◀
（2015）海民（知）初字第20815号穆德远、陈燕民与北京搜狐互联网信息服务有限公司、福建恒业电影发行有限公司、北京创磁空间影视文化传媒有限公司不正当竞争纠纷一审民事判决书

◀
（2016）京73民终156号北京创磁空间影视文化传媒有限公司等上诉穆德远等不正当竞争纠纷二审民事判决书

网络环境下擅自使用知名服务特有名称的混淆认定

——尚客圈公司诉为你读诗公司、首善文化公司擅自使用知名服务特有名称纠纷案

陈勇（北京知识产权法院　法官）

裁判要旨

1. 知名服务名称的特有性，是指该服务名称能够起到区别服务来源的作用，而不是指该服务名称必须具有新颖性或独创性。并且，虽然服务的通用名称通常不能认定为知名服务特有的名称，但是经过使用取得显著特征的，可以认定为特有的名称。

2. 经营者擅自使用的名称与他人的知名服务相混淆或误认，是指发生混淆或者误认的可能性，而不需要实际发生混淆或误认，且不以实际发生损害后果为前提。

【案号及审判人员】

一审：北京市朝阳区人民法院（2015）朝民初字第46540号　审判长林子英、审判员崔树磊、审判员裘晖

二审：北京知识产权法院（2016）京73民终75号　审判长杜长辉、审判员陈勇、审判员张晓丽

【相关条款】

1993年《中华人民共和国反不正当竞争法》第五条第（二）项

【裁判情况】

尚客圈（北京）文化传播有限公司（简称“尚客圈公司”）自2013年6月1日发起“为你读诗”公益诗歌艺术活动并成立微信公众号“为你读诗”，该微信公众号每日推送一期读诗音频节目，截至2014年9月16日共473期。诗歌朗读者有各行业精英与名人，因文化与名人效应，该公众号自开通后广受媒体报道，至2014年8月订阅量已达到60万。

2014年9月16日，首善（北京）音乐创意有限公司［后于2015年6月23日更名为“为你读诗（北京）科技有限公司”，简称“为你读诗公司”］在苹果应用商店推出“为你读诗”应用程序（App）。2015年1月1日，首善文化产业有限公司（简称“首善文化公司”）创建名为“为你读诗客户端”的微信公众号。“为你读诗”应用程序的功能包括诗歌朗诵录制、配音、上传分享及收听他人的诗歌朗诵作品。“为你读诗客户端”的微信公众号主要用于发布相关信息。

尚客圈公司认为自己享有“为你读诗”这一知名服务特有名称的权利，而为你读诗公司在苹果应用商店、安卓市场中发布的为你读诗App以及使用“为你读诗”作为字号，以及首善文化公司在微信公众号中使用“为你读诗”，构成侵权，应当停止侵权并赔偿经济损失500万元。

一审法院认为，为你读诗公司和首善文化公司的行为构成侵权，故判决：(1) 为你读诗公司立即停止在其涉案手机软件名称上使用“为你读诗”字样；(2) 为你读诗公司立即停止在其企业名称中使用“为你读诗”字样；(3) 首善文化公司立即停止在其涉案微信公众名称中使用“为你读诗”字样；(4) 为你读诗公司、首善文化公司连带赔偿尚客圈公司损失20万元整；(5) 驳回尚客圈公司其他诉讼请求。

为你读诗公司、首善文化公司不服一审判决，向北京知识产权法院提起上诉。北京知识产权法院经审理认为：(1) 各方当事人提供的服务都是以移动客户端如手机为载体，服务对象都是移动平台用户，服务内容都是与诗歌有关的主题，故为你读诗公司和首善文化公司与尚客圈公司提供的是类似的服务，构成竞争关系，应受反不正当竞争法的调整。(2) 现有证据不足以证明为你读诗公司和首善文化公司在尚客圈公司使用“为你读诗”作为微信公众号之前已对“为你读诗”名称进行了市场化的商业性使用，并且，在案证据足以证明尚客圈公司提供的“为你读诗”微信公众号服务在我国境内已具有一定的市场知名度，属于相关公众所知悉的服务。另外，虽然“为你读诗”在一定程度上描述了朗诵诗歌供订阅者收听的服务内容，但是尚客圈公司在先将“为你读诗”用于商业活动，经过一定时间的大量、广泛使用，该名称具有了一定的知名度，成为能够实现区分服务来源功能的标识，故不宜认定“为你读诗”属于朗诵诗歌供订阅者收听这一服务上的通用名称。(3) 为你读诗 App 和“为你读诗”微信公众号的名称完全相同，二者均是以移动端如手机为载体，且“为你读诗”微信公众号提供的核心服务——朗诵诗歌供订阅者收听——可完全被为你读诗 App 提供的服务所涵盖，上述情形使得相关公众在接受为你读诗 App、“为你读诗官方客户端”微信公众号的服务时，容易认为该服务系由尚客圈公司提供，从而产生混淆或误认。因此，为你读诗公司和首善文化公司的行为构成侵权，应当停止侵权并赔偿损失。

最终判决驳回为你读诗公司和首善文化公司的上诉，维持原判。

■ 法官说法

由于移动互联网络具有受众范围广、传播速度快等特点，故其产业经营特点、竞争方式有别于传统产业，也使得本案审理受到较为广泛的关注。本案明确了知名服务及其名称特有性的认定原则，指出“（通用名称）经过使用取得显著特征的，可以认定为特有的名称”；进一步明确了混淆可能性的判断标准，即“不需要实际发生混淆或误认，且不以实际发生损害后果为前提”。

本案是因擅自使用他人知名微信公众号名称而引发的不正当竞争纠纷，主要涉及竞争关系、名称知名度及其特有性、行为不正当性的认定。

首先，竞争关系不等同于商品、服务内容的完全相同或重合。一般认为，竞争关系是指经营者因为其他行为人的行为而受到竞争上的损害所形成的关系。竞争关系存在与否，不仅取决于所提供的商品或服务是否相同，而且只要商品或服务存在可替代性，或者招揽的是相同的顾客群，抑或促进了他人的竞争，都应认定存在竞争关系。本案中，为你读诗公司、首善文化公司的业务内容与尚客圈公司实际并不完全相同，为你读诗公司、首善文化公司的服务及经营模式有一定的创新性，但鉴于诗歌这种相对小众的文学体裁，双方的服务对象、服务载体、提供服务的平台等具有高度的一致性，二者对用户的争夺不可避免，竞争的存在亦是客观的。

其次，名称知名度及其特有性的认定要充分考虑商品或者服务自身的特点。根据《最高人民法院关于审理不正当竞争民事案件应用法律若干问题的解释》的规定，商品或服务的通用名称、图形、型号，仅仅直接表示商品的质量、主要原料、功能、用途、重量、数量及其他特点的商品名称，一般不具有区分商品来源的显著性，不能作为特有的名称，经过使用取得显著特征的，可以认定为特有的名称。对于具有固有显著性的商业标识而言，使用在先通常是认定特有性的基本外在因素，而对于因使用而获得显著性的商标标识而言，则要根据其使用情况、知名度以及消费者将其与特定商品或服务相联系的情况等确定其是否具有特有性。本案中，现有证据不足以证明为你读诗公司和首善文化公司在尚客圈公司使用“为你读诗”作为微信公众号之前已对“为你读诗”名称进行了市场化的商业性使用，而尚客圈公司提供的“为你读诗”微信公众号服务，推出后即受到各大媒体的多次宣传报道，在短时间内获得了大量的关注，属于相关公众所知悉的服务。并且，尚客圈公司采用聘请社会各界名人朗读诗作的经营模式，产生了一种持续吸引眼球的效应，获得的关注越来越多，引发“诗歌热”。另外，虽然“为你读诗”在一定程度上描述了朗诵诗歌供订阅者收听的服务内容，但是尚客圈公司在先将“为你读诗”用于商业活动，经过一定时间的大量、广泛使用，该名称具有了较高的知名度，成为能够实现区分服务来源功能的标识，应当认定其已具有特有性。

再次，从被告的行为综合客观评判其“不正当性”。正当的市场竞争，必须是竞争者通过付出劳动而进行的诚实竞争。最为典型的不公平市场行为的共同特征，就是在竞争者获胜不是依靠因其商品或服务的质量和价格所产生的市场成果，而是不正当利用他人劳动或者通过虚假或引人误解的宣传影响消费者的需求。仿冒行为就是不正当利用或侵占他人商业标识或商业信誉的行为，事实上，即使市场主体主观上可能并没有“搭便车”的意图，但只要其行为客观上会产生“搭便车”的后果，就应当予以规制。本案中，在尚客圈公司的微信公众号已经具有较高知名度的情况下，为你读诗公司、首善文化公司先后实施推出同名应用程序、推出名称基本相同的微信公众号、变更企业名称等行为，主观上攀附故意明显，其行为不具有正当性。

总之，对于互联网环境下的竞争纠纷，要结合网络本身所具有的传播快、范围广的特点，充分考量互联网软件产品或服务的模式创新以及市场主体的劳动付出，通过司法裁判，促进和规范市场竞争秩序。

■ 专家评析

该案是《反不正当竞争法》适用于互联网环境下的竞争行为的典型案例。在 1993 年《反不正当竞争法》第五条的适用上，法院从涉案网络服务行为的类似性与涉案商业标志的识别性和知名度两个方面分析了相关公众是否会产生混淆误认，从而认定被告的行为是否构成不正当竞争。首先，法院将案件事实涉及的商业模式（即通过手机 App、微信公众号等网络技术手段向网络用户提供诗歌朗读音频）定性为反假冒条款意义上的“服务”，进而通过分析原告的服务与被告的服务（除提供诗歌音频外，还允许用户录制和上传诗歌朗读音频和配音）在内容、受众、提供渠道、替代性等方面的关系认定原告和被告的服务构成类似服务。其次，法院通过审查原告所提供服务的受众数量、推广渠道、活动组织、商标标志使用方式等方面的证据认定了原告所使用的商业标志“为你读诗”在被告启用相同商业标志的时间点上已经具有识别功能并具有较高知名度，因而构成知名服务特有的名称。法院并准确认定了被告对涉案标志的使用和推广晚于原告的事实，这就从时间维度确认了原告权益的在先性和被告行为的违法性。法院对涉案商业行为定性准确，对法律的解释和适用正确，也起到教育和引导市场主体从事公平竞争和诚信竞争的作用。

（**评析专家**：冯术杰，清华大学　副教授）

◀ （2015）朝民初字第 46540 号尚客圈（北京）文化传播有限公司与首善（北京）文化产业有限公司、为你读诗（北京）科技有限公司擅自使用知名商品特有名称、包装、装潢纠纷一审民事判决书

◀ （2016）京 73 民终 75 号上诉人为你读诗（北京）科技有限公司、首善（北京）文化产业有限公司与被上诉人尚客圈（北京）文化传播有限公司不正当竞争纠纷二审民事判决书

网络游戏中未经许可使用他人知名作品元素构成不正当竞争的认定

——畅游公司诉普游公司、微游公司不正当竞争纠纷案

周丽婷（北京知识产权法院　法官）

裁判要旨

1. 对知识产权授权合同中授权范围的理解，应当在合同文本的基础上，结合被授权使用领域的行业特点、合同当事人前后连贯的意思表示综合判断。

2. 知名文学作品中的角色名称及其他作品元素因在相关领域中对消费者的吸引力而可能产生巨大的商业利益，这种因吸引力而形成的商业利益由作品的创作者通过辛勤劳动获得，理应受到保护。未经许可使用这些作品元素并利用这种商业利益的行为属于违反商业道德的不正当竞争行为。

3. 民事责任的承担方式应当与被控侵权行为的后果相适应，在为权利人提供充分救济的同时，亦应注意避免对侵权人的利益造成不必要的损害。

【案号及审判人员】

一审：北京市海淀区人民法院（2014）海民（知）初字第27636号　审判长李囡、人民陪审员刘卫星、人民陪审员刘虎

二审：北京知识产权法院（2015）京知民终字第2256号　审判长周丽婷、审判员杨钊、审判员宋堃

【相关条款】

2010年《中华人民共和国著作权法》（简称《著作权法》）第十条第一款第（十四）项，1993年《中华人民共和国反不正当竞争法》第二条、第九条第一款，2009年《中华人民共和国民法通则》第一百三十四条

【裁判情况】

北京畅游时代数码技术有限公司（简称“畅游公司”）于2013年经香港著名作家金庸授权，获得了金庸11部作品在中国大陆地区改编为游戏软件的独家移动端游戏软件改编权。2014年北京普游天下科技有限公司（简称“普游公司”）和北京微游互动网络科技有限公司（简称“微游公司”）未经许可，在开发、运营的手机网络游戏《大武侠物语》中使用了金庸作品中的人物名称、武功或装备及部分情节，并且在游戏宣传上自称“《大武侠物语》是一款以群侠传为主题的RPG（角色扮演游戏）+策略武侠游戏，云集了‘飞雪连天射白鹿，笑书神侠倚碧鸳’中的枭雄豪杰”，该游戏系明显利用金庸作品内容进行改编的移动端游戏。畅游公司认为普游公司和微游公司的上述行为违反了公平、诚实信用的原则，不正当地降低了制作成本、借助金庸作品的知名度不正当地诱使用户使用，非法搭便车以获取不正当利益。

一审法院认为，普游公司借助金庸及其作品的知名度吸引用户使用涉案游戏，从事了虚假宣传的不正当竞争行为。普游公司未经授权、未付成本即利用金庸作品元素改编了涉案游戏，非法行使了本应属于畅游公司的权利，获取了不应有的竞争优势，违反了市场经营者应秉持的诚实信用原则。普游公司与微游公司共同运营涉案游戏，二公司就此共同获取了不正当的经济利益，均构成不正当竞争。一审判决二被告：立即停止涉案不正当竞争行为，并停止运营涉案游戏；于涉案游戏官方网站首页持续72小时发布声明以消除影响；共同向畅游公司赔偿经济损失及诉讼合理支出共计100万元。

普游公司和微游公司均不服一审判决，向北京知识产权法院提出上诉。二审判决从畅游公司是否有权针对涉案行为提出不正当竞争之诉、普游公司与微

游公司的涉案行为是否构成对畅游公司的不正当竞争、普游公司与微游公司应当承担何种民事责任三个方面回应了双方当事人的上诉请求，充分论证了未经许可使用他人知名文学作品的角色名称及其他作品元素属于违反商业道德的不正当竞争行为，特别是指出了停止侵害范围的确定应当与被控侵权行为的后果相适应。在此基础上，二审判决撤销一审判决第一项、第四项，维持第二项、第三项，将一审判决第一项改为“自本判决生效之日起，普游公司停止在网络游戏《大武侠物语——独孤求败》中使用与涉案金庸作品有关的元素”。

■ 法官说法

本案涉及网络游戏产业中，未经许可使用他人知名文学作品的角色名称及其他作品元素构成不正当竞争行为的具体认定。随着“IP 改编热”，以知名文学作品为创作基础的网络游戏大量涌现，相关侵权纠纷亦随之产生。不同于直接使用作品，理论界和实务界对未经许可将他人作品中的角色、武器武功、情节等作品元素使用在网络游戏中获取利益行为的定性尚存争议，在侵犯作品改编权、构成不正当竞争等具体法律问题的认定上亦存在模糊与分歧之处。本案的主要争议焦点也在于此。

一、改编权的权利范围和权利边界

本案畅游公司起诉的权利基础即“移动端游戏软件改编权”。涉案《移动端游戏软件改编授权合约》指出，其所称的“移动端游戏软件改编权”，是指依著作物故事、人物名称、武功名称为蓝本，改编为专供 Mobile 用户使用的移动端游戏软件，以及公开发表的权利。可见，这里的“移动端游戏软件改编权”应当理解为不仅包括《著作权法》第十条第一款第（十四）项所规定的改编权，还包括利用授权作品的故事和/或人物名称和/或武功名称改编供移动端用户使用的游戏软件的权利。

之所以作上述理解，还基于以下因素的考虑：第一，游戏产品的种类很多，不同类别的游戏对故事情节的关注度是不同的。比如角色扮演游戏强调情节发展和个人体验，一般有较完整的故事情节，而动作游戏是由玩家控制游戏人物用各种武器消灭对手过关的游戏，并不注重故事情节，卡牌游戏一般亦非以故事情节取胜。畅游公司如何使用原著故事情节或其他作品元素，应当可以由其根据所要开发的游戏的特点自由设定，而这很难说超出了合同约定的“移动端游戏软件改编权”的范畴。第二，涉案《委托书》中载明，查良镛委托并授权畅游公司就中国大陆出现的未经授权擅自使用其作品改编移动端游戏并运营及擅自打着金庸作品名义进行虚假宣传等行为，在畅游公司的游戏改编权授权期限内以公司名义单独追究任何第三方的侵权行为，其中所列举的行为已远远超出了《著作权法》第十条第一款第（十四）项所规定的改编权所控制的行为范围。虽然金庸向畅游公司出具《委托书》的时间略晚于畅游公司向一审法院起诉的时间，但并不妨碍可从《委托书》中双方权利义务的约定来合理推定《移动端游戏软件改编授权合约》中的相关内容。

二、网络游戏中未经许可使用他人作品元素构成不正当竞争的考量因素

（1）角色名称等作品元素是否可形成应予保护的商业利益。本案中，金庸的《天龙八部》《雪山飞狐》《飞狐外传》《碧血剑》《鹿鼎记》等作品的知名度、美誉度很高，读者群广泛，读者对作品以及作品中的角色、武器武功、情节等作品元素的喜爱和追捧，可能会成为兼为游戏玩家的他们选择或者喜爱使用了这些元素的游戏产品的理由。换句话说，作品中的角色、武器武功、情节等作品元素能够产生一种吸引力，这种吸引力可以转化为游戏玩家消费的动力，游戏的开发、运营者借用这种动力可以赚取商业利益。这种因吸引力而形成的商业利益由作品的创作者通过辛勤劳动获得，理应受到保护。未经许可使用这些作品元素并利用这种商业利益的行为应当予以规制。

（2）作品元素的使用是否会引起消费者对网络游戏来源的联想。本案中，涉案游戏使用了与上述金庸小说中相同或相似的人物名称（如鸠摩国师、慕容公子、乔帮主），武功和武器名称（如吸星大法、冷月宝刀、金蛇剑），并将小说情节（如缘起无量山、君山大会、聚贤庄之战）提炼为游戏关卡名称。这些人物名称、武功和武器名称、情节等金庸作品元素在涉案游戏中占有相当部分的比例，通过对这些作品元素非偶发、同时的使用，相关公众很容易联想到金庸小说。同时，涉案游戏官网中还有“《大武侠物语》是一款以群侠传为主题的 RPG（角色扮演游戏）+策略武侠游戏，云集了‘飞雪连天射白鹿，笑书奇侠倚碧鸳’中的枭雄豪杰”的宣传语，而“飞雪连天射白鹿，笑书神侠倚碧鸳”是金庸将自己的作品名称首字联成的一副对联，广为人知。上述与该对联高度近似的宣传语毫无疑义的昭示了普游公司和微游公司欲将涉案游戏与金庸作品相关联，借此吸引消费者的目的。这种宣传方式本身已构成引人误解的虚假宣传。由此可见，普游公司和微游公司的涉案行为利用了金庸作品元素在移动终端游戏领域对消费者的吸引力，夺取了本应由吸引力的创造者金庸或者其授权的畅游公司所享有的商业利益，不符合公认的商业道德，其行为具有不正当性。

（3）未经许可使用他人作品元素是否损害他人竞争利益。对他人竞争利益造成损害通常是认定不正当竞争行为构成及承担民事责任的条件之一，在此亦不例外。本案中，普游公司、微游公司和畅游公司均从事网络游戏的开发和运营，他们是同一市场的竞争者。特别是，畅游公司在《移动端游戏软件改编授权合约》签订后开发的《天龙八部移动版》卡牌游戏在 2013 年 10 月上线公测，涉案游戏在 2014 年 6 月上线公测，由于游戏种类相同，且均使用了金庸作品元素，因此，涉案游戏的运营对畅游公司游戏产品的市场份额可能产生一定影响，并导致畅游公司合法利益受损。

三、民事责任的承担方式应与侵权行为的后果相适应

民事责任的承担方式应当与被控侵权行为的后果相适应，在为权利人提供充分救济的同时，亦应注意避免对侵权人的利益造成不必要的损害。本案中，普游公司未经许可在其开发的涉案游戏中使用金庸作品元素，普游公司与微游公司共同运营涉案游戏并利用金庸作品进行虚假宣传的行为，构成了对畅游公司的不正当竞争，理应承担停止侵害、赔偿损失、消除影响的民事责任。

关于停止侵害的具体方式，首先，对于涉案游戏未经许可使用金庸作品元素这一不正当竞争行为来说，删除、停止使用被控侵权的作品元素已经可以达到停止侵害的效果。其次，停止运营涉案游戏可能造成普游公司和微游公司对用户或推广渠道构成违约，从而给其利益造成损害，而这不必要的损害可以避免。最后，因涉案游戏中已无与金庸作品有关的元素，加之一审判决已判令普游公司和微游公司公开发布声明，为畅游公司消除影响，故即便涉案游戏名称未变更，对消费者形成新的误导的可能性已不大。对于已经形成的误导，除消除影响外，亦已责令普游公司和微游公司赔偿损失，足以弥补畅游公司因被控不正当竞争行为造成的损害。因此，一审判决责令普游公司和微游公司停止运营涉案游戏超出了合理的民事责任承担范围，应将其纠正为责令停止使用涉案元素。

本案明确了在网络游戏产业中，未经许可使用他人知名文学作品的角色名称及其他作品元素属于违反商业道德的不正当竞争行为，同时指出了改编权的权利范围和权利边界。此外，针对一审判决责令停止运营涉案游戏，二审判决指出民事责任的承担方式应当与被控侵权行为的后果相适应，在为权利人提供充分救济的同时，亦应注意避免对侵权人的利益造成不必要的损害，并最终将“责令停止运营涉案游戏”纠正为“责令停止使用涉案元素”。本案对于类似情况案件的处理具有典型指导意义。（本案被评为“2016年度北京市法院知识产权司法保护十大创新性案例”）

■ 专家评析

该案涉及网络游戏中使用他人知名文学作品角色和其他作品元素的保护以及被告如何公平合理地承担民事侵权责任等问题。

就前者而言，随着当前网络游戏产业迅猛发展，网络游戏产品中使用知名文学作品中的角色、形象、武器、武功及个性化情节赢得网民的青睐也很普遍。该案涉及的著名武侠小说家金庸的作品的相关角色和其他作品元素被未经许可地擅自使用就具有代表性。这类行为之所以需要受到法律规制，是因为涉案作品角色等作品元素具有商业价值，被他人使用能够实现经济利益。同时，针对未经授权的使用行为，行为人在主观上有攀附原告作品或者被授权作品基于角色形象和其他作品元素带来的良好商誉的主观故意性，有违诚信的商业道德，在客观上则容易引起消费者的混淆，并且有形成侵权替代品的风险。因此，该案一审、二审法院均认定为违背商业道德的不正当竞争行为具有合理性。

就后者而言，最值得肯定的是该案二审法院纠正了一审法院对于被告适用于其侵权范围和后果不对应的侵权责任方式，改为仅限于该案中的停止特定范围内的特定行为。其中隐含了法院对于当事人的公平对待和利益平衡的考量，以及对于效率的考虑，因为被告在不影响原告权利实现的情况下仍然能够继续实施相关行为。

（**评析专家**：冯晓青，中国政法大学　教授）

◀ （2014）海民（知）初字第 27636 号北京普游天下科技有限责任公司、北京微游互动网络科技有限公司与北京畅游时代数码技术有限公司不正当竞争纠纷一审判决书

◀ （2015）京知民终字第 2256 号北京普游天下科技有限责任公司、北京微游互动网络科技有限公司与北京畅游时代数码技术有限公司不正当竞争纠纷二审判决书

消费者基于行政处罚决定提起反垄断民事诉讼的相关问题

——田军伟诉家乐福（双井店）、雅培公司垄断纠纷案

张嘉艺（北京知识产权法院　法官助理）

裁判要旨

1. 消费者作为垄断行为的受害者可以直接提起反垄断民事诉讼，但应当对其损失及与垄断行为之间存在因果关系承担证明责任。

2. 间接购买商品的消费者有资格对垄断行为提起诉讼。在原告基于垄断行政处罚决定提起的民事诉讼中，在没有反证的情况下，应确认处罚决定中记载的事项真实，由被告证明其行为不属于处罚决定的范围。

【案号及审判人员】

一审：北京知识产权法院（2014）京知民初字第146号　审判长张晓霞、审判员张玲玲、审判员张晓丽

二审：北京市高级人民法院（2016）京民终214号　审判长谢甄珂、审判员陶钧、审判员王晓颖

【相关条款】

《中华人民共和国反垄断法》第十四条、第五十条。

【裁判情况】

2013年9月22日，国家发展和改革委员会作出《行政处罚决定书》查明2011年以来，雅培贸易（上海）有限公司（简称“雅培公司”）通过合同约定、绩效考核、价格管控、销售返利等方式，对下游经营者向第三人转售乳粉的价格进行固定，并认定上述行为违反了《中华人民共和国反垄断法》第十四条第一项的规定，与交易相对人达成并实施了固定向第三人转售商品的价格的垄断协议，排除和限制了市场竞争，损害了消费者的利益和社会公共利益，依法予以处罚。

普通消费者田军伟于2013年2月7日在北京家乐福商业有限公司双井店（简称“家乐福双井店”）购买雅培婴儿配方奶粉一件，价格为261元。田军伟诉至法院称：处罚决定已表明家乐福双井店与雅培公司通过非法的价格垄断协议，迫使其以高价购得雅培奶粉，损害其利益；即使家乐福不受协议约束，雅培公司也通过其他渠道的价格管控导致家乐福的定价高于市场定价，因而雅培公司应当基于过错承担赔偿责任。

北京知识产权法院一审认为：（1）《处罚决定书》已认定雅培公司与交易相对人达成了固定向第三人转售商品价格的垄断协议，应认可其真实性。如要排除雅培公司与家乐福之间的《商品合同》属于《处罚决定书》针对的范围，两被告负有举证责任。雅培公司与家乐福提交的协议中没有固定向第三人转售商品的价格的约定，不具有排除和限制竞争的效果。依据现有证据不能认定两者之间存在垄断协议；（2）作为间接消费者田军伟有权提起反垄断民事诉讼，但其未证明自身损失与《处罚决定书》认定的雅培公司的垄断行为之间存在因果关系，因而对其主张不予支持。遂驳回田军伟的诉讼请求。

北京市高级人民法院二审审理后认为：《处罚决定书》虽能够初步证明雅培公司与经营者向第三人转售时存在对价格进行固定的纵向垄断协议，但未明确家乐福双井店与雅培公司存在纵向垄断协议。在家乐福双井店和雅培公司均提交了并未涉及垄断协议内容的《商品合同》的情况下，田军伟并未完成其举证责任，遂驳回其上诉，维持一审判决。

■ 法官说法

本案是司法领域受理的首例消费者在反垄断执法机关作出处罚决定后提起的后继民事诉讼，主要涉及在此情形下的举证责任分配、间接购买的消费者诉讼资格的认定问题。

一、存在反垄断处罚决定时民事诉讼举证责任分配

《反垄断法》第十四条第（一）项规定，禁止经营者与交易相对人达成固定向第三人转售商品的价格的垄断协议。同时，垄断协议应以具有排除、限制竞争效果为必要条件。但究竟由何者对固定向第三人转售商品价格的垄断协议提起的损害赔偿诉讼承担举证责任？现行法律和司法解释没有针对作特别规定。通常来讲，举证责任应当根据“谁主张、谁举证”原则，即由原告举证证明存在固定转售价格协议、协议具有限制竞争效果、原告受到的损失以及垄断协议与损失之间具有因果关系。

但是，与以往的依据纵向限制竞争协议提起的反垄断民事诉讼不同，本案属于在反垄断执法机关作出处罚决定后提起的反垄断民事诉讼。根据《最高人民法院关于适用〈中华人民共和国民事诉讼法〉的解释》第一百一十四条规定，在没有相反证据足以推翻的情况下，在民事诉讼中应当推定《处罚决定书》记载的事项为真实。本案中反垄断执法机关出具的《处罚决定书》已经记载雅培公司与交易相对人达成了固定向第三人转售商品价格的垄断协议，且该协议具有排除和限制市场竞争效果。但《处罚决定书》中未具体披露反垄断执法机关调查依据的证据，除雅培公司外，处罚并未明确纵向垄断协议的合同相对方为何主体。不能据此直接认定两被告之间当然存在纵向垄断协议。在此情形下，由于《处罚决定书》已认定存在固定的纵向垄断协议及协议具有限制竞争效果，举证责任应当转移给两被告，由雅培公司和家乐福证明其行为不属于《处罚决定书》针对的范围，即二者有义务提交两者之间的协议。雅培公司及家乐福双井店分别提供了内容相同的《商品合同》及附件，其中规定有建议零售价，但是没有约定该建议零售价具有约束力，并未导致排除、限制竞争，影响在完全、公开竞争市场中商品的定价机制，致使消费者的利益受到损害。田军伟亦未能举证证明两者间存在其他协议，因而依据现有证据无法认定雅培公司与家乐福双井店之间存在垄断协议。

根据本案确定在处罚决定产生后举证责任转移的规则，可以预见，消费者在反垄断执法机构作出处罚决定之后，依据处罚决定书认定的事实提起反垄断民事诉讼，胜诉的可能性较之直接提起民事诉讼要大得多，将对今后当事人主张垄断民事赔偿的路径和策略产生较大影响。

二、间接购买者的诉讼资格

在以往的司法实践中，原告消费者大多为直接消费者，其与垄断企业之间的关系存在直接合同关系，没有中间商、零售商等复杂的产业链条。但在市场经济的实际运行过程中，绝大多数消费者与垄断企业之间并不存在直接的交易关系，但现实的损害往往会转嫁到消费者身上。在立法上，我国《反垄断法》第五十条仅仅规定“经营者实施垄断行为，给他人造成损失的依法承担民事责任”。至于给他人造成的损失范围是直接还是包含间接并没有明确。我国《民事诉讼法》第一百一十九条第（一）项更是规定“原告是与本案有直接利害关系的公民、法人和其他组织”；这些立法的留白与现实中消费者的受损引发了这些间接购买者的诉讼资格问题。尽管司法实践中还没有明确过间接消费者的诉讼资格，但学界已有过探讨，比如有些认为在反垄断民事诉讼中对民事诉讼的“直接利害关系”作最宽泛解释。[1] 或通过比较法上对欧盟、美国两者对此问题的比较认为欧盟确立的间接购买者在反垄断民事诉讼中的原告主体资格代表着未来发展方向。[2]

我国《反垄断法》的立法目的之一是为了保护消费者利益，由于消费者多数情况下是垄断利润的最终承担者，如果只允许直接购买者提起反垄断民事诉讼，作为间接购买者的消费者不能基于受损提起赔偿诉讼，将会形成非常不公平的局面，也不利于实现反垄断法保护消费者利益的立法目的实现。同时，《最高人民法院关于审理因垄断行为引发的民事纠纷案件应用法律若干问题的规定》

---

[1] 陈建勋．消费者反垄断民事诉讼若干问题的思考［J］．法治研究，2008（5）．

[2] 王健．反垄断法私人执行制度初探［J］．法商研究，2007（2）．

第二条规定，本规定所称因垄断行为引发的民事纠纷案件，是指因垄断行为受到损失以及因合同内容、行业协会的章程等违反反垄断法而发生争议的自然人、法人或者其他组织，向人民法院提起的民事诉讼案件。其中也没有排除间接购买产品的消费者提起反垄断民事诉讼的资格。因而，本案中作为间接消费者田军伟具有诉讼资格。但在已经证明雅培公司存在垄断行为，且该垄断行为具有排除和限制竞争效果的情况下，田军伟作为原告仍然应当对其主张的损失与雅培公司垄断行为之间存在因果关系承担证明责任。但其所提供的证据并不足以证明其主张的损失与《处罚决定书》认定的雅培公司的垄断行为之间存在因果关系。因而，驳回其诉讼请求。

本判决中首次明确了间接消费者具有诉讼资格，对于发挥反垄断民事诉讼的功能，威慑垄断行为具有重要意义。

■ 专家评析

该案是反垄断民事诉讼一个重要的案件，涉及以下要点：

其一，民事诉讼的主体资格问题。根据我国《反垄断法》第五十条、最高人民法院有关司法解释和《民事诉讼法》第一百一十九条的规定，只要原告能够证明因垄断行为受到损害，便可提起诉讼。综观其他法域，对于直接消费者或间接消费者享有诉权观点不一致，其考量包括实施垄断行为的违法者、所可能导致的受害转嫁问题、反垄断诉讼的可预期性等。我国法律对此没有明确规定，司法实践中，强生案是纵向垄断协议中的下游经销商作为原告；该案原告则是终端消费者。《反垄断法》第十四条第（一）项规定所禁止的是经营者与交易相对人达成的固定向第三人转售商品价格的垄断协议，该案中，家乐福双井店与雅培公司签订了纵向价格协议，即双方均是纵向价格垄断协议的主体。此时，家乐福双井店适用“建议零售价”的行为是否违法、是否受到垄断损失、损失是否转嫁等问题与终端消费者是否应当界定为“间接消费者”，以及是否享有诉权有直接关系。

其二，行政执法与反垄断诉讼的衔接。对此国内存在三种意见：一是主张行政执法前置；二是将行政执法决定作为判决的依据；三是将行政执法决定作为初步证据。其中，第三种意见最具合理性：既尊重行政执法的权威性，又能权衡具体案件事实的差异和保障被告寻求司法救济的机会。

（**评析专家**：张晨颖，清华大学　副教授）

◀

（2014）京知民初字第 146 号原告田军伟、被告北京家乐福商业有限公司双井店、雅培贸易（上海）有限公司垄断纠纷一审民事判决书

◀

（2016）京民终 214 号田军伟与雅培贸易（上海）有限公司、北京家乐福商业有限公司双井店垄断纠纷二审民事判决书

恶意提起知识产权诉讼的司法认定

——圣壹门公司诉易动公司因恶意提起知识产权诉讼损害责任及不正当竞争纠纷案

刘义军（北京知识产权法院　法官）

裁判要旨　恶意提起知识产权诉讼的判断要件包括：一是行为人有主观恶意；二是行为人提起诉讼的行为具有违法性；三是行为人恶意提起的知识产权诉讼给相对方造成了损害后果；四是行为人恶意提起知识产权诉讼的行为与相对人的损害后果之间有因果联系。

【案号及审判人员】

一审：北京市海淀区人民法院（2018）京0108民初18662号民事判决　审判长郭振华、审判员刘佳欣、审判员刘君婕

二审：北京知识产权法院（2019）京73民终50号　审判长刘义军、审判员周丽婷、审判员侯艳

【相关条款】

《中华人民共和国民法通则》第一百零六条第二款，《中华人民共和国民法总则》第一百三十二条，《中华人民共和国侵权责任法》第六条第一款，《中华人民共和国反不正当竞争法》第十一条，《最高人民法院关于审理不正当竞争

民事案件应用法律若干问题的解释》第十七条，《中华人民共和国民事诉讼法》第十三条、第一百七十条第一款第（一）项

【裁判情况】

北京圣壹门文化传播有限公司（简称“圣壹门公司”）是动画电影《吃货宇宙》的制作方和出品方，广州易动文化传播有限公司（简称“易动公司”）是电影《美食大冒险》的制作方，两部电影的元素和定位存在重叠，均计划于2018年在国内上映。圣壹门公司向北京市海淀区人民法院诉称：2016年5月至9月，《吃货宇宙》在戛纳电影节、多伦多电影节上参展引发热烈反响后，易动公司为干扰、阻止圣壹门公司影片制作和上映，以虚假的事实恶意提起多起知识产权诉讼，诉讼期间以向各种渠道投诉的方式诋毁圣壹门公司的商誉，给圣壹门公司带来困扰和各种损失，损害了圣壹门公司在世界相关公众中的形象，已构成不正当竞争行为。具体的事实理由包括：(1) 恶意提起知识产权系列诉讼。(2) 编造虚假信息，并以广东省电影协会的名义向澳大利亚电影电视局和香港影业协会投诉，澳大利亚电影电视局将投诉文件转给柏林电影节处理，严重损害了圣壹门公司在国际电影市场上的形象和声誉，构成商业诋毁不正当竞争。(3) 采取了种种有违影视行业商业道德的行为，违背了诚实信用原则，构成不正当竞争。(4) 使用和圣壹门公司十分近似的英文片名，容易造成相关消费者的混淆和误认，构成不正当竞争。

一审法院经审理认为，易动公司在明知其请求缺乏正当理由的情况下，对圣壹门公司恶意提起系列侵权诉讼，致使圣壹门公司在诉讼中遭受律师费等经济损失，并实施了涉案商业诋毁行为，依法应当承担侵权责任，故判令易动公司停止对圣壹门公司商业诋毁的不正当竞争行为，向圣壹门公司发送书面致歉声明，消除因本案侵权行为对圣壹门公司造成的影响，并就其恶意提起知识产权诉讼导致圣壹门公司的律师费等直接经济损失及圣壹门公司为本案支出的合理费用等一并承担赔偿责任。易动公司不服，提起上诉。

北京知识产权法院在二审诉讼中，在深入分析恶意提起知识产权诉讼构成要件的基础上，紧紧围绕易动公司实施的涉案行为是否构成恶意提起知识产权

诉讼、易动公司实施的涉案行为是否构成商业诋毁，易动公司实施的涉案行为是否构成侵权、应当如何承担民事责任等方面，进行了深入分析，最终判决驳回上诉，维持原判。

■ 法官说法

所谓恶意诉讼，通常是指当事人以获取非法或不正当利益为目的而故意提起一个在事实上和法律上无根据的诉，并致使相对人在诉讼中遭受损失的行为。“因恶意提起知识产权诉讼损害责任纠纷”是最高人民法院于 2011 年 2 月发布的《关于印发修改后〈民事案件案由规定〉的通知》中新增加的一项三级案由，隶属于第五部分“知识产权与竞争纠纷”项下的二级案由“十四、知识产权权属、侵权纠纷”。因恶意提起知识产权诉讼损害责任纠纷（以下简称知识产权恶意诉讼）虽然目前没有直接指向的具体法律条文，但从其归类于知识产权权属、侵权纠纷二级案由之下来看，其所反映的民事法律关系应为侵权之债，即因一方恶意提起知识产权诉讼的行为，损害了另一方的合法利益，另一方因此有权对对方提起诉讼，主张侵权损害赔偿责任。可见，知识产权恶意诉讼属于一种侵权行为，除本案涉及的著作权法相关规定外，还应适用《中华人民共和国民法通则》《中华人民共和国民法总则》和《中华人民共和国侵权责任法》等民事实体法律中关于侵权行为的一般规定。

《中华人民共和国民法通则》第一百零六条第二款规定：“公民、法人由于过错侵害国家的、集体的财产，侵害他人财产、人身的应当承担民事责任。”《中华人民共和国侵权责任法》第六条第一款规定：“行为人因过错侵害他人民事权益，应当承担侵权责任。”《中华人民共和国民法总则》第一百三十二条规定：“民事主体不得滥用民事权利损害国家利益、社会公共利益或者他人合法权益。”《中华人民共和国民事诉讼法》第十三条规定：“民事诉讼应当遵循诚实信用原则。当事人有权在法律规定的范围内处分自己的民事权利和诉讼权利。”

本案中，圣壹门公司诉称的知识产权恶意诉讼包括易动公司及其全资子公司蔚蓝的海公司针对类似事实先后提起的多起系列案件。结合我国前述民事实体法律中关于侵权行为的一般规定，认定易动公司实施的涉案行为是否构成恶意提起知识产权诉讼，应当考虑如下要件：一是行为人有主观恶意；二是行为人提起诉讼的行为具有违法性，即行为人提起了在事实上和法律上没有依据的诉讼；三是行为人恶意提起的知识产权诉讼给相对方造成了损害后果；四是行为人恶意提起知识产权诉讼的行为与相对人的损害后果之间有因果联系。

具体而言，在此类案件的认定中，首先应当审查的是行为人提起知识产权诉讼的主观要件，即是否具有主观恶意的认定。虽然民事侵权行为的可归责意思状态通常包括故意和过失，但知识产权恶意诉讼在其意思状态表现上具有特殊性，这不仅表现在行为人对于其提起的诉讼缺乏事实和法律依据是明知的，还表现为其意图通过诉讼手段干预商业竞争者，从而造成对方产生利益损失，即行为人提起诉讼具有侵害对方合法权益的不正当诉讼目的，其恶意不仅表现为主观故意，且这种主观故意是确定、明显的，故不应当包括各种过失行为；否则将不利于保障当事人合法行使诉权，不利于保护和激励知识产权权利人维护其知识产权。据此，本案首先应当判断易动公司及其全资子公司蔚蓝的海公司提起系列知识产权诉讼时主观上是否具有恶意。根据本案查明的事实，虽然易动公司第一次起诉后又撤诉，但该起诉及撤诉行为应属于易动公司正常行使诉权的行为，并不能看出其提起诉讼具有恶意。从易动公司第二次在海淀法院起诉和后续的一审、二审判决看，易动公司的动漫卡通形象作品与圣壹门公司的动漫卡通形象作品具有“明显的区别”，故事情节等的区别也较为“明显”，最终法院判决驳回易动公司的诉讼请求。当然，仅凭第二次诉讼生效判决中的前述认定尚不足以认定易动公司提起本次诉讼存在恶意，毕竟行为人可能并不具有判断涉案行为是否构成侵害著作权及不正当竞争行为的法律素养和专业能力，只要其主观上认为他人实施的涉案行为构成侵权，其便有权提起诉讼。但法院通过结合第三次诉讼的过程及本案其他相关事实展开论证分析，最终认定易动公司及其全资子公司蔚蓝的海公司提起系列诉讼的诉讼目的已经超出合法正当维权的范畴，表现出了较为明显的主观恶意。

其次，因恶意提起知识产权诉讼损害责任纠纷作为另一起知识产权诉讼所引发的纠纷，如果该诉讼并未对相对方造成损害后果，后一纠纷可能就没有存在的必要。这种损害后果不仅包括因恶意提起知识产权诉讼给相对方造成的直接财产损害，还应当包括给相对方造成的间接财产损害和对其商业信誉等造成的损害。本案中，圣壹门公司为应对易动公司等提起的系列侵权诉讼所支付的律师费，属于其为进行诉讼而支出的合理费用，该费用支出因易动公司等提起的系列诉讼而直接引起，属于因易动公司等发起的系列诉讼行为致使圣壹门公司遭受的直接经济损失。

再次，关于侵权行为与损害后果之间具有因果关系，即损害后果如社会声誉的降低、财产的损失等均是由对方当事人滥用诉讼权利的行为所导致。本案中，圣壹门公司为维护自身合法权益聘请律师应对诉讼符合常理，其所支付的律师费与易动公司恶意提起的侵权诉讼具有当然的因果关系。虽然易动公司起诉的系列诉讼并非全部由易动公司直接提起，但蔚蓝的海公司系易动公司的全资子公司，其在知晓易动公司提起相关诉讼后又提起后续诉讼的行为，易动公司必然知晓，蔚蓝的海公司提起诉讼的行为并非为维护其合法权益，而是与易动公司在先提起的诉讼共同构成不合理地损害圣壹门公司市场地位和商誉的起诉行为，因此蔚蓝的海公司的行为应当与易动公司的行为一并视为易动公司为制约、损害圣壹门公司利益的不当行为，圣壹门公司有权要求易动公司对其一并承担责任。

综上，在案证据足以证明易动公司在明知其请求缺乏正当理由的情况下，针对圣壹门公司恶意提起一系列侵权诉讼，致使圣壹门公司遭受经济损失，易动公司提起的系列诉讼损害了圣壹门公司的合法利益，应当承担赔偿责任。

此外，法院还认定易动公司实施了系列商业诋毁行为，致使圣壹门公司的商业信誉、商品声誉遭受损害，构成不正当竞争。因此，易动公司不仅应当就其恶意提起知识产权诉讼导致圣壹门公司支出律师费等直接经济损失承担赔偿责任，还应当对其实施不正当竞争行为承担损害赔偿责任。

■ 专家评析

恶意提起知识产权诉讼是知识产权权利滥用行为的一种情形，也是属于诉权滥用的行为。权利滥用行为虽然具有行使权利的表象，却违反权利行使的目的，因而需要规制。在加强知识产权保护的背景下，受利益驱使而恶意提起诉讼的行为也不断增多，如何有效甄别正当的诉权行使行为与恶意诉讼行为，便成了法院面临的一项艰巨任务。无论对恶意诉讼成立采取的认定标准过宽或者过严，都将损害知识产权制度的目的，破坏市场竞争秩序，危害司法公正。

该案审理法院正确地将恶意提起知识产权诉讼的性质界定为侵权之诉，并提出了“主观恶意”“违法性”“损害后果”“因果关系”四要件判定标准，指明了审理此类案件应当适用的法律。在对主观恶意的分析中，法院综合考虑了该案被告权利基础证明的难易程度、被告发起诉讼的具体情况及诉讼目的、原告被告之间的竞争关系、原告作品构成侵权的概率以及被告针对原告作品的其他投诉情况，认定该案被告的起诉行为具有恶意，分析全面而深入。该案提出的判定标准及判定要素对于未来同类案件的审判具有很强的参考价值，有助于划清合法权利行使行为与恶意诉讼行为的界限，防止权利滥用，进而维护正常的市场竞争秩序。

（**评析专家**：易继明，北京大学　教授）

◀
（2018）京 0108 民初 18662 号北京圣壹门文化传媒有限公司诉广州易动文化传播有限公司因申请知识产权临时措施损害责任纠纷、不正当竞争纠纷一审民事判决书

◀
（2019）京 73 民终 50 号北京圣壹门文化传媒有限公司诉广州易动文化传播有限公司因申请知识产权临时措施损害责任纠纷、不正当竞争纠纷二审判决书

行政诉讼中规范性文件的附带性审查要求

——华源公司诉国家工商行政管理总局商标局、易心堂公司等商标行政争议案

司品华（北京知识产权法院　法官）

裁判要旨　对于规范性文件进行附带性审查属于行政诉讼的新制度。首先，对于规范性文件合法性审查需要深入理解并准确适用立法的原则、法律解释的规则等因素。其次，在对规范性文件的合法性进行判断时，也要对规范性文件制定的合理性问题予以适度考量。

【案号及审判人员】

一审：北京知识产权法院（2015）京知行初字第177号　审判长司品华、审判员李燕蓉、人民陪审员郭灵东。审判委员会委员宿迟、陈锦川、宋鱼水、杜长辉、姜颖、张晓津、张晓霞（仅就《新增服务商标的通知》第四条相关规定的合法性进行了审理）

二审：北京市高级人民法院（2016）京行终2345号　审判长杨柏勇、审判员潘伟、审判员陶钧

【相关条款】

2015年《中华人民共和国行政诉讼法》第五十三条第一款，《最高人民法院关于适用〈中华人民共和国行政诉讼法〉若干问题的解释》第二十条

【裁判情况】

安徽华源医药股份有限公司（简称“华源公司”）因商标行政纠纷一案，不服被告国家工商行政管理总局商标局（简称“商标局”）于2014年10月23日作出的《商标注册同日申请协商通知书》（简称《同日申请协商通知书》），于法定期限内向北京知识产权法院提起行政诉讼，认为《新增服务商标的通知》第四条关于“在该期间内，在相同或类似新增服务项目上提出的注册申请，视为同一天申请”的规定（简称“关于过渡期的规定”）违反了2014年5月1日起实施的《商标法》第三十一条的规定；《同日申请协商通知书》缺乏事实依据及法律依据。被告商标局辩称：《新增服务商标的通知》第四条关于过渡期的规定符合法律规定且具有必要性、合理性，《同日申请协商通知书》主要证据确凿，适用法律、法规正确，程序合法，请求北京知识产权法院依法驳回原告华源公司的诉讼请求。第三人嵊州市易心堂大药房有限公司（简称“易心堂公司”）述称同意被告的答辩意见，第三人健一网公司未陈述意见。

北京知识产权法院一审审理后认为：

首先，《新增服务商标的通知》第四条关于过渡期的规定将“2013年1月1日至1月31日”31个“自然日”“视为同一天”实质上是对《商标法》第三十一条规定的“同一天”进行了重新定义，超越了商标局所主张的对法律如何具体应用进行解释的范畴。因此，虽然商标局是《新增服务商标的通知》第四条关于过渡期的规定形式意义上的合法主体，但是，其将“2013年1月1日至1月31日”“视为同一天”的规定实质上已经是对公民、法人或者其他组织的权利义务进行了“设定”，商标局作出该项规定已经超越了其法定权限。

其次，《新增服务商标的通知》第四条关于过渡期的规定将“2013年1月1日至1月31日”31个“自然日”“视为同一天”，无论从法律应用的角度还是法律解释的角度，其均不符合《商标法》第三十一条的规定，尤其是在无“在先使用人”的情形下，《新增服务商标的通知》第四条仍规定商标申请人履行协商、抽签的程序，更是不符合“申请在先”的原则。而且，对于单纯的以不正当手段抢先注册他人商标的行为，《商标法》第三十二条欲保护的是“已经使用并有一定影响的商标”，而《新增服务商标的通知》第四条对在先使用的商标并未区分是否“有一定影响”，从这个角度而言，《新增服务商标的通知》与商标法对于在先使用商标的保护程度也存在不一致的情形。

故商标局虽然是制定《新增服务商标的通知》第四条关于过渡期的规定的形式意义上的合法主体，但其制定的《新增服务商标的通知》第四条关于过渡期的规定超越了其法定权限，该规定在内容上也不符合《商标法》第三十一条的规定。鉴此，北京知识产权法院审判委员会作出如下决议：《新增服务商标的通知》第四条关于过渡期的规定不合法。

鉴于北京知识产权法院审判委员会已经作出决议认定《新增服务商标的通知》第四条关于过渡期的规定不合法，一审合议庭依法不将其作为认定本案被诉《同日申请协商通知书》合法的依据。则被告商标局作出的《同日申请协商通知书》主要证据不足，适用法律、法规错误，北京知识产权法院一审判决撤销《同日申请协商通知书》，商标局针对华源公司提出的商标注册申请重新作出决定。

被告商标局对此不服，向北京市高级人民法院提起上诉。北京市高级人民法院二审审理认为：商标局作出《新增服务商标的通知》第四项有关过渡期的规定违反了商标法的相关规定，同时商标局作出《同日申请协商通知书》亦缺乏法律依据，属于违法行政行为，但由于《新增服务商标的通知》发布于2012年12月，商标局根据该文件受理了7000余件商标的注册申请，其中1000余件商标的注册申请已经处理完毕。如果本案《同日申请协商通知书》被撤销，势必形成连锁反应，破坏基于《新增服务商标的通知》所形成的社会秩序，为数众多的商标申请人的信赖利益亦将受到严重损害，进而影响社会秩序的稳定。鉴此，虽然商标局作出的《同日申请协商通知书》属于违法行政行为，本应予以撤销，但考虑到撤销后将会给社会公共利益造成重大损害，因此不宜予以撤销。在此基础上，二审判决认定原审判决认定事实清楚，程序合法，但适用法律不当，应予纠正，判决撤销原审判决，并确认《商标注册同日申请协商通知书》违法。

■ 法官说法

本案是2015年5月1日新修正的《行政诉讼法》实施后，人民法院受理的首例涉及对国家部委制定的规范性文件进行合法性审查的案件，也是全国首例由审判委员会全体委员直接公开开庭审理的案件。

对于规范性文件进行附带性审查属于行政诉讼的新制度。在我国，传统的行政法理论将行政行为分为具体行政行为与抽象行政行为，后者一直没有纳入司法审查领域。2015年5月1日起实施的新修正的《行政诉讼法》将规范性文件纳入人民法院附带审查的范围，开启了我国司法对于传统的抽象行政行为进行合法性审查的先河。由此，对于规范性文件如何进行合法性审查成为司法实务界所面临的理论问题与现实问题。

首先，对于规范性文件合法性审查的模式有所创新，需要深入理解并准确适用立法的原则、法律解释的规则等因素。对于规范性文件的合法性审查的范围与模式，《行政诉讼法》并未作出专门性规定，为此，我们以对于传统的具体行政行为的审理模式为参考，在准确探寻该规范性文件的上位法确立的法律原则、内容等前提下，对于规范性文件的制定主体的适格性、制定主体的权限、规范性文件的内容、制定程序等角度全面审查，并将法律优位、法律保留的立法原则及法律解释的方法运用于对规范性文件的主体适格性、立法权限及规范性文件内容的合法性审查之中。

其次，在对规范性文件的合法性进行判断时，也要对规范性文件制定的合理性问题予以适度考量。这不仅是对各方当事人的诉求及抗辩理由均进行回应，更是规范性文件自身需要符合科学性、合理性等规则的必然要求，也是司法机关坚持“诉—审—判”一致原则的体现。规范性文件不同于普通的行政行为，其法律约束力的不特定性，决定了其制定有着特定的时代、地域或社会背景，有其特定的目的，且需要遵循必要性、科学性、可行性等基本规则，在某种意义上具有立法的属性。而且，这种考量也有助于增强法官的内心确信，从而对其合法性作出更加准确的判断，有助于法官作出裁判后向行政主体提出合法、合理的司法建议。

本案还是全国首例由审判委员会全体委员直接公开开庭审理的案件，北京知识产权法院对审判机制改革的一次有益尝试。北京知识产权法院作为司法改革的先行者和探索者，承载着全面推进司法改革、探索符合知识产权审判规律的机构设置以及审判权运行机制改革的光荣使命。北京知识产权法院自成立以来，按照中央和上级法院关于司法改革的要求，在全面落实审判权运行机制改革方面采取了一系列创新举措。其中，探索如何改革和完善审判委员会制度是其重要组成部分。对审判委员会制度改革在如下四个方面进行了深入探索：(1) 科学定位审判委员会职能——指导职能和审判职能；(2) 充分发挥审判委员会统一法律适用标准的作用；(3) 探索审判委员会直接审理案件的范围和程序；(4) 规范审判委员会讨论决定案件的程序。而本案就是对于上述第 (3) 项的具体尝试，开创了对于合议庭难以确定或者有重大社会影响或者具有首例性质的案件的具体问题，由审委会公开开庭直接听取当事人意见的先河。

■ 专家评析

我国 2014 年修正的《行政诉讼法》增加了“公民、法人或者其他组织认为行政行为所依据的国务院部门和地方人民政府及其部门制定的规范性文件不合法，在对行政行为提起诉讼时，可以一并请求对该规范性文件进行审查”的规定，自此，人民法院能够对部分抽象行政行为行使审查权。作为我国法院审理的首例涉及国家部委制定的规范性文件合法性问题的案件，该案具有很强的典型性。

该案中，北京知识产权法院提出了审查规范性文件和法性的四个维度，具体如下：其一，主体是否合法，即审查规范性文件所针对的事项是否属于制定主体的主管范围；其二，是否超越法定权限，这需从上下级、部门间职权划分入手来分析；其三，内容是否合法，主要从与上位法的关系、制定目的、与法律基本原则的一致性、是否有事实依据等角度进行审查；其四，是否履行法定程序或正当程序的要求。上述四个维度囊括了实体规定和程序规定，兼顾合法性与合理性，为行政诉讼中规范性文件的审查提供了有益的思路，对类似案件的审理具有很强的参考价值。关于规范性文件合理性问题的审查限度，则仍需在司法实践中进一步摸索。

作为全国首例由审判委员会全体委员直接公开开庭审理的案件，该案在审判委员会审理案件的范围、审判委员会直接开庭审理相关程序等方面做出的探索，无疑也是有益的。

（**评析专家**：易继明，北京大学　教授）

◀
（2015）京知行初字第 177 号原告安徽华源医药股份有限公司诉被告国家工商行政管理总局商标局、第三人嵊州市易心堂大药房有限公司、第三人上海健一网大药房连锁经营有限公司商标行政案一审判决书

◀
（2016）京行终 2345 号安徽华源医药股份有限公司诉国家工商行政管理总局商标局、嵊州市易心堂大药房有限公司、上海健一网大药房连锁经营有限公司商标行政案二审判决书

第三部分

著作权

诗歌文字作品“适当引用”的边界

——李桂英等与彭俐、人民出版社侵害著作权纠纷案

王金山（北京知识产权法院　法官）

裁判要旨　本案系在传记中使用知名诗人诗作而引发的侵权纠纷。著作权依法存在限制与例外，“适当引用”即为一种，法院对适当引用的审查要素包括该种引用的目的、被引用作品的性质、被引用作品的数量及占作者整体作品的实质程度、引用行为对被引用作品潜在市场和价值的影响等。“适当引用”是在作品的创作者、传播者和社会公众之间落实利益平衡原则的重要方式，但是超出适当引用范畴使用他人作品，将产生侵害他人著作权的法律后果。

【案号及审判人员】

一审：北京市东城区人民法院（2018）京0101民初3346号民事判决　审判长闫永廉、审判员刘世红、人民陪审员王淑玲

二审：北京知识产权法院（2019）京73民终1263号民事判决　审判长王金山、审判员冯刚、审判员杨钊

【相关条款】

《中华人民共和国著作权法》第二十二条第一款第（二）项，《最高人民法院关于审理著作权民事纠纷案件适用法律若干问题的解释》第二十条

【裁判情况】

2015 年 4 月 26 日，我国著名诗人汪国真先生逝世。汪国真逝世前，手书遗嘱将全部财产归其母亲李桂英所有。2015 年 7 月，彭俐与人民出版社签订《图书出版合同》，约定出版《真个汪国真》（简称《真》）一书。2016 年 6 月，《真》一书出版，前半部分第一章至第八章内容为对汪国真生平事迹的讲述；后半部分附录一为汪国真诗歌作品评析，收录了《热爱生命》《山高路远》等 59 首诗歌作品，每首诗歌后附有一篇评析文章，附录二为诗人年谱，使用了 4 首汪国真诗歌。经比对，上述 63 首诗歌作品与李桂英提交的汪国真在先出版物中的同名诗歌内容基本一致，存在部分字、词、句差异。2018 年 2 月 8 日，李桂英向北京市东城区人民法院提起著作权侵权诉讼，主张彭俐和人民出版社的行为侵害了其著作权，要求法院判令彭俐和人民出版社公开消除影响、赔礼道歉、赔偿经济损失 50 万元和合理开支 12.7833 万元等。

一审法院认为，彭俐在《真》中使用 63 首汪国真诗歌作品构成对李桂英复制权、发行权的侵害。人民出版社作为专业出版机构，未尽到合理的注意义务，应当与彭俐共同承担侵权责任。63 首汪国真诗歌的部分作品中存在缺失或增加整句内容，致使作品不能准确表达其原本的主旨含义和思想感情，可能对读者造成误导，构成对涉案汪国真诗作保护作品完整权的侵害。综上，一审法院判决彭俐和人民出版社共同赔偿李桂英经济损失 8 万元和合理开支 6 万元、向李桂英赔礼道歉并消除影响，并驳回李桂英的其他诉讼请求。人民出版社不服一审判决，向北京知识产权法院提起上诉。上诉理由包括《真》中使用 63 首汪国真诗歌属于合理使用，人民出版社已经尽到了审查义务等。

北京知识产权法院经审理认为，《真》中引用涉案 63 首汪国真诗作缺乏必要性和适当性，不属于合理使用；人民出版社明知汪国真作品的著作权人情况却未核实《真》书是否得到授权，在《真》书选题申报、发稿、审读、复审等审查过程中也没有对引用他人作品的著作权授权问题进行审查，未尽到合理的注意义务。北京知识产权法院最终判决：驳回上诉，维持原判。

■ 法官说法

一、著作权的限制与例外之“适当引用”

一般而言，未经许可使用他人文字作品会侵害他人享有的著作权，具体包括复制权、发行权、信息网络传播权等权项。而为满足社会对知识和信息的需要、避免过度增加后续创作的成本、避免损害言论自由或市场竞争等法律价值，法律从不同角度对著作权人的权利内容、权利行使方式和权利期限等进行了限制。限制的方式包括合理使用、法定许可和保护期限等，一般称之为“著作权的限制与例外”，是在作品的创作者、传播者和社会公众之间落实利益平衡原则的重要方式。我国《著作权法》第二十二条就是关于著作权的限制与例外的规定，其中具体列出了12种情形，如个人使用、适当引用、时事新闻报道中的使用等。其中第（二）项所规定的“为介绍、评论某一作品或者说明某一问题，在作品中适当引用他人已经发表的作品”就是本案上诉人所提出的主要法律依据，即“适当引用”。

“适当引用”是为创作作品，特别是创作评论文章或学术作品所必需的，因为此类文章经常需要引用他人作品中的具体表述。“适当引用”条款正是豁免了这种复制、发行或广播等使用行为可能导致的侵权责任。

虽然没有明确的法律规定，但是结合学者观点与司法实践中的经验，判断是否属于“适当引用”一般而言需要考虑以下几个因素：（1）该种引用的目的，例如是为了呈现被引作品本身还是为了介绍评论被引作品；（2）被引用作品的性质，例如被引作品是长篇小说片段还是剧本中的人物对话或是完整的诗歌；（3）被引用作品的数量及占作者整体作品的实质程度，例如一些诗人作品不多但是首首精品；（4）引用行为对被引用作品潜在市场和价值的影响等因素。

在本案中，法院就从以上几点对被告的行为是否属于“适当引用”进行了具体的分析。首先，根据法院查明的事实，《真》一书旨在通过介绍汪国真生平使读者对诗人有更为全面的了解，而通常情况下，在介绍诗人时，不免需要提及其所创作的诗歌。以介绍、鉴赏或评论为目的，全文引用诗人具有代表性的个别诗作，属于“适当引用”的范畴，如《真》一书前半部分中在介绍汪国真生平时引用了其《笑着活》等作品，对此，李桂英亦未提起侵权主张。而《真》附录一虽然对读者了解汪国真的作品有所帮助，但其作为全书的一个独立部分，存在与否并不影响《真》前半部分作为独立作品的完整性；即便附录一是《真》一书不可分割的部分，引用59首全诗的方式，也已超出了介绍、评论诗人及其创作特点的必要，尤其是这59首汪国真诗作包含了汪国真的多首经典作品，将对汪国真诗作产生替代作用。

其次，著作权法鼓励新作品的创作，但是创作不能以牺牲他人合法权益为代价。虽然《真》附录一中不仅有汪国真的诗作，还有彭俐创作的评论文章，且后者占比更大，但是一方面，附录一中包含彭俐创作的文字作品并不影响其大量引用汪国真诗作的行为；另一方面，诗歌作品本身具有短小精炼的形式特点，不能仅从诗作占附录字数比例来判断引用是否合理，即便评论、赏析文字数十倍、甚至百倍于诗作字数，也不是大量、完整使用涉案作品的合理理由。至于附录二诗人年谱中引用的四首汪国真完整诗作，并非年谱介绍、评论的对象，亦非上下文叙述的必要基础，故不具有引用的必要性和适当性。

最后，大量使用他人作品，可能会对他人作品产生替代作用，影响其权利人独立行使著作权并获得报酬的权利。本案中，《真》对63首汪国真诗作的完整使用，必然会增强《真》一书的丰富性和欣赏性，对于读者而言，《真》也在一定程度上成为其他汪国真合法出版物的替代选择，其内容、售价、宣传、发行等因素或多或少将对其他汪国真作品的价值产生影响。

“适当引用”并不局限于文字作品中，美术作品、电影作品等作品形式也有过相关案例。例如在杨洛书与中国画报出版社侵害著作权纠纷案[1]中，被告出版的《杨家埠年画之旅》一书使用了原告16幅年画作品，二审法院针对被告“合理使用”的上诉理由，认为其选用年画作品的数量超出了简单介绍的幅度、增强了涉案图书的欣赏性和收藏性，客观上阻碍了作者独立行使作品复制权并获得报酬的权利，超出了《著作权法》规定的对作品的合理使用范畴。

---

[1] 见山东省高级人民法院（2007）鲁民三终字第94号民事判决书。

二、出版社的合理注意义务

出版书籍时，出版社对于“适当引用”也应当承担相应的注意义务。根据《最高人民法院关于审理著作权民事纠纷案件适用法律若干问题的解释》第十九条、第二十条的规定，出版者、制作者应当对其出版、制作有合法授权承担举证责任，发行者、出租者应当对其发行或者出租的复制品有合法来源承担举证责任。出版者对其出版行为的授权、稿件来源和署名、所编辑出版物的内容应尽合理注意义务。虽然法律和司法解释对于出版社的合理注意义务没有具体的规定，给了法院较大的自由裁量权，但是在具体案件审理过程中，仍然可以从被引作品的性质、知名度、数量、出版社自身设置并履行的审查程序等方面来进行分析、判断。

本案中，人民出版社主张已与李桂英约定出版《汪国真诗文全集》，可见其对汪国真作品及其著作权人的状况是知晓的，完全有条件在出版《真》一书前向李桂英核实彭俐是否得到了授权。其次，人民出版社主张其已与彭俐签订了《图书出版合同》，且该合同中约定了彭俐保证其著作权无瑕疵的条款，即使该书侵犯他人著作权，也应依据合同由彭俐承担责任。但是合同效力只及于合同各方，不得以此对抗善意第三人，人民出版社可以另行向彭俐主张权利，但合同的签订不代表其已对图书的著作权情况尽到了法定审查义务。再次，人民出版社虽然对《真》一书进行过选题申报、发稿、审读、复审等审查，但主要是针对作品内容、作者背景、错别字等方面的审查，没有明确指出其中涉及多首汪国真完整作品，甚至没有设置著作权审查栏目。从以上几点可以看出，人民出版社在出版《真》一书前，并未尽到合理的注意义务。

相较于一般作品或者没有较高知名度的作者，出版社对作品中引用名人名作更应当加强著作权方面的审查，换言之，出版社的专业性使得其审查、辨别能力应当较一般传播主体更强。但司法实践中，部分出版社错误以为按照国家版权局制作的标准的《图书出版合同》与作者签订了协议，就意味着出版社对于图书的版权情况尽到了法定审查义务，即使图书出版后被认定侵权，也只应由侵权作者承担全部侵权责任，而不应由出版社承担。这种错误观点可能导致出版社疏于审核书稿中超出合理使用范围使用他人作品的情况，进而导致侵权、承担连带责任。例如在梁启超外孙女吴荔明诉中华工商联合出版社侵害著作权纠纷[1]一案中，被告出版的《梁启超教子满门俊秀》一书中部分内容抄袭自原告作品《梁启超和他们的儿女们》，法院认为被告对于侵权书稿的审读和修改工作是其对于该书的质量方面所做的工作，不能因此证明被告对于该书内容是否侵权方面已经尽到了合理注意义务，而原告作品作为一本有关梁启超家族的真实历史记录，已得到各方面的肯定与好评，被告出版侵权图书时应当审查该书是否与原告作品有雷同之处。

在互联网时代，作品的产生和传播相较纸媒时代更加便捷，而审查的严谨程度与作品出版的效率存在天然的矛盾，不免带来更多的侵权风险。因此，不仅是出版社、电视台等传统媒体，各种网络媒体、自媒体在发表观点、分享信息、传播作品的过程中，在追求时效性、关注度的同时，也必须遵守《著作权法》的相关规定，注重保护他人合法权益，提高侵权审查能力和意识，避免产生侵权行为。

■ 专家评析

知识天然具有经济学上“公共产品”的特征。知识产权通过赋予权利人在特定时间内法定的垄断权，限制未经权利人许可的“知识”利用，人为制造了知识消费上的稀缺性，并不符合经济学上的效率原则。但是如果不赋予新“知识”以产权，则从事新知识生产的意愿和投入就会大大下降。因此法律需要在新知识生产与存量知识利用之间保持一定的平衡。这种平衡就体现为在赋予知识生产者以垄断权的同时，就权利人垄断权本身提供一定的例外与限制，允许知识的传播者与使用者在未经权利人许可的情况下，或付费，或免费利用权利人生产的知识。

具体到著作权，法律通过合理使用、法定许可和保护期限等制度设计，实现作品的创作者、传播者和使用者之间的平衡。合理使用制度作为衡平著作权人与作品使用者利益的结果，不是单方面保护作品使用者的利益。在该案中，

[1] 见北京市第二中级人民法院（2003）年二中民初字第3702号民事判决书。

判决结合被告的具体行为，翔实分析“适当引用”的具体标准，诠释合理使用制度的内涵，丰富了《著作权法》第二十二条第（二）项的法律适用。尤其是就“适当引用”的要件分析，为规制实践中大量存在的借评论之名，行侵权之实的行为提供了非常好的先例。

（**评析专家**：姚欢庆，中国人民大学　副教授）

◀ （2018）京 0101 民初 3346 号原告李桂英、汪黄任与被告人民出版社、彭俐著作权、权属侵权纠纷一审民事判决书

◀ （2019）京 73 民终 1263 号上诉人人民出版社与被上诉人李桂英、汪黄任、原审被告彭俐侵害著作权纠纷二审民事判决书

论信息网络传播行为的认定标准

——北京易联伟公司与深圳市腾讯公司侵害作品信息网络传播权纠纷案

陈锦川（北京知识产权法院　法官）
周文君（北京知识产权法院　法官助理）

裁判要旨　判断被诉行为是否构成信息网络传播行为，应采用服务器标准，而非用户感知标准或实质性替代标准。依据服务器标准，如果被诉行为系将涉案内容置于向公众开放的服务器中的行为，则该行为系信息网络传播行为。

【案号及审判人员】

一审：北京市海淀区人民法院（2015）海民（知）初字第40920号民事判决　审判长李颖（独任）

二审：北京知识产权法院（2016）京73民终143号民事判决　审判长陈锦川、审判员芮松艳、审判员冯刚

【相关条款】

《中华人民共和国著作权法》第十条第（十二）项，《最高人民法院关于审理侵害信息网络传播权民事纠纷案件适用法律若干问题的规定》第三条、第五条

【裁判情况】

深圳市腾讯计算机系统有限公司（简称“腾讯公司”）主张其依法享有《宫锁连城》的独家信息网络传播权。而北京易联伟达科技有限公司（简称“易联伟达公司”）未经其许可，在其经营的“快看影视”手机端，通过信息网络非法向公众提供涉案作品的在线播放，并在快看影视中对大量影视作品进行了编辑分类，至今仍在进行播放。故腾讯公司认为易联伟达公司的行为侵犯了腾讯公司的合法权利。故诉至法院。

易联伟达公司答辩称，涉案作品并非在快看影视上播放，是在腾讯 App 上播放，其只提供设链服务，而且被链接的视频获得合法授权，故其并未侵犯腾讯公司所享有的信息网络传播权。

一审法院经审理认为，易联伟达公司经营的快看影视 App 并非仅提供链接技术服务，还进行了选择、编辑、整理、专题分类等行为，且主观上存在积极破坏他人技术措施、通过盗链获取不当利益的过错。易联伟达公司的一系列行为相互结合，实现了在其聚合平台上向公众提供涉案作品播放等服务的实质性替代效果，对涉案作品超出授权渠道、范围传播具有一定控制、管理能力，导致独家信息网络传播权人本应获取的授权利益在一定范围内落空，给腾讯公司造成了损害，构成侵权，应承担相应的民事赔偿责任。

易联伟达公司不服一审判决，向北京知识产权法院提起上诉。

北京知识产权法院经审理认为，判断被诉行为是否构成信息网络传播行为，应采用服务器标准，而非用户感知标准或实质性替代标准。依据服务器标准，如果被诉行为系将涉案内容置于向公众开放的服务器中的行为，则该行为系信息网络传播行为。根据在案证据，将涉案内容置于网络中传播的是乐视网，而非易联伟达公司，易联伟达公司仅提供了指向乐视网中涉案内容的链接。在易联伟达公司未实施将涉案作品置于向公众开放的服务器中的行为的情况下，其虽然实施了破坏技术措施的行为，但该行为仍不构成对涉案作品信息网络传播权的直接侵犯。因乐视网系合法授权网站，其传播行为属于合法行为，故虽被诉行为对乐视网的传播行为起到帮助作用，但被诉行为仍不符合帮助侵权行为的认定要件，该行为不构成共同侵权行为，不应承担相应民事责任。在被诉行为既未构成对被上诉人信息网络传播权的直接侵犯，亦未构成共同侵权行为的情况下，一审判决有关民事责任的认定有误，法院依法予以改判。

■ 法官说法

信息网络传播权系著作权人享有的一项赋予其控制信息网络传播行为的权利。判定被控侵权行为是否侵害著作权人信息网络传播权的前提，是对被控侵权行为是否属于信息网络传播行为进行界定。对于如何认定信息网络传播行为，在实践中一直存在不同的认定标准，主要包括服务器标准、用户感知标准、实质性替代标准及法律标准等。本案中，双方当事人争议的焦点亦在于本案所涉深层链接行为是否属于信息网络传播行为。法院在本案中认为服务器标准是信息网络传播行为认定的合理标准。本文将对服务器标准、用户感知标准及实质性替代标准进行分析，用以说明服务器标准的合理性。

一、服务器标准是信息网络传播行为认定的合理标准

依据服务器标准，信息网络传播行为是指将作品置于向公众开放的服务器中的行为。此处“服务器”系广义概念，泛指一切可存储信息的硬件介质，既包括通常意义上的网站服务器，亦包括个人电脑、手机等现有以及将来可能出现的任何存储介质。

法院秉持服务器标准的主要原因在于服务器标准与信息网络传播行为的性质最为契合。具体而言，《著作权法》有关信息网络传播权的规定决定了信息网络传播行为必然是一种对作品的传输行为，且该传输行为足以使用户获得该作品。在网络环境下，这一传输行为的对象是作品的数据形式。作品在网络中的传播可能存在多个独立的传播过程，每个独立的传播过程均可能包括一系列行为，如传输通道的提供、内容的存储及上传、缓存、链接等。在前述行为中，仅有初始上传行为符合上述要求。因此，信息网络传播行为应指向初始上传行为。任何上传行为均需以作品的存储为前提，未被存储的作品无法在网络中传播，此处存储介质即为服务器标准中所称“服务器”。据此，服务器标准作为

信息网络传播行为的认定标准最具合理性。且对于信息网络传播行为的认定属于事实认定范畴，服务器标准最为符合信息网络传播行为这一客观事实属性。

实践中，认为服务器标准具有明显局限性的理由主要有二：其一是认为技术发展会使服务器的使用无关紧要。这种观点很大程度上源于对“服务器”缺乏正确的认识。本文需再次强调此处“服务器”并非通常意义上的网络服务器，而系广义概念，泛指一切可存储信息的硬件存储介质，既包括网站服务器，亦包括个人电脑、手机等。例如，在《最高人民法院关于审理侵害信息网络传播权民事纠纷案件适用法律若干问题的规定》第三条所提及的“设置共享文件或者利用文件分享软件”方式中，用户使用分享软件下载作品时，该内容会被存储于其电脑中的共享文件夹中，该软件使得用户在下载的同时自动将作品进行上传，此时用户电脑便为服务器标准中的“服务器”。在将服务器界定为存储介质的情况下，无论是上述条款中所提及的传输方式，还是目前技术条件下的各种新技术（如常被提及的云技术、碎片化存储等等）均无法脱离服务器而存在。

其二则是认为服务器标准不能涵盖提供行为的所有情形，比如分工合作的共同侵权行为。[1] 在分工合作的共同侵权行为中，必然存在一个将作品置于网络服务器中的初始上传行为，即对作品的提供行为。网络服务提供者虽形式上并未实施上传行为，但其与作品的实际上传者存在着针对作品的选择、编辑以及是否上传等方面的意思联络，其事实上参与到了对作品的提供之中，从而使得其网络服务提供行为与作品提供行为成了有机联系的整体。因此，这种行为完全符合按照服务器标准所确认的信息网络传播行为。

二、用户感知标准不应作为信息网络传播行为认定标准的缘由

依据用户感知标准，信息网络传播行为的认定以用户的主观认知来确定。法院对用户感知标准持否定态度，根本原因在于受著作权的专有权控制的是行

---

[1] 持此观点者认为，《最高人民法院关于审理侵害信息网络传播权民事纠纷案件适用法律若干问题的规定》第四条规定，“有证据证明网络服务提供者与他人以分工合作等方式共同提供作品、表演、录音录像制品，构成共同侵权行为的，人民法院应当判令其承担连带责任。”依据该规定，在分工合作的情况下，虽然某服务提供者只是提供搜索、链接等技术服务，而未实施上传行为，但其仍会被认定构成共同提供行为。服务器标准并不能涵盖这一情形，可见服务器标准有其局限性。

为，只有实施了受专有权控制的行为才落入专有权的控制范围。信息网络传播行为与复制、发行、表演等其他行为一样，是一种客观行为，对该行为的认定属于对客观事实的认定，应具有客观性及确定性。但用户感知标准却难以符合上述要求。该标准强调的“看起来”是，而非“实际上”是谁在实施提供行为，这一特点使得该标准天然缺乏客观性。不仅如此，该标准以用户的认知为判断依据，但不同用户可能具有的不同网络认知程度，很可能使得即便在案件证据完全相同的情况下，针对同一事实，不同用户亦很有可能得出不同结论，由此可见，该标准不仅不具有客观性，亦无法确保客观事实认定的确定性，从而与信息网络传播行为所具有的客观事实的特性并不契合。尤其要指出的是，用户的认知以及用户是否会产生误解等因素，通常是《商标法》或者《反不正当竞争法》框架下所考虑的问题，并非著作权法的职责和功能所在。

但与用户感知标准不同，服务器标准强调的是“实际上”是谁在实施提供行为，在证据相同的情况下，不存在因网络用户认知能力的不同而产生不同认定结论的情形，因此，该标准符合著作权权利性质，也更能准确反映事实的客观性及确定性。

三、实质性替代标准不应作为信息网络传播行为认定标准的考量

实质性替代标准是随着近年视频聚合服务发展而出现的标准，对此标准持肯定态度的观点在于，因选择、编辑、整理等行为，破坏技术措施行为及深层链接行为对著作权人所造成的损害及为行为人所带来的利益与直接向用户提供作品的行为并无实质性差别。因此，上述行为构成信息网络传播行为。

该标准实质上是将获益或损失因素作为考虑被控侵权行为是否构成信息网络传播行为的必要条件，认为二者之间具有因果关系，但这种因果关系的认定有违实际。通常情况下，是由行为导致了行为人受益或他人受损。且实质性替代标准这一因果关系的认定还可能使得不同情形下对同一行为的性质得出不同结论，与信息网络传播行为客观属性是相违背的。再者，损失、获益或其他因素，对被控侵权行为是否落入原告权利范围的判定并不产生影响，对该问题的判断应以该权利所控制行为的法定要件为依据。即在对是否存在信息网络传播行为这一客观事实认定时，不应考虑损失或收益。由此，实质性替代标准的适用实际上违反了对法定权利保护的基本逻辑和步骤。

此外，从利益平衡的角度分析，实质性替代标准亦不应成为信息网络传播行为的认定标准。实质性替代标准的出现更多的是基于影视作品专有信息网络传播权人的利益诉求。但在确定信息网络传播行为的认定标准时，不能仅仅考虑著作权人或专有信息网络传播权人的利益，还应考虑到其他网络服务提供者、网络用户等在内的各利益群体的利益需求。如果将实质性替代标准作为信息网络传播行为判断的统一标准，会对现有网络服务提供行为产生影响，例如信息存储空间提供行为、分享软件提供行为等。而且随着技术的发展，很可能会出现一些目前无法想象的网络服务类型，而该标准的适用会使这一切因得不到著作权人许可而成为违法行为，这对于整体社会发展所造成的阻碍是难以想象的。

因此，无论是从著作权法的规定考虑，还是对社会发展的影响，实质性替代标准均有其不合理之处。

四、服务器标准在本案中的具体适用

通过前述分析，依据服务器标准来认定信息网络传播行为最具合理性。本案中，将涉案内容置于网络中传播的是乐视网，而非易联伟达公司。易联伟达公司仅提供了指向乐视网中涉案内容的链接。依据服务器标准，易联伟达公司提供链接的行为未构成信息网络传播行为。虽然易联伟达公司实施了破坏技术措施的行为，但由于易联伟达公司未实施将涉案作品置于向公众开放的服务器中的行为，故该行为仍不构成对涉案作品信息网络传播权的直接侵犯。

因乐视网系合法授权网站，其传播行为属于合法行为。虽然被诉行为对乐视网的传播起到帮助作用，其所为的选择、整理及编排等行为，因不存在直接侵权行为的情况下，前述行为不构成共同侵权行为。

■ 专家评析

对已在他人服务器中公开传播的作品设置“深层链接”是否属于我国《著作权法》中的信息网络传播行为，从而可能构成对信息网络传播权的直接侵权？当时多数学术论文给出了肯定的回答。国内主流视频网站强烈要求法院对“盗链”（规避技术措施后设置“深层链接”）按直接侵权处理，其他法院也做出了相互冲突的判决。

判决明确指出，认定信息网络传播行为应坚持服务器标准，但应对“服务器”作正确理解，即它包括现有以及将来可能出现的任何存储介质。这些分析清楚地提示了将设置“深层链接”定性为信息网络传播行为的谬误，也扫除了对于“服务器标准”的误解（如误认为“服务器”仅指网站使用的专业服务器）。判决还指明了解决“盗链”问题的思路，即“盗链”虽然因未将作品以上传等方式置于服务器中传播，并不直接侵犯信息网络传播权，同时如果被链作品的传播已获合法许可，也不构成间接侵权（共同侵权），但可能构成不正当竞争或违法规避技术措施的行为。

该案给法律人留下的最重要的启示，就是法院必须根据法律规则，遵循法律逻辑进行裁判，不能为了纠正不当行为而置规则与逻辑于不顾，甚至为了得出预设的结论而倒置因果关系。这原本是一个清楚而基本的道理，但在司法实践中，有时为了得到所谓实质公平而将其置于脑后。判决书中所体现的强烈规则意识和对逻辑的追求，是值得每一名法律人所敬仰和学习的。

（**评析专家**：王迁，华东政法大学　教授）

◀ （2015）海民（知）初字第40920号深圳市腾讯计算机系统公司与北京易联伟达科技公司侵害信息网络传播权纠纷一审民事判决书

◀ （2016）京73民终143号上诉人北京易联伟达科技公司与深圳市腾讯计算机系统公司侵害信息网络传播权纠纷二审民事判决书

体育赛事直播节目的著作权法保护路径

——央视国际网络有限公司与暴风集团股份有限公司侵害著作权纠纷案

陈锦川（北京知识产权法院　法官）

裁判要旨　本案系因视频网站未经许可提供体育赛事节目视频在线播放服务而引发的侵害著作权纠纷。关于体育赛事直播信号所承载的连续画面是否构成类似摄制电影的方法创作的作品即电影作品，应当考察该客体是否至少具有“固定”及“独创性”两个构成要件。在我国著作权法上，连续画面或者属于电影作品，或者属于录像制品，二者之间的区别在于独创性程度的高低，而非独创性的有无。体育赛事具有纪实性质，从纪实类电影作品的独创性判断角度分析，涉案的足球世界杯赛事直播信号所承载的连续画面在素材的选择、拍摄和拍摄画面的选择和编排上的个性化选择相当有限，即使加入字幕及解说，其在独创性高度上仍不符合电影作品的要求，不构成电影作品。其应当作为录像制品受到著作权法的相关保护。

【案号及审判人员】

一审：北京市石景山区人民法院（2015）石民（知）初字第752号民事判决　审判长刘岭、审判员张冬、人民陪审员李莲滨

二审：北京知识产权法院（2015）京知民终字第1055号民事判决　审判长

陈锦川、审判员芮松艳、审判员陈勇

【相关条款】

《中华人民共和国著作权法》第二十二条第一款第（三）项、第二十二条第二款、第四十九条第二款，《中华人民共和国著作权法实施条例》第四条、第五条

【裁判情况】

经国际足联和中央电视台的授权，央视国际网络有限公司（简称“央视国际公司”）在中国大陆地区独家享有通过信息网络在线播放由中央电视台制作并播出的“2014 巴西世界杯”赛事的电视节目（简称“涉案赛事节目”）的权利。央视国际公司发现，在该赛事期间，暴风集团股份有限公司（简称“暴风公司”）未经许可，利用其经营的“暴风影音”网站及客户端软件，通过互联网向公众提供覆盖全部 64 场比赛的 1663 段短视频（简称“涉案短视频”）的在线播放服务。2015 年 1 月 12 日，央视国际公司向北京市石景山区人民法院提起侵害著作权纠纷诉讼，主张暴风公司的行为侵害其依法独占享有的通过信息网络向公众提供涉案赛事节目的权利，要求法院判令暴风公司赔偿经济损失及合理支出共计 400 万元。

一审法院认为，涉案赛事节目系通过摄制者在比赛现场的拍摄，并通过技术手段融入解说、字幕、镜头回放或特写、配乐等内容，且经过信号传播至电视等终端设备上所展现的有伴音连续相关图像，可以被复制固定在载体上。同时，摄制者在拍摄过程中并非处于主导地位，其对于比赛进程的控制、拍摄内容的选择、解说内容的编排以及在机位设置、镜头选择、编导参与等方面，能够按照其意志做出的选择和表达非常有限，因此涉案赛事节目所体现的独创性，尚不足以达到构成《著作权法》所规定的电影作品的高度，但是符合《著作权法》关于录像制品的规定，应当认定为录像制品。涉案短视频系节选自涉案赛事节目的内容，亦应认定为录像制品。涉案短视频不属于时事新闻报道，不适用《著作权法》关于时事新闻作品合理使用的规定。暴风公司未经许可直接向

公众提供涉案短视频的在线播放服务，构成对央视国际公司在授权期限内自国际足联和中央电视台处继受取得的涉案赛事节目录像制品的独占信息网络传播权的侵犯，应当承担相应的民事责任。综合考虑侵权情节后，一审法院判决暴风公司赔偿央视国际公司经济损失64万元以及诉讼合理支出32400元，并驳回了央视国际公司的其他诉讼请求。

央视国际公司和暴风公司均不服一审判决，向北京知识产权法院提起上诉。央视国际公司的上诉理由主要为涉案赛事节目具有较高的独创性，属于电影作品。同时，央视国际公司主张一审法院确定的经济损失赔偿数额偏低，不足以弥补其损失，暴风公司则在否认央视国际公司的权利基础及主张其行为构成合理使用的同时认为赔偿数额过高。北京知识产权法院经审理认为，涉案赛事节目在独创性高度上不符合电影作品的要求，不构成电影作品，一审判决认定其构成录像制品是正确的。央视国际公司经合法授权享有涉案赛事节目的录像制作者权。一审判决推定全部1663段涉案短视频均可在线播放并无不当。暴风公司对涉案短视频的使用不属于《著作权法》第二十二条第一款第（三）项、第二款规定的合理使用情形。暴风公司未经许可提供涉案短视频在线播放服务，该行为侵犯了央视国际公司录像制作者权中的信息网络传播权，且在本案涉及多个侵权行为的情况下，本案赔偿数额不以50万元为上限，央视国际公司提出的包括诉讼合理支出在内的400万元赔偿请求可予全额支持。央视国际公司所提经济损失赔偿数额偏低的上诉主张成立，北京知识产权法院最终判决：撤销一审判决，改判暴风公司赔偿央视国际公司经济损失及诉讼合理支出共计400万元。

■ 法官说法

体育赛事节目的法律性质以及相关保护路径已成为近年来著作权法研究和讨论的热点问题。互联网技术的迅速发展使得体育赛事节目可以呈现于全媒体平台之上，网播等新兴业态对重金购买赛事转播权并制作电视节目的传统媒体形成冲击，更加凸显了探讨该问题的必要性。在本案中，央视国际公司上诉时明确主张，涉案赛事节目属于著作权法意义上的作品，并进一步明确其具体类型应为电影作品。通过回应该上诉主张，北京知识产权法院回归我国著作权法法定的电影作品的构成要件，首次对体育赛事节目（尤其是体育赛事直播信号所承载的连续画面）的法律性质作出明确定性。

《中华人民共和国著作权法实施条例》（简称《著作权法实施条例》）第四条第（十一）项规定："电影作品和以类似摄制电影的方法创作的作品，是指摄制在一定介质上，由一系列有伴音或者无伴音的画面组成，并且借助适当装置放映或者以其他方式传播的作品。"一般认为，电影作品是作者通过对情节或素材的运用而形成的足以表达其整体思想的连续画面，其或者会为观众带来思想上的共鸣（如故事片或纪录片），或者会为观众带来视觉上的享受（如风光片），或者二者兼而有之。至于其是否具有通常意义上的编剧、演员、配乐等要素，《著作权法》则并不关注。进一步地，根据上述法规规定，电影作品至少应具有"固定"及"独创性"两个构成要件。

首先，构成电影作品应符合"固定"的要求。

电影作品应当"摄制在一定介质上"，该限定意味着其需要已被稳定地固定在有形载体上，亦即需要满足固定的要求。《伯尔尼公约》明确提出了对电影作品的固定要求。该公约第二条第（二）项中规定："本联盟成员国的立法可以规定，所有作品或任何特定种类的作品除非以某种物质形式固定下来，否则不受保护。"因第（二）项是以第（一）项规定为基础，而第（一）项中所规定的作品类型里包括"电影作品和以类似摄制电影方法表现的作品"，故《伯尔尼公约》把电影作品是否应有"固定"要求的决定权留给了联盟成员国国内法。我国的《著作权法实施条例》明确规定："电影作品和以类似摄制电影方法创作的作品"应"摄制在一定介质上"，可见我国将"固定"作为此类作品的构成条件之一。我国《著作权法》第十条第（十三）项有关"摄制权，即以摄制电影或者以类似摄制电影的方法将作品固定在载体上的权利"的规定也从另一角度说明我国著作权法中对于电影作品具有"固定"的要求。

其次，构成电影作品应符合独创性的要求。

我国著作权法规定了著作权及与著作权相关的权利（简称"邻接权"）两

个权利体系。依据《著作权法实施条例》第四条、第五条规定，连续画面或者属于电影作品，或者属于录像制品。本案中，央视国际公司主张涉案赛事节目的独创性较高，其应构成电影作品受到著作权的保护。故对该客体的独创性分析也理应无法脱离录像制品。关于电影作品和录像制品的区别何在，实践中争议巨大。尚且能够达成共识的是二者的区别与独创性相关，分歧则主要体现在二者的区别在于独创性的有无，还是独创性程度的高低。

结合考虑我国著作权法的逻辑体系、著作权与邻接权制度历史发展及司法实践现有做法等因素的基础上，北京知识产权法院明确指出，“电影作品与录像制品之间的区别在于独创性程度的高低，而非独创性的有无。”尽管邻接权产生的初衷是为了保护在作品传播过程中传播者的投入，而非独创性表达，但著作权及邻接权制度的“二元体系”及其发展历史表明，邻接权客体的形成由特定的历史条件和法律传统等因素所决定。对某些体现了一定个性化选择的表达采取著作权保护还是邻接权保护，一定程度上取决于该国法律的制度设计和安排。在录像制品在我国被纳入邻接权体系的情况下，不能排除录像制品具有个性化选择的可能。简单地以是否具有个性化选择、是否具有独创性来区分著作权的对象和邻接权的对象，在逻辑上是难以论证的。

事实上，不同类型作品的独创性角度及高度之所以并不相同，既与作品类型本身的特点有关，亦与著作权法本身的逻辑结构以及著作权法与其他知识产权法之间的逻辑关系有关。对电影作品独创性高度的要求系由著作权法的逻辑结构所致，即著作权法将同为连续画面的电影作品与录像制品分别规定为著作权与邻接权的客体。在存在与电影作品相对应的录像制品这一邻接权客体，而独创性有无并非我国著作权法中著作权客体与邻接权客体的区分标准的情况下，电影作品与录像制品的区别显然应为独创性程度的高低，而非有无。

具体到本案所涉及的体育赛事节目是属于电影作品抑或录像制品的问题，应当对该客体的独创性程度高低进行具体分析。比照纪实类电影作品，可以认为体育赛事节目如要构成电影作品，至少应在“对素材的选择”“对素材的拍摄”“对拍摄画面的选择及编排”等三个方面中的一个或几个方面体现出个性化选择。一般认为，客观限制因素越多，则表达的个性化选择空间越少，相应地，可能达到的独创性高度越低。北京知识产权法院结合世界杯赛事信号直播的客观限制因素，即赛事本身的客观情形、赛事直播的实时性、对直播团队水准的要求、观众的需求、信号的制作标准，从上述的纪实类电影作品独创性判断的三个方面对于体育赛事信号所承载连续画面的独创性高度进行了细致分析。北京知识产权法院认为，在素材的选择上，涉案世界杯赛事信号所承载连续画面基本不存在独创性劳动。而在被拍摄的画面以及对被拍摄画面的选择及编排均受到上述因素限制的情况下，涉案世界杯赛事信号所承载连续画面的个性化选择空间已相当有限。

北京知识产权法院继续指出，就客观限制因素对于个性化选择空间的影响而言，针对不同类型的电影作品可显示出如下递进特点：通常情况下，纪实类的较之于非纪实类的具有更小的个性化选择空间；而在纪实类中，直播类的较之于非直播类的具有更小的个性化选择空间；而在直播类中，有摄制标准要求的要比无要求的具有更小的个性化选择空间。进一步地，需要符合观众需求的显然比无须考虑观众需求的具有更小的个性化选择空间。通常情况下的世界杯体育赛事信号所承载的连续画面均属于上述类型中客观限制最多的情形，即便考虑具有较大独创性空间的集锦部分，其亦无法使得整体信号承载画面达到较高独创性程度。因此，就类型化分析而言，完全受上述因素限制的体育赛事直播信号所承载的连续画面，在独创性高度上较难符合电影作品的要求。即使涉案世界杯赛事直播中包含的中文字幕构成文字作品、解说构成口述作品，但在涉案赛事信号所承载连续画面不构成电影作品的情况下，中文字幕和解说也不能使整个赛事节目构成电影作品。

上述结论是在对世界杯赛事直播各种限制因素综合考虑的基础上所做的类型化分析，但如果在具体案件中，相关体育赛事直播并未受上述限制，或者存在其他独创性的体现，则其画面当然可能构成电影作品。

依据我国《著作权实施条例》第四条、第五条规定，在符合固定要求的情况下，一系列连续画面如果不构成电影作品，则构成录像制品。因此，虽然涉案赛事节目不构成电影作品，但应属于录像制品，其可作为邻接权的客体受到著作权法的相关保护。

本案判决体现出北京知识产权法院的一贯观点，即司法应秉持谦抑的精神，尊重并正确理解、解释和适用现行法律规范，避免“法官造法”。我国《著作权法》的立法根源于我国的法律传统和国情，并受到了国际公约的重要影响，对《著作权法》基本概念的理解应当从国际公约的规定、发展历程及相关会议记录、权威解读等基础性文件出发。同时，必须要考虑到我国《著作权法》的体系结构，以及各类受保护客体之间的逻辑关系。北京知识产权法院在本案中直面作品的创造性等重要但抽象的著作权法基本概念，通过严格把握解释法律、适用法律的正确边界，为体育赛事直播节目的司法保护规划了明确的、统一的、可预期的基本路径。

此外，本案判决还指出，《著作权法》第四十九条第一款中有关法定赔偿的 50 万元上限的适用情形，即该赔偿仅针对一个侵权行为，而非为全案的损害赔偿总额设定上限。鉴于本案中暴风公司实施了多个侵权行为，故即使适用法定赔偿，亦不受到 50 万元上限的限制。据此，本案综合考量各种因素，将经济损失的判赔数额从一审的 50 万元提高到 400 万元，给予权利人以充分的赔偿，这一做法也具有重要的指导意义。

■ 专家评析

对于何为电影作品，我国学术界和司法界以往只谈独创性，长期忽略了另一个构成要件，即《著作权法实施条例》在定义电影作品时，通过“摄制在一定介质上”的用语，明确其必须“固定”。本判决指出现场直播形成的连续画面在当时并未被固定，不符合著作权法对电影作品的要求，这一点尤为重要。我国立法要求电影作品必须“固定”符合公约的要求。判决书的论述和结论均以现行立法为依据，清楚明了。

判决书对于涉案体育赛事现场直播形成的连续画面是否符合独创性的论述，则体现了极高的研究水准和强大的逻辑性。判决书从著作权法对电影作品和录像制品的区分出发，指出两者在独创性的差异在于程度而非有无；根据著作权法对各类作品的定义，说明独创性的要求因作品类型而异；针对纪实类电影作品的特点，将其独创性归纳为对素材的选择、对素材的拍摄和对拍摄画面的选择及编排三方面；结合中超赛事公用信号直播存在诸多客观限制因素的事实，论述了直播画面难以在上述三方面达到著作权法对电影作品独创性的要求，并不构成电影作品。最后指出直播画面被录制后形成录像制品，录像制作者可凭借其享有信息网络传播权阻止他人未经提供录像制品的点播。

判决书对电影作品“固定”要件和独创性要求的阐述全面而细致，既具有国际视野，还有对现有立法的精深解读，更有根据体育赛事直播的特点，对法学原理和法律规范的娴熟运用，是当之无愧的优秀裁决文书。

（**评析专家**：王迁，华东政法大学　教授）

◀ （2015）石民（知）初字第 752 号央视国际网络有限公司诉暴风集团股份有限公司侵害著作权纠纷一审民事判决书

◀ （2015）京知民终字第 1055 号央视国际网络有限公司与暴风集团股份有限公司侵害著作权纠纷二审民事判决书

音乐喷泉喷射效果的作品性质认定

——中科水景诉中科恒业、西湖管理处侵害著作权纠纷案

张晓霞（北京知识产权法院　法官）
杨振（北京知识产权法院　法官助理）

裁判要旨　新类型客体的作品认定关切《著作权法》第三条及《著作权法实施条例》第二条的理解和解释。涉案客体是一种由灯光、色彩、音乐、水型等多种要素共同构成的具有审美意义的动态立体造型表达，符合作品的一般构成要件，属于美术作品的保护范畴。

【案号及审判人员】

一审：北京市海淀区人民法院（2016）京 0108 民初 15322 号　审判长李颖、人民陪审员梁铭全、人民陪审员袁卫

二审：北京知识产权法院（2017）京 73 民终 1404 号　审判长张晓霞、审判员高玲、审判员李志峰

【相关条款】

《中华人民共和国著作权法》第三条，《中华人民共和国著作权法实施条例》第二条、第四条第（八）项

【裁判情况】

北京中科水景科技有限公司（简称“中科水景公司”）主张其对所创作的青岛世园会音乐喷泉《倾国倾城》《风居住的街道》乐曲的喷泉编辑享有著作权，认为杭州西湖风景名胜区湖滨管理处（简称“西湖管理处”）以考察名义从该公司获得包含涉案作品在内的视频、设计图等资料并交给北京中科恒业科技有限公司（简称“中科恒业公司”），中科恒业公司剽窃涉案音乐喷泉编曲并在西湖施工喷放，侵犯该公司著作权。

一审法院认为，音乐喷泉作品所要保护的对象是喷泉在特定音乐配合下形成的喷射表演效果，著作权法中虽无音乐喷泉作品或音乐喷泉编曲作品的类别，但这种作品本身具有独创性，应受到著作权法的保护，并认定侵权成立。中科恒业公司、西湖管理处不服一审判决提起上诉。

北京知识产权法院二审认为：(1)“法律、行政法规规定的其他作品”虽为兜底条款，但鉴于《著作权法释义》明确限制对其扩大解释，故该条款的适用尚存在障碍。(2) 涉案客体通过对喷泉水型、灯光及色彩的变化与音乐情感结合而进行的取舍、选择、安排，展现出的一种艺术美感表达，亦满足“可复制性”要求，符合作品的一般构成要件。(3) 从文义解释的角度看，涉案客体是由灯光、色彩、音乐、水型等多种要素共同构成的具有审美意义的动态立体造型表达，符合美术作品的构成要件。从价值解释角度出发，突破一般认知下静态的、持久固定的造型艺术作为美术作品的概念束缚，将涉案客体认定为美术作品的保护范畴，有利于鼓励对美的表达形式的创新，有助于喷泉相关作品的创作。在此基础上，二审法院判决维持原判。

■ 法官说法

本案被称为“中国喷泉著作权纠纷第一案”，涉及音乐喷泉喷射效果的呈现（简称“涉案客体”）是否构成作品、属于何种作品类型的认定难题，相关规则的确定将对类似案件的审理以及喷泉相关产业的创新发展产生深刻影响。

一、作品认定与法定作品类型认定之间的关系

在我国，有关“作品”的法律规定体现在《著作权法》第三条及《著作权法实施条例》第二条：《著作权法》第三条规定法定作品类型；《著作权法实施条例》第二条规定作品的一般概念并确立作品的一般构成要件。

对于常见客体而言，在认定其是否构成作品的同时就可明确其法定作品类型的归属，这意味着，将某一客体归入法定作品类型的同时即可结合该类作品的特点确定其是否符合作品的一般构成要件。但是，伴随着科技的发展，在文学、艺术和科学领域出现了一些并非法律规定的典型类型作品的客体，但又是富有美感的、能被人们所感知的独创性表达，由此引起了作品认定与法定作品类型判断之间的顺序关系的讨论，即：究竟是先进行作品一般构成要件的认定还是先进行法定作品类型的判断，构成作品是否以归入法定作品类型为前提等。问题的解决还在于对《著作权法》第三条及《著作权法实施条例》第二条的理解和解释。

二、《著作权法》第三条兜底条款适用的局限性

结合《伯尔尼公约》第二条第一款规定的“文学和艺术作品”范畴以及《保护文学和艺术作品伯尔尼公约（1971 年巴黎文本）指南》对“受保护作品”的解释可知，《伯尔尼公约》采取的是既列举典型作品类别又有兜底范围的立法模式。

我国著作权法在确定著作权保护客体的具体内容时，借鉴了《伯尔尼公约》的有关规定。《著作权法》第三条首先列举八种典型的作品类型，并以“法律、行政法规规定的其他作品”兜底而为新类型作品预留了空间。但是，这种“其他作品”有“法律、行政法规规定”所设定条件的限制，特别是《中华人民共和国著作权法释义》解释“法律、行政法规规定的其他作品”时强调必须由法律、行政法规规定，这意味着在立法之初就明确限制了司法对该条款进行扩大解释适用。所以，在目前尚无法律、行政法规明确增加了其他具体作品类型的情况下，在司法裁判中适用该条款是立法明确排除的。

三、新类型客体作品认定的裁判思路

在兜底条款的适用存在障碍的情况下，判断不属于典型类型作品的客体是

否构成作品时，法官应当遵循法律解释的逻辑进行法律的解释，作为法律适用的前提。

涉案客体是设计师借助声光电等科技因素精心设计的成果，展现出一种艺术上的美感，属于“文学、艺术和科学领域内的智力成果”范畴；设计师通过对喷泉水型、灯光及色彩的变化与音乐情感结合的独特取舍、选择、安排，在音乐高亢时呈现出艳丽的色彩与高喷的水柱，在音乐舒缓时呈现出柔和的光点与缓和的摆动，柔美与高亢交相呼应，使观赏者能够感受到完全不同于简单的喷泉喷射效果的表达，具有显著的独创性；通过水型、照明、激光、投影、音响、监控等相应喷泉设备和控制系统的施工布局及点位关联，由设计师在音乐喷泉控制系统上编程制作并在相应软件操控下可实现同样喷射效果的完全再现，满足作品的“可复制性”要求。因此，涉案客体符合实施条例第二条规定的作品的一般构成要件，属于著作权法保护的作品的范畴。

在《著作权法》第三条规定的法定作品类型中，可能与涉案客体相关的是以类似摄制电影的方法创作的作品、计算机软件、美术作品。涉案客体表现为连续活动的画面，但并不符合类电作品“摄制在一定介质上”的构成要件。在非必要情况下，司法保持谦恭而不进行突破扩张也是法律解释应当遵循的规则。同时，虽然涉案客体需要借助计算机软件的编辑，但是，编辑环节涉及的计算机软件作为工具软件与本案无关。即使借助工具软件形成的计算机程序与涉案客体密切相关，但借由该程序与喷泉设备、控制系统等配合所实现的涉案音乐喷泉喷射效果的反复呈现，既非计算机程序本身亦非有关文档，并不属于计算机软件。

四、对“美术作品”的法律解释

法律的适用离不开法律的解释，没有正确的法律解释，就没有正确的法律适用。随着科学技术的不断发展，著作权客体的类型也会发生变化，立法当初不能预测的作品类型也是成文法天生的局限性所在。但是，成文法规定的概括性和抽象性也为法律适用提供了解释的空间。《著作权法实施条例》第四条第（八）项规定了美术作品的概念及构成要件。涉案客体具有属于美术作品的解释余地。

从文义解释的角度看，《著作权法实施条例》有关“美术作品”的规定虽然由绘画、书法、雕塑列示其保护范畴，但“等”字意味着其并非封闭的。根据“美术作品”的含义解析其构成要件包括：第一，美术作品是“造型艺术作品”，通过造型来进行思想的表达；第二，美术作品的构成要素可以是线条、色彩这些典型要素，但不排除其他方式；第三，美术作品具有审美意义，是一种具有美感的艺术性表达；第四，美术作品既可以是平面的呈现，也并不排除立体的形式。由此可见，《著作权法实施条例》有关“美术作品”的规定并未限制其表现形态和存续时间。涉案客体是一种由优美的音乐、绚烂的灯光、瑰丽的色彩、美艳的水型等包含线条、色彩在内的多种要素共同构成的动态立体造型表达，这种美轮美奂的喷射效果呈现显然具有审美意义。在动静形态、存续时间长短均不是美术作品构成要件有意排除范围的情况下，认定涉案客体属于美术作品的保护范畴，并不违反法律解释的规则。

从法律解释的价值追求而言，进行法律解释时应当顺应《著作权法》的立法目的，顺应科技的发展，跟上时代的步伐。虽然喷泉的产生和发展历史悠久，但像涉案客体这样集声、光、色、形俱美的艺术造型表达，在我国却是近几年随着人民精神生活的丰富才发展起来的。用袅袅动听的音乐寄托美、用婀娜多姿的水舞展现美、用绚丽斑斓的灯光衬托美、用灿烂缤纷的色彩描绘美，涉案客体将音乐的情感、灯光色彩的绮丽与水型的变换交织在一起，造就了美轮美奂的动态艺术造型表达。因此，突破一般认知下静态的、持久固定的造型艺术作为美术作品的概念束缚，将涉案客体认定为美术作品的保护范畴，有利于鼓励对美的表达形式的创新发展，防止因剽窃抄袭产生的单调雷同表达，有助于促进喷泉行业的繁荣发展、促进与喷泉相关作品的创作革新。

■ 专家评析

在尊重现行法律刻板的规定和与时俱进地维护智力创新成果这一看似十分艰难的冲突之间走出了一条符合法律逻辑的路子。面对一些所谓新类型作品的归类问题，不少判案法官比较容易采用《著作权法》第三条第（九）项规定，即将这些成果当成“其他作品”。问题在于，在“其他作品”前有“法律、行政法规规定的”限定语。可以说，对此项规定的理解，透露出了司法者心底里对自己与立法者关系的定义。在该案判决中，法官选择无条件地尊重立法者已经明确无误地表达了的意思，这是值得肯定的。更可喜的是，在“此路不通”的情况下，法官没有简单地放下其保护智力创新、维护法律正义的使命，而是通过得体地解释《著作权法》第三条第（四）项和实施条例第四条第（八）项对美术作品的定义，将音乐喷泉效果归结为一种新形态的美术作品来加以保护。由此，该判决展现了法官科学地解释法律、以理服人的娴熟专业技巧，和旗帜鲜明地保护文化艺术创新果实的道德勇气，从而坚守了人民法院维护正义的法律使命。最后，还值得一提的是，主审该案的法官在办案过程中秉承了中国知识产权司法实践多年来形成的一个优良传统，用开放的态度对待疑难问题，注意通过多种渠道与社会各界保持交流，倾听不同的声音，从而围绕着个案中的找法任务推动了法律共同体内部的对话与共识塑造活动，彰显了司法文明进程中东方经验的魅力。

（**评析专家：**韦之，中国政法大学　教授）

◀
（2016）京 0108 民初 15322 号北京中科恒业中自技术有限公司、杭州西湖风景名胜区湖滨管理处、北京中科水景科技有限公司侵害著作权纠纷一审民事判决书

◀
（2017）京 73 民终 1404 号上诉人北京中科恒业中自技术有限公司、上诉人杭州西湖风景名胜区湖滨管理处、被上诉人北京中科水景科技有限公司侵害著作权纠纷二审民事判决书

汇编作品侵权判定的比对

——人民教育出版社诉江苏人民出版社侵害著作权案

张晓霞（北京知识产权法院　法官）
高瞳辉（北京知识产权法院　法官助理）

裁判要旨　汇编作品对于具有独创性的编排体例的保护仍然需要与内容相结合，对作品进行整体保护，而不能与内容割裂单独对编排体例进行保护。因此，在判定汇编作品侵权及考虑侵权情节时，需要体例编排和内容相结合进行整体比对，汇编作品被编排的内容同样是侵权比对的对象。

【案号及审判人员】

一审：北京市大兴区人民法院（2014）大民初字第4417号　审判长马来客、审判员党刚、人民陪审员常永春

二审：北京知识产权法院（2016）京73民终419号　审判长张晓霞、审判员冯刚、审判员宋旭东

【相关条款】

《中华人民共和国著作权法》第十四条

【裁判情况】

原告人民教育出版社发现被告江苏人民出版社出版发行的6册《教材全

析》，未经许可使用了其出版发行的6册《英语》教材和《教师用书》的结构体系和目录，并且直接复制、翻译了其中的大量内容，遂将其诉至北京市大兴区人民法院，要求判令被告承担停止侵权、赔偿损失等责任。

北京市大兴区人民法院审理认为，人民教育出版社出版发行的《英语》教材的文字部分，在教学单元主题、教学栏目，以及课文、练习总体内容等方面，与同类教材不具备一致性，应系编写人员根据教材自身的教学思想及教学模式创作完成，其体例、总体内容具备独创性，整体上符合文字作品的构成要件。江苏人民出版社出版发行的《教材全析》在结构、体例上，使用了人民教育出版社《英语》教材每单元的教学主题及设定的教学栏目；在内容上，江苏人民出版社《教材全析》使用了人民教育出版社《英语》教材及《教师用书》的英文课文、翻译等内容，特别是使用了对教材而言最重要的课文及相应的译文，故江苏人民出版社《教材全析》构成对人民教育出版社《英语》教材及《教师用书》的实质性使用，侵害了人民教育出版社对其《英语》教材及教学用书作品享有的署名权、复制权、发行权。故判决立即停止出版、发行涉案图书，赔偿经济损失35万元、合理支出20054元。

一审判决后，江苏人民出版社不服，上诉至北京知识产权法院。

北京知识产权法院审理后认为：汇编作品对于具有独创性的编排体例的保护仍然需要与内容相结合，即对汇编作品进行整体的保护，不能将内容割裂单独对编排体例作为著作权保护的客体。因此，在判定对汇编作品是否构成侵权时，应该将体例编排和内容相结合作为整体进行比对。虽然《英语》教材及《教师用书》中的部分习题和答案，过于简短或者具有表达的唯一性，难以独立构成作品，但是这部分习题和答案作为汇编作品的组成部分，仍然应当纳入侵权比对的范围。

北京知识产权法院二审判决，驳回上诉，维持原判。

■ 法官说法

本案涉及的法律问题是对于汇编作品认定及如何进行汇编作品的侵权比对。

一、同时认定汇编作品和文字作品的必要性

判断是否侵犯著作权，首先应当对主张权利的作品类型作出认定。因为不同类型的作品，受保护的独创性表达不同，进而确定侵权比对的内容就会有所不同。《著作权法》第十四条规定，汇编若干作品、作品的片段或者不构成作品的数据或者其他材料，对其内容的选择或者编排体现独创性的作品，为汇编作品，其著作权由汇编人享有，但行使著作权时，不得侵犯原作品的著作权。汇编作品与文字作品是基于不同的分类标准对作品进行的分类，二者并不是非此即彼的关系，但是二者考察作品独创性的角度不同，进而保护的内容会有所区别。对于文字作品而言，其独创性的表达主要体现在语言文字的选取上，在进行侵权比对时，属于公有领域的表达以及源自他人的表达即使被诉侵权作品进行了使用，也不能认定为侵权。对于汇编作品，其独创性表现在作品内容的选择和编排上，并不要求选择编排的内容本身具有独创性。因此，即使汇编的内容本身源自共有领域或者是他人的作品，但是由于选择编排上的独创性，仍然属于保护的范围，需要纳入侵权比对的范围。文字作品和汇编作品是基于独创性角度不同的两种分类方式，二者并不是相互排斥的关系，在认定为文字作品的同时，如果符合汇编作品的规定也可以认定为汇编作品。同时，如果汇编的内容本身具有文字作品所要求的独创性，那么汇编的内容同样可以作为文字作品而受到保护。

教材、教辅类作品有不同的种类，有些完全是由权利人独创的，各篇章均由著作权人独立撰写，也有的是选取的文章虽然是公有领域或者是他人撰写的，但是以独特的编排体例进行了汇编，还有的是部分文章是独立撰写的，部分文章是改编自他人作品，但是均按照特有的编排体例进行了汇编。本案即属于第三种情况，部分作品是改编自他人已有作品，部分作品是新创造的作品，整套教材基于特有的编排体例进行了编排。如果仅认定涉案作品为文字作品，而不对是否构成汇编作品进行认定，则会存在以下几个方面的问题：（1）对于作品独创性表达的保护不够，具有新颖性的编排体例难以纳入保护的范围；（2）在侵权比对的范围上难以准确界定。涉案作品是英语教材、教辅类作品，选取的部分文章来自他人的文章进行改写，设置的部分英语类的练习题属于公有领域的惯常表达方式，仅从文字作品的角度考察涉案作品，这部分内容不应该纳入侵权的比对范围。一审判决仅认定涉案作品是文字作品，但是在侵权比对时将涉案作品全部纳入到侵权比对的范围，未区分人教社创作的作品还是已有作品的改编，也没有将部分语法练习题等明显源自共有领域的内容剔除出侵权比对的范围，这种比对方法又是将涉案作品作为汇编作品进行比较，二者存在矛盾。在二审中对作品类型进行了明确，认定从《英语》教材及《教师用书》的结构看，各教学单元主题的选择设置彼此独立，每一个单元均是围绕各自独立主题对教学内容，如背景知识、英文文章及习题、补充材料、教学要求和方法、翻译、答案等进行了特殊的选择和编排。该选择和编排的方式并不同于已有教材的体例设置，体现了一定的独创性，构成我国《著作权法》上的汇编作品。同时也明确对于人民教育出版社独自创造的部分，不妨碍以文字作品获得保护。二审判决同时认定文字作品和汇编作品，不仅充分地体现了涉案作品的应受保护的独创性表达部分，也为正确进行侵权比对创造了条件。

二、汇编作品侵权比对的方式

对于汇编作品如何进行侵权比对司法实践中有不同的看法，根源在于对《著作权法》第十四条的理解。《著作权法》第十四条规定，汇编若干作品、作品的片段或者不构成作品的数据或者其他材料，对其内容的选择或者编排体现独创性的作品，为汇编作品。有的观点就认为既然汇编作品的独创性表达源自对内容的选择或者编排上，那么这种选择或者编排本身就应当受到保护。这种观点错误地理解了《著作权法》第十四条关于汇编作品的规定。汇编作品的独创性体现在对内容的选择或者编排上，这种独创性是由两个方面构成的一个是内容选择的方法即编排体例，另一个是所选取的内容，这两者的结合才构成汇编作品的独创性表达。从思想和表达二分法的角度说反映汇编者选择或者编排方法的教材编排体例本身很难构成表达，而是属于思想。二审判决中就认为虽然汇编作品的独创性体现在内容选择和编排体例上，但是这种选择和编排体例上的独创性不能脱离作品的内容单独保护，如果脱离所编排的内容，不与内容结合的体例编排易抽象成方法或者思想，不属于作品的范畴。汇编作品对于具有独创性的编排体例的保护仍然需要与内容相结合，对作品进行整体保护，而不能与内容割裂单独对编排体例进行保护。因此，在判定汇编作品侵权及考虑侵权情节时，需要体例编排和内容相结合进行整体比对，汇编作品被编排的内容同样是侵权比对的对象。在此认定的基础上，也就解决了教材、教辅作品中选编的他人作品或者明显属于共有领域的表达是否应当纳入侵权比对的问题。

■ 专家评析

汇编作品是非常奇特的作品类别，与《著作权法》第三条所规定的作品类型不在同一逻辑层次，具有劣后性。若某项智力成果对素材的选择或编排具有独创性，但同时却满足第三条所规定之某种作品类型的要件，则一定不构成汇编作品。例如，对人的肢体动作的独创性选择和编排，只会构成舞蹈作品，不可能同时构成汇编作品。

在立法论上是否应当保留汇编作品以及如何处理其与数据库的关系，或许有再探讨的余地。既然现行法予以了承认，在解释论上就必须回答：汇编作品所保护的表达形式究竟是什么呢？关于此点，学理和司法实务界鲜有涉及。正因为如此，该案判决的意义不可小觑。

汇编作品所要保护的表达形式不可能是单纯的选择基准或者编排结构，因为两者均属于思想的范畴。学界有力说认为，汇编作品是以体系化方式呈现的信息集合。该案判决所表明的“体例编排和内容相结合进行整体比对”的立场，与之大致接近。唯其如此，汇编作品在解释论上才具有正当性。若被诉智力成果与汇编作品在内容上完全不具有相似性，例如分别是英语教材和语文教材，则即使体例相同也不构成实质相似。

此外，对汇编作品之独创性部分的借鉴程度，会影响到损害赔偿额的算定。该案二审的判决理由中暗含了这一观点。

（**评析专家**：解亘，南京大学　教授）

◀ （2014）大民初字第4417号江苏人民出版社有限公司与人民教育出版社有限公司侵害著作权纠纷一审民事判决书

◀ （2016）京73民终419号上诉人江苏人民出版社有限公司、被上诉人人民教育出版社有限公司侵害著作权纠纷二审民事判决书

取得改编授权条件下的保护作品完整权问题

——张牧野与中影公司、梦想者公司、乐视公司等保护作品完整权纠纷案

冯刚（北京知识产权法院　法官）

裁判要旨　本案系知名小说改编成电影而引发的侵权纠纷。作者的名誉、声誉是否受损并不是侵害保护作品完整权的要件。改编权属于著作权中的财产权，保护作品完整权属于著作权中的人身权。侵权作品是否获得了改编权，并不影响保护作品完整权对作者人身权的保护。根据《著作权法实施条例》第十条的规定，改编者取得原作者的允许，对原作品作必要的改动，但这种改动仍不得歪曲、篡改原作品。改编者的改动不是绝对的，而是有限的改动。

【案号及审判人员】

一审：北京市西城区人民法院（2016）京0102民初83号民事判决　审判长吴献雅、审判员闻汉东、审判员曹群

二审：北京知识产权法院（2016）京73民终587号民事判决　审判长陈锦川、审判员冯刚、审判员宋鹏

【相关条款】

《中华人民共和国著作权法》第十条第一款第（四）项、第十二条、第十

五条第一款、第四十七条第（四）项，《中华人民共和国著作权法实施条例》第十条，《中华人民共和国侵权责任法》第八条、第二十二条

【裁判情况】

张牧野系知名系列小说《鬼吹灯》的作者，其在一审诉称，电影《九层妖塔》系根据其所著小说《鬼吹灯之精绝古城》改编而成，但电影的故事情节、人物设置、故事背景均与小说相差甚远，远远超出了法律允许的必要改动的范围，对小说存在严重的歪曲、篡改，侵害了张牧野的保护作品完整权，且涉案电影未给张牧野署名，侵害了其署名权。遂请求一审法院判令中国电影股份有限公司（简称“中影公司”）、梦想者电影（北京）有限公司（简称“梦想者公司”）、乐视影业（北京）有限公司（简称“乐视公司”）、陆川停止传播涉案电影，公开赔礼道歉、消除影响，并赔偿精神损害抚慰金100万元。

一审法院经审理认为，在作者将其著作财产权转让给他人后，在判断被转让人的合法改编行为是否侵犯其保护作品完整权时，不能简单依据是否违背作者在原作品中表达的意愿这一主观标准进行判断，而应当重点考虑改编后的作品是否损害了原作品作者的声誉。本案证据不足以证明原作品作者张牧野社会评价降低、声誉受到损害。因此，一审法院认为张牧野关于其保护作品完整权受侵害的主张不成立，而仅支持了关于侵害其署名权的主张，并在此基础上判令中影公司、梦想者公司、乐视公司及第三人北京环球艺术影业有限公司（简称“环球公司”）在传播涉案电影时为张牧野署名并向张牧野公开赔礼道歉，消除影响。

张牧野不服一审判决，就中影公司、梦想者公司、乐视公司向北京知识产权法院提起上诉。

北京知识产权法院经审理认为，作者的名誉、声誉是否受损并不是侵害保护作品完整权的要件。改编权无法涵盖保护作品完整权所保护的利益。如果属于未经授权的改编行为，对作品的改动不存在歪曲、篡改的，不会侵犯保护作品完整权，但会侵犯改编权。如果属于经过授权的改编行为，则不会侵犯改编权，但仍会因为存在歪曲、篡改而侵犯保护作品完整权。因而，侵权作品是否

获得改编权并不影响保护作品完整权对作者人身权的保护。在获得对原作品改编权的情况下，改编作品所作改动亦应当符合必要限度，如果改动的结果导致作者在原作品中要表达的思想情感被曲解，则这种改动就构成对原作品的歪曲、篡改。本案中，涉案电影将主要人物胡八一及Shirley杨分别设定为羿王子后裔及具有异能的鬼族后人，并将涉案小说从普通人类摸金校尉利用风水玄学探险的故事，改为具有超能力的英雄后人与鬼族人和怪兽战斗的故事。上述改动是对涉案小说主要人物设定、故事背景等核心表达要素的大幅度改动，对作者在原作品中表达的观点和情感做了本质上的改变，因而构成了对原作品歪曲、篡改。故北京知识产权法院最终认定，中影公司、梦想者公司、乐视公司侵害了张牧野对涉案小说的保护作品完整权，判令其停止传播涉案电影，向张牧野公开赔礼道歉、消除影响，并赔偿张牧野精神损害抚慰金5万元。

■ 法官说法

对于改编电影作品在保护作品完整权方面的特殊规定这一问题，我国《著作权法实施条例》第十条规定："著作权人许可他人将其作品摄制成电影作品和以类似摄制电影的方法创作的作品的，视为已同意对其作品进行必要的改动，但是这种改动不得歪曲篡改原作品。"

适用这一条款的前提是经过合法授权的拍摄行为，中间规定的是推定著作权人同意进行必要的改动，但书内容规定的改动限制——不得歪曲篡改原作品。可见，法律规定摄制电影的改动是具有严格限制的。首先，这个限制就是"必要的改动"，包含两个含义：第一是因为电影改编行为而需要进行改动，如果不改动则电影无法拍摄。例如意大利《著作权法》第47条规定："制片人有权对其使用的作品进行必要的改动以适应电影的需要。"这种需要通常可以理解为为了符合电影审查制度，为了电影上映所需要做的改动。例如，在原作品中如果含有违反宗教政策、暴力、色情等不宜在电影中呈现的描写，就应当允许这部分不在电影作品中出现，或者用其他合适的方式替代。但是具体哪些改动是必要的，应当由改编方来举证。本案中，改编方提供的证据并没有证明其影片中所做的改动是基于电影审查制度的要求，其抗辩电影中不能有鬼神、不能有盗墓行为，这些理由都不是我国电影审查制度的要求，原著小说被电影改编的部分也没有这些内容，所以其抗辩理由无法成立。

改动应当在必要限度内。即便属于必要改动的范畴，也不意味着可以随意改动。比如涉案电影中，即便把盗墓及风水等相关因素以审查为由予以改动，也应当尽可能采取尽量不远离原著的方式。改编创作具有多样性，并非只有一个唯一的方案，在各种方案选择上应同时避免违反审查制度和侵犯他人合法权利。在涉案电影之后上映的《寻龙诀》同样是改编自《鬼吹灯》系列小说，但是都巧妙地设计了相关问题，并没有因此而导致无法上映。并且，《寻龙诀》的改编也得到了原著粉丝的多数认可。

而涉案电影《九层妖塔》把涉案小说主人公的身份从盗墓者改成外星人后裔并具有超能力，这一点就改动了原著的基本人物设定，进而实质上改变了作者在原作中的思想观点。制片方认为摸金校尉属于盗墓者，属于电影审查层面上不能正面表现的内容，其在二审中强调“在我国影视剧创作中，根据《电影管理条例》等法律规定及实务情况，盗墓题材的拍摄具有极大的内容审查风险，特别是将盗墓行为及盗墓分子进行正面、褒扬式的表现，体现出‘盗墓无罪论’或者‘盗墓可爱说’则具有更大的内容审查风险。制片方称对于原著作品的改编，一方面是作为‘盗墓’小说电影改编的首部作品，对于国家法律及政策的严格遵守，尽可能规避审查风险以及由此带来的巨大的商业风险；另一方面则是因为原著作品所具有的特征，对原著作品中的内容进行的合理编排，对于原著作品中隐喻内容的合理解读”。制片方认为，原著是盗墓题材的作品，在影片筹备之时，广电总局对于影片有严格的要求，因此根据审查进行的内容改动属于正当的改动。排除改动外，其他的内容是与小说高度重合的。为此，制片方提供了原国家广播电影总局电影管理局《关于原则同意吹灯传说之精绝古城拍摄的通知》，以及《盗墓笔记》等网剧下架的新闻，以此来证明由于涉案小说存在封建迷信、血腥暴力的内容，为了避免审查风险进行较大幅度的改动属于必要的改动。作者认为，我国电影审查制度自始就有，有电影审查制度就有电影审查风险。电影审查风险是客观存在的属于正常的风险，不能因为规避正常风险而侵犯他人的合法权益，更不能以此作为不侵权的抗辩理由。

那么，是否为了满足电影审查的需要所做的任何改动都属于必要的改动呢？是否为了通过电影审查，在电影中就不能出现任何违法犯罪和反映社会负面的内容呢？答案显然是否定的。习近平同志2014年在文艺座谈会上曾指出："当然，生活中并非到处都是莺歌燕舞、花团锦簇，社会上还有许多不如人意之处、还存在一些丑恶现象。对这些现象不是不要反映，而是要解决好如何反映的问题。"可见，那种简单删除原著中涉及的可能的负面因素并非值得肯定的改动做法。审理中也注意到，涉案电影所改编的部分所对应的原著小说内容中，主人公在昆仑山和沙漠探险的目的均不是盗墓，而是地质勘探或帮助科考队探墓考古。同时，在后上映的电影《寻龙诀》也同样改编自原作者的同类型盗墓系列小说，其中对于主人公的身份设定并未有所改动，可见这种改动并非广电主管部门的明确否定范围。同时，制片方也没有证明这种实质性的改动属于必要的改编方案，或者没有超出必要的改编限度，导致其结果是构成对原作的歪曲篡改。

最后仍然要强调的是，根据《著作权法实施条例》的规定，即便满足了"必要的改动"条件，仍然还要求不得"歪曲、篡改原作品"。也就是说，即使改编方可以证明改动是必要的，且所作改动也在必要限度之内，但是如果改动的结果仍然导致作者在原作品中要表达的思想观点被曲解，则这种"必要的改动"仍然有可能歪曲、篡改原作品，从而导致侵犯原作者的保护作品完整权。

当然，法院可以理解电影制片方为了最大限度降低审查风险保证电影过审上映，把一切可能的风险因素去除的初衷，但是这样做的结果却可能导致对原作品歪曲篡改的法律风险的提高。例如涉案电影把小说铁三角组合主人公之一的王凯旋改为配角，把王凯旋的性格和人设进行了完全不同的改动，改编方并没有证明这种改动是基于电影审查制度或者是经过了原作者的许可。在此前提下，电影制片方应当充分与相关主管部门进行沟通，以准确获知相关审查需求，而不能为了保证影片过审而不顾侵害他人的合法权益，如果经过各种选择沟通确实属于无法过审的作品则不应当强行进行改编拍摄。"行使自己权利以不损害他人权利为限"是一句著名的罗马法谚。我国《宪法》第五十一条规定："中华人民共和国公民在行使自由和权利的时候，不得损害国家的、社会的、集体的利益和其他公民的合法的自由和权利。”制片方更不可以影片拍摄投资巨大来当作可以侵害他人合法权益的借口。习近平同志在文艺座谈会上曾指出：“一部好的作品，应该是经得起人民评价、专家评价、市场检验的作品，应该是把社会效益放在首位，同时也应该是社会效益和经济效益相统一的作品。在发展社会主义市场经济的条件下，许多文化产品要通过市场实现价值，当然不能完全不考虑经济效益。然而，同社会效益相比，经济效益是第二位的，当两个效益、两种价值发生矛盾时，经济效益要服从社会效益，市场价值要服从社会价值。文艺不能当市场的奴隶，不要沾满了铜臭气。”可见，无论是我党的政策还是国家法律法规均不会因为获得合法改编权就允许任意的没有底线的改编行为，不会允许为了电影能够过审而侵害他人合法权益，不会允许用财产性权利去抵消法律对人身性权利的保护。

法院也充分考虑到电影创作的特殊性，根据双方都作为证据提交的汪流主编的《电影编剧学》书中指出：“电影改编在理论和实务中存在着移植、节选、浓缩、取意、变通取意、符合等多种改编方式……在我国电影改编实务中，对于对待一般作品，通常会采取改动较大的方式。忠实原作主要是指忠实于原作的精髓（或叫作‘神韵’和‘实质’），绝非指要受原作形式上的束缚。即：不是照搬原作一词一句，而是要尊重作者在原作中表达的精神……对原作无论进行增补，还是删减，其目的，自然是为了丰富原作，而不是为了削弱原作。即使是对原作进行删节，其目的也仍然是为了突出题旨，使形象更加集中……”❶ 所以，按照电影行业理论，即便是仅选择原著的一部分进行改编拍摄，那么为了情节的完整性删减增加改动在所难免，但是这种增删也应是为了将这一部分改编的内容更加丰富更加突出，而不是削弱了原作在改编作品中的占比。本案中，涉案电影增加的 749 局、王馆长、沙漠打怪兽、鬼族人宿命等内容，其体量远远大于小说被改编的部分，且内容与被改编的部分基本无关联。

在本案审理中，结合电影对小说主人公人物设定的根本性改动，电影整体与小说中被改编的部分进行比较，尽管合议庭已经充分考虑到电影系获得授权

❶ 汪流．电影编剧学［M］．北京：北京广播学院出版社，2000.

拍摄、电影的类型属于商业娱乐片等种种因素，仍然可以得出电影中改变的部分远远超出了法律允许的范围，对原作构成了歪曲篡改，侵犯了保护作品完整权。这种歪曲、篡改会导致没有读过原著的观众看了电影后产生对原著的误解，作为普通观众很有可能将小说错误解读为其中精绝古城的秘密来源于外星文明、小说主人公具有超能力等内容。并且导演陆川在接受采访时称，90%的观众是没有看过原著的，所以这种误解将是大范围的而不是个别的。至于这种误解是否成立，不能仅仅按照原作者的主观判断来评判，还可以参考读过原著的观众的评价。根据证据，这些评价基本上都认为电影是对小说的“粉碎性改编”或者“原来这就是鬼吹灯”“撇开离谱的故事情节，九层妖塔说是鬼吹灯的同人文都算不上，同人文好歹人物性格一样，然而电影里的几个主角被改得面目全非！”

同时，合议庭也根据社会公众对涉案电影改动的整体评价，认为虽然电影评论没有针对涉案小说，但也足以证明小说作者的声誉因为涉案电影的改编而遭到贬损。例如，部分观众评论，“原著粉哭晕……天下霸唱是个败家玩意儿，多好的剧本这就拿出去了”“原来这就是鬼吹灯”“这么弱智的小说怎么火的？”这些评论已经直接指向原著小说，是由于电影内容导致观众对原著小说的误解，可以判定已经损害了作者基于原著小说所形成的良好声誉。

停止侵权责任仍然是侵犯著作权首要和基本的救济方式，侵权人不承担停止侵权责任是一种利益衡量之后的政策选择，属例外情形，应严格把握。是否对权利人停止侵害请求权加以限制，主要考量的是个人利益之间的平衡。只有当停止侵权将过度损害相关主体合法权益时，才能加以适度限制。本案中，涉案电影已下映近三年，其院线票房收入已实现，涉案电影的网络播放也已持续相当长的期间。最后，经过考量侵权方的过错程度、侵权程度、损害后果和社会影响，考量涉案电影发行的情况，故判令停止侵权不会导致双方之间利益失衡。

■ 专家评析

侵害作品保护完整权是否以有损作者声誉为必要条件，存在不同立法例，理论上存在争议，司法实践中也有不同的做法。虽然《伯尔尼公约》明确规定，作者有权禁止对其作品所进行的任何有损其声誉的歪曲、割裂、修改或其他贬损行为，但我国《著作权法》第 10 条的规定在表述上并无“有损作者声誉”之行为后果的描述和限定，给司法实践对保护作品完整权是否被侵犯的判定带来了不确定性。尤其是对已将著作权中的改编或其他演绎方式的财产性权利许可或转让给他人时，作者是否可以对合法的被许可受让人改编或演绎创作的新作品主张侵权，又如何获得保护作品完整权的救济，理论和实务界争议频仍。

在该案中，法官从体系解释、比较法解释多角度，从领会习近平总书记就文艺领域的讲话精神和现行的部分文艺政策等多方面，入情入理，依法依规，对于“必要的改动”“必要限度”等做出了清晰的阐释。这不仅为司法裁判提供了指引，而且为行业发展指明了方向。而且，在侵犯保护作品完整权是否以有损作者声誉为必要条件这一问题上，该案采否定说。保护作品完整权保护的为作品的同一性，如果作品的同一性被破坏，即便作者声誉并未被破坏，保护作品完整权依然被侵犯。在何种情形之下，作品的同一性被破坏，该案裁判结合具体案情进行了分析。虽然改编的方法很多，改编作品在形式上可以“万变”，但“万变”不能够离原作的“宗”。如果原作的基本要素（例如小说的人物、情节、环境）被改动，原作的同一性便不再保持，此时，原作的完整性便被破坏。

（**评析专家**：*卢海君，对外经济贸易大学　教授*）

◀ （2016）京 0102 民初 83 号张牧野与中国电影股份有限公司、梦想者电影（北京）有限公司、乐视影业有限公司、陆川、北京环球艺动影业有限公司侵害著作权纠纷民事一审判决书

◀ （2016）京 73 民终 587 号上诉人张牧野与被上诉人中国电影股份有限公司、被上诉人梦想者电影（北京）有限公司、被上诉人乐视影业有限公司一审被告陆川、一审第三人北京环球艺动影业有限公司侵害著作权纠纷民事二审判决书

云服务器租赁服务提供者侵权责任的认定

——乐动卓越公司诉阿里云公司侵害作品信息网络传播权纠纷案

冯刚（北京知识产权法院　法官）

裁判要旨

1. 云服务器租赁服务提供者属于《侵权责任法》第三十六条规定的网络服务提供者，在《信息网络传播权保护条例》等特别法缺乏具体规定的情况下，对提供云服务器租赁服务的应当适用《侵权责任法》第三十六条予以规制；

2. 合格通知应当使得网络服务提供者知晓其网络中存在他人上传的侵权信息，需具备权利人的姓名及联系方式、侵权作品的名称和网络地址以及构成侵权的初步证明材料等要素；

3. 根据云服务器租赁服务提供者的技术特征、行业监管及商业伦理的要求，可以将转通知作为其在接到权利人合格通知后所采取的必要措施。

【案号及审判人员】

一审：北京市石景山区人民法院（2015）石民（知）初字第8279号民事判决　审判长易珍春、人民陪审员董德虎、人民陪审员孙秀芝

二审：北京知识产权法院（2017）京73民终1194号民事判决　审判长陈锦川、审判员冯刚、审判员宋鹏

【相关条款】

《中华人民共和国著作权》第十条第一款第（十二）项、第四十九条，《信息网络传播权保护条例》第十四条、第十五条、第十六条、第十七条、第二十二条、第二十三条、第二十四条，《中华人民共和国侵权责任法》第三十六条，《最高人民法院关于审理利用信息网络侵害人身权益民事纠纷案件适用法律若干问题的规定》第五条

【裁判情况】

北京乐动卓越科技有限公司（简称“乐动卓越公司”）是移动端游戏《我叫 MT online》和《我叫 MT2》的著作权人和研发人。乐动卓越公司发现，《我叫 MT 畅爽版》游戏是侵权人非法复制《我叫 MT online》游戏的数据包，通过 callmt. com 网站非法运营获利。callmt. com 网站经营人的上述行为侵害了乐动卓越公司的《我叫 MT》游戏著作权。乐动卓越公司通过 whois 域名查询系统、域名备案系统，均无 callmt. com 网站的经营人相关信息。经调查发现，《我叫 MT 畅爽版》游戏内容存储于阿里云服务器，并通过该服务器向客户端提供游戏服务。乐动卓越公司曾三次致函阿里云计算有限公司（简称“阿里云公司”），要求其删除侵权内容，并提供服务器租用人的具体信息。但投诉无果，《我叫 MT 畅爽版》游戏内容仍然存储于阿里云公司服务器上。乐动卓越公司遂向一审法院提起诉讼，请求判令阿里云公司断开链接并停止为《我叫 MT 畅爽版》游戏继续提供服务器租赁服务并赔偿损失。

一审法院认为阿里云公司作为服务器提供商，在他人重大利益因其提供的网络服务而受到损害的时候，其作为服务器服务的提供者应当承担其应尽的义务，采取必要的、合理的、适当的措施积极配合权利人的维权行为，防止权利人的损失持续扩大。阿里云公司对于乐动卓越公司的通知一直持有消极态度，从原告第一次发出通知，到诉讼中被告采取措施，被告在长达八个月的时间里未采取任何措施，远远超出了反应的合理时间，主观上未意识到损害后果存在过错，客观上导致了损害后果的持续扩大，被告对此应当承担相应的法律责任。

一审法院判决阿里云公司赔偿乐动卓越公司经济损失25万元及诉讼合理支出11240元，两项共计261240元。

阿里云公司不服原审判决，提起上诉。

二审法院经审理认为：侵害信息网络传播权纠纷在《侵权责任法》第三十六条与《信息网络传播权保护条例》适用选择时，应当优先适用《信息网络传播权保护条例》。如认定阿里云公司不属于《信息网络传播权保护条例》第二十条至第二十三条规定的四类网络服务提供者，且《信息网络传播权保护条例》及相关司法解释无一般性规定，再考虑适用《侵权责任法》第三十六条。本案中，阿里云公司提供的云服务器租赁服务与信息存储空间服务、自动接入、自动传输和自动缓存服务等服务性质完全不同，应当适用《侵权责任法》第三十六条的相关规定。

“通知”的作用在于使网络服务提供者知晓其网络中存在他人上传的侵权信息。适用《侵权责任法》第三十六条第二款中的通知，有关通知的形式、内容及通知的程序可以参照适用《信息网络传播权保护条例》和司法解释中的有关规定。在案证据不能证明乐动卓越公司的通知符合合格通知的法定要件。权利人发出的通知符合法律规定的合格通知要件即为合格通知，而不应对权利人提出额外的形式或内容要求。反之，权利人发出的通知不满足法律规定的合格通知要件即为不合格通知，不应对网络服务提供者苛以进一步联系、核实、调查等责任。因此，一审法院关于阿里云公司“完全可以通过联系原告以确认相关版权问题”的认定与其关于通知有效的认定自相矛盾，且没有法律依据。

《侵权责任法》第三十六条第二款对网络服务提供者接到权利人的有效通知后应当采取的防止侵权扩大的必要措施采取了开放性态度，既考虑到权利人主张著作权、商标权或人格权等权益的性质和侵权判断难度不同，也考虑到网络服务提供者可能不仅限于提供“信息存储空间服务”和“搜索、链接服务”，接到有效通知后简单采取移除措施或其他等效措施，有可能会对提供其他性质服务的网络服务提供者或其用户的合法利益造成不当损害。鉴于信息服务业务类型不同，以及权利人主张权利内容不同，阿里云公司仅根据权利人通知即采取后果最严厉的“关停服务器”或“强行删除服务器内全部数据”措施有可能给云计算行业乃至整个互联网行业带来严重的影响，并不适当，不符合审慎、合理之原则。考虑到阿里云公司提供的云服务器租赁服务的技术特征，北京知识产权法院亦认为，即使接到有效通知，阿里云公司应当基于通知内容所能提供的信息及根据该信息所能作出的一般性合理判断，采取与其技术管理能力和职能相适应的措施。

随着“通知—删除”规则扩张至《信息网络传播权保护条例》以外的场合，“转通知”本身具有了成为独立必要措施的价值。在不适合直接采取删除措施的情况下，转通知体现了网络服务提供者“警示”侵权人的意图，从而在一定程度上有利于防止损害后果扩大，可以成为“必要措施”从而使得网络服务提供者达到免责条件。本案若乐动卓越公司的通知属于合格通知，则阿里云公司应负有转通知的义务，即将乐动卓越公司的投诉材料转达相关云服务器的承租人，并根据承租人收到投诉材料后的反馈情况，再行决定是否采取其他必要措施。若投诉通知合格，阿里云公司却没有在合理期间内进行“转通知”，则可能不符合免责条件，进而在直接侵权成立的情况下，构成帮助侵权并因此承担侵权责任。

乐动卓越公司向阿里云公司发出的通知不符合法律规定，属于无效通知，阿里云公司在接到通知后未采取必要措施未违反法律规定。因此，阿里云公司就其出租的云服务器中存储侵权软件的行为，在本案中不应承担侵权责任。网络服务提供者构成侵权的，是对损害的扩大部分与网络用户承担连带责任，而非独立的损害赔偿责任。在本案中，即便阿里云公司构成帮助侵权并应当依法承担赔偿责任，但是，在（2017）京 0105 刑初 1334 号刑事案件中，已查明直接侵权人即《我叫 MT 畅爽版》经营者在运营涉案游戏及其他游戏共取得收入 270 余万元，在前述刑事案件审理过程中，直接侵权人与乐动卓越公司商定赔偿乐动卓越公司经济损失 400 万元，乐动卓越公司对其表示谅解，并请求免于追究直接侵权人刑事责任。即直接侵权人向乐动卓越公司实际支付的赔偿金额达到 400 万元，已经超过了使用涉案软件产生的违法所得，乐动卓越公司因涉案侵权行为而受到的损失已经实际获得了其认可的弥补。故即便阿里云公司构成帮助侵权并应当依法承担赔偿责任，亦不应判决阿里云公司额外再向乐动卓越公司支付赔偿款项。

基于上述分析，二审法院判决撤销一审判决，并驳回乐动卓越公司的全部诉讼请求。

■ 法官说法

本案涉及云服务器租赁行业这一互联网新兴业态的主体性质认定以及过错判定等问题，要讨论云服务器责任边界，首先要解决的问题是，云服务器属于什么类型的网络服务提供者。《信息网络传播权保护条例》规定了的四类网络服务提供者，包括网络自动接入和传输服务提供者、自动缓存服务提供者、链接和搜索服务提供者、网络空间存储服务提供者。《信息网络传播权保护条例》分别设定了不同的注意义务。但近年来随着技术发展，出现了很多新的网络服务。云服务即是其中一种。

从云服务的技术性质来看，云服务器提供商是将基础设施的虚拟化使诸如光驱、硬盘等硬件成为随网提供，这种网络服务提供方式是一种新型服务。信息存储空间与云服务器租赁服务在网络服务中处于不同的业务流程和技术层级，信息存储空间是服务提供者利用传统模式或云计算模式，在购买或租用服务器、带宽资源后，通过接入商接入互联网，为公众提供门户平台、电商平台等服务。而云计算服务只负责提供基础设施、保障前者的合同利益，而不参与也不可能参与前者的经营活动，与前者存在本质的差异。云服务器与自动接入和自动传输服务在技术特征和行业监管层面也有明显不同。由此可见，云服务器并不能简单地归类为现有的几类网络服务提供者。

既然云服务器不属于《信息网络传播权保护条例》中规定的任何一种网络服务，应当承当何种注意义务则是本案重点需要解决的问题。这一问题的解决思路，其本质上是相对滞后的法律如何回应技术变革带来的新问题。我们认为，任何侵权规则的设计和侵权事实的认定，都是在既有法律的框架内探求个人自由与社会安全之间的合理风险配置。回顾网络服务提供者共同侵权责任的认定，无论是过错责任考量上关于明知和应知范畴的调整，还是必要措施范围和程序的细化，都是不变的法律对技术变革带来的新问题做出的回应。笔者在办理本次云计算侵权责任案件时，也是采用这一应对原则。

云服务提供者注意义务的界定需要考虑以下要素。

一是作为网络服务提供商对侵权信息的控制能力和处理能力。对于云服务提供者而言，其在技术上和商业伦理上均不能对侵权信息定位和处理。技术上而言，云服务提供者提供的是基础服务，能够控制的范围非常底层，其提供的第一层级 IAAS 仅有技术能力对服务器进行整体关停或空间释放，对用户利用云基础设施开设的网站和网络应用总存储的信息无法直接控制。而且，商业伦理上不允许其直接控制用户数据。按照《信息安全技术云计算服务安全指南》等国家标准和行业伦理，云服务器租赁服务提供者负有极为严格的安全保护义务、保密义务和隐私保护义务，不允许其接触用户存储的信息内容，遑论对内容进行核实、处理、删除。如果司法上苛求其针对服务器中存储信息承担核实和删除义务，会带来严重的行业伦理冲突。

二是从“比例原则”和“效益最大化”角度考虑，也不适合由云服务器来承担相应的核实和删除义务。网络服务提供者之间已经出现了层级叠加和分化的现象，如果权利人为图省事，直接找相对底层的基础服务提供者处理，而不要求直接侵权人或者离侵权行为最近的网络服务提供方尽到更多控制侵权的义务，则不利于这些服务商提升知识产权保护能力。而且如前所述，云服务器提供者只能通过整体删除或者断开服务的方式来阻止侵权行为，其应对成本较高，且直接关停或整体删除，则对用户的数据和日常经营会带来重大影响。如果司法鼓励这种模式，有违“效益最大化”的原则，也极有可能给用户造成的损失大于权利人被侵权的损失，有违比例原则。

三是从激励产业发展角度，“通知—转通知”相比“通知—删除”是更适合云服务提供者的注意义务。根据激励理论，对知识产权的保护，离不开对各方的有效激励。只有为网络服务提供者设定合理的注意义务，促进各方通过“成本—收益”的衡量作出理性选择，才能促进其对知识产品的传播，激发其积极性，从而带动互联网行业的繁荣发展，最终激励社会创新及创新成果的传播。从我国云计算行业的发展阶段来看，若对云计算服务提供者在侵权领域的必要措施和免责条件的要求过于苛刻，势必会激励其将大量资源投入法律风险的防范，增加运营成本，给行业发展带来巨大的负面影响。而动辄要求云计算服务提供者删除用户数据或关闭服务器，也会严重影响用户对其正常经营和数据安全的信心，影响行业整体发展。

最后，云服务提供者需要承担转通知的注意义务，其前提是权利人发出的是合格通知。而通知是否合格，关键在于能否使网络服务提供者准确识别权利人、准确快速定位侵权内容并易于对侵权行为作出判断。因此不宜要求云服务器提供者承担过重的审查义务，比如主动联系权利人核实情况，否则将明显增加云服务器公司的运营成本，也不利于激励权利人本着对自身权利负责的态度去准备通知材料，更容易陷入调查边界等细节问题的判断，从而使得合格通知的规定完全落空。

■ 专家评析

大数据、云存储、云计算、点对点传输的新技术在丰富了传播方式、便捷了信息共享的同时，也产生了一系列的争议。而随着侵权平台去中心化、侵权方式多样化、侵权平台隐秘化、侵权链条产业化、侵权行为国际化，互联网版权侵权案件也呈现出越发复杂的样貌。该案即是一例。该案中，对所涉及的云服务器租赁中云服务器提供商的连带责任边界如何认定、通知删除规则如何适用，司法能够做出合理裁判，裁判者必须兼具对新技术的熟悉和对法律规则的把握。

该案从云服务的法律定性、利益平衡、行业激励等多角度展开论述，对被侵权人、网络云服务提供者的权利与权利实现方式、义务与义务边界、云服务器租赁服务提供者的侵权责任都作出了详尽的阐释；自案件出发而不囿于案件，在“通知删除”规则适用场合扩张的法律情景、云服务方兴未艾的技术情景下，还对“通知删除”规则的规范适用、网络云服务提供者的应尽义务给出明确的指引，必将对日后的同类案件审理、被侵权人合法维权、网络云服务提供者规范自身管理提供重要参考。

遵守技术中立，谋求利益平衡，司法者手中自有一杆秤。如何利用现有的法律规则，在鼓励创新、支持发展的同时，引导新兴互联网技术行业尊重版权，尊重他人的劳动成果，是裁判者需要回答的时代命题。

（**评析专家**：*卢海君，对外经济贸易大学　教授*）

◀

（2015）石民（知）初字第 8279 号北京乐动卓越科技有限公司与阿里云计算有限公司侵害信息网络传播权纠纷一审民事判决书

◀

（2017）京 73 民终 1194 号北京乐动卓越科技有限公司与阿里云计算有限公司侵害信息网络传播权纠纷二审民事判决书

著作权领域实质性相似的理解

——王晓峗诉搜狐公司、金狐公司、梦幻星公司侵害著作权及不正当竞争纠纷案

刘炫孜（北京知识产权法院　法官）

裁判要旨　实质性相似是指著作权人的作品与被诉侵权作品中的表达构成相似，比对时需排除非独创性部分，相似内容所占比例不影响定性。

【案号及审判人员】

一审：北京市海淀区人民法院（2016）京0108民初4553号　审判长曹丽萍、人民陪审员梁铭全、人民陪审员彭振义

二审：北京知识产权法院（2017）京73民终2113号　审判长芮松艳、审判员刘炫孜、审判员许波

【相关条款】

2010年《中华人民共和国著作权法》第十条、第四十七条

【裁判情况】

王晓峗（笔名：九夜茴）创作了小说《匆匆那年》，该书自出版以来，深受读者喜爱。2014年9月出版发行的《匆匆那年》一书的最后部分为小说“番外”，落款注明“2013年6月《匆匆那年》成文后五年于北京”。

2012年4月5日，天津金狐文化传播有限公司（简称“金狐公司”）与王晓頔订立《〈匆匆那年〉电视剧改编权转让协议》，约定以下权利转归金狐公司享有：以小说为故事中心延伸扩编或改编（包括删节）成电视剧作品的剧本改编权以及根据改编后的剧本摄制电视剧、广告片、广播剧、网络剧作品的权利等四项权利。随后，金狐公司制作完成《匆匆那年》网络剧，该剧播出后，反响热烈。

2015年12月，金狐公司组织拍摄的网络剧《匆匆那年：好久不见》开始在搜狐网站的搜狐视频栏目中播出。该剧每集片头标注有“本故事根据九夜茴同名小说《匆匆那年》改编”。

王晓頔将北京搜狐互联网信息服务有限公司（简称“搜狐公司”）、金狐公司、浙江梦幻星影视文化有限公司（简称“梦幻星公司”）（一审被告）诉至法院称，三被告实施了侵害王晓頔就《匆匆那年》小说及小说“番外”享有的著作权的行为并实施了仿冒知名小说特有名称和虚假宣传的不正当竞争行为，请求判令三被告停止侵权、赔礼道歉、赔偿经济损失300万元等。

经审理，一审法院部分支持了王晓頔的诉讼请求，判决停止侵权，金狐公司赔偿王晓頔100万元及合理费用4940元并赔礼道歉，梦幻星公司就其中5万元承担连带赔偿责任，搜狐公司就其中20万元承担连带赔偿责任。

王晓頔、搜狐公司、金狐公司均不服一审判决，向北京知识产权法院提起上诉。

北京知识产权法院认为各上诉人的上诉主张均不能成立，判决：驳回上诉，维持原判。

■ 法官说法

通常来说，侵犯著作权需要以使用作品为前提，而“实质性相似+接触”是判断是否使用作品的重要方法。“实质性相似+接触”规则是对侵权行为认定之法律适用的理论概括和司法经验总结，并非采取法定主义原则由立法直接规定。[1] 实质性相似是指著作权人作品与被诉侵权作品中的表达构成相似。司法

---

[1] 吴汉东. 试论“实质性相似+接触”的侵权认定规则［J］. 法学，2015.

实践中，对于低级抄袭，也就是原封不动或者基本原封不动地复制他人作品的行为的审理难度不大，但是对于高级抄袭，也就是经改头换面后将他人受著作权保护的独创成分窃为己有的行为，长期属于审判中的难点，需要经过认真辨别，甚至需要经过专家鉴定后方能认定。[1] 下面将结合《著作权法》的基本原理和本案的具体案情阐述对“实质性相似”的理解。

第一，实质性相似判断时，应排除非作者独创部分。现代人站在前人的肩膀上进行创作，作品中除了自己独创的部分，很有可能还包括公有领域的内容以及借鉴他人的内容，在进行实质性相似比对时，自然应将这部分内容予以排除。如果被告在案件审理过程中提出相应抗辩，应对此负有举证责任。本案中，《匆匆那年：好久不见》中存在使用小说“番外”的一个情节，即陈寻曾在高考时为了能和方茴在一起放弃了一道13分大题，但后来没能和方茴在一起，也没上理想的大学和专业。陈寻在夜店认识七七，并讲述了这一让他后悔的事。当晚，陈寻喝多了带七七回家，第二天早上醒来看到七七。金狐公司认为，《匆匆那年：好久不见》中使用小说“番外”的内容属于同类剧的常见内容或通用情节，本身不具有独创性。但金狐公司并未提供充分证据予以证明，故法院对其主张没有支持。

第二，相似内容必须构成作品，否则不可能侵犯原告的著作权。《中华人民共和国著作权法实施条例》第二条规定，作品是指文学、艺术和科学领域内具有独创性并能以某种有形形式复制的智力成果。根据该规定，只有具有独创性的表达才能构成著作权法意义上的作品。独创性要求该表达系作者独立完成，并体现作者的个性。王晓岫主张，方茴、陈寻、乔燃、赵烨和林嘉茉五个人物名称具有独创性，属于著作权法所保护的作品。而且人物的名称已经与人物的个性特征、人物关系以及故事情节融为一体，故在判断上述人物名称是否构成作品时应同时考虑人物名称背后的故事。在判断名称、标题等词组或短语是否构成作品时，主要考察其是否体现作者的独创性劳动，同时能否相对完整地表达作者的思想、传达一定信息。本案中，方茴、陈寻、乔燃、赵烨和林嘉茉这五个人物名称显然无法相对完整地表达作者的独创性思想，无法实现作品的基

---

[1] 见《国家版权局版权版权管理司关于如何认定抄袭行为给某某市版权局的答复》。

本功能。因此，在方茴、陈寻、乔燃、赵烨和林嘉茉这五个人物名称不构成作品的情况下，即使《匆匆那年：好久不见》使用了上述人物名称的也不属于对作品的使用，自然不可能侵犯王晓頔对《匆匆那年》小说享有的著作权。需要说明的是，虽然读者在阅读小说后，会了解小说中人物的个性特征、人物关系及相关故事情节等内容，但这样的认识显然来源于小说的具体情节，而不是人物名称本身，不能用以证明人物名称构成作品。

第三，实质性相似的比对对象是著作权人作品和被诉侵权作品中的表达。《著作权法》仅保护思想的表达，而不保护思想。如果被诉侵权作品中使用了原告作品中的思想，不构成著作权侵权。但是审理过程中的难点是如何正确地划分思想与表达。通常来说，作品的题材、主题、简单的人物性格、常见的人物关系属于思想范畴，业内对此基本可以形成共识。比较容易发生争议的是对于情节的理解，因为情节既可以很抽象，也可以很具体。王迁教授认为，独创且细致到一定程度的情节属于表达。❶ 如何区分思想与表达，法院在“庄羽诉郭敬明”案、“金庸诉江南”案、“琼瑶诉于正”案等案件中已经进行了非常详细的论述，例如在“琼瑶诉于正”案中，法院认为：如果情节概括到了“偷龙转凤”这一标题，或“福晋无子，侧房施压，为保住地位偷龙转凤”，就属于文学作品中属于思想的部分，但对于包含时间、地点、人物、事件起因、经过、结果等细节的情节，则可以成为著作权法保护的“表达”。北京市高级人民法院《侵害著作权案件审理指南》规定，判断作品是否构成实质性相似，应比较作者在作品表达中的取舍、选择、安排、设计等是否相似，不应从主题、创意、情感等思想层面进行比较。判断作品是否构成实质性相似，一般考虑如下因素：（1）台词、旁白等是否相似；（2）人物设置、人物关系是否相似；（3）具体情节的逻辑编排是否相似；（4）是否存在相同的语法表达、逻辑关系、历史史实等错误；（5）特殊的细节设计是否相同；两作品相似的表达是否属于原告主张权利作品的核心内容；（6）其他因素。本案中，与《匆匆那年》小说主要讲述几个主人公的大学生活不同，《匆匆那年：好久不见》主要讲述了几个主人公大学毕业以后的故事，即使二者使用了相同的角色名称、简单的性格特点以及

---

❶ 王迁．同人作品著作权侵权问题初探［J］．中国版权，2017（3）．

部分人物关系，但上述要素主要属于思想的范畴，而二者在主线脉络、主要情节等方面均不相同，难以认定《匆匆那年：好久不见》与《匆匆那年》小说构成实质性相似。此外，《匆匆那年：好久不见》的每集片头标注“根据九夜茴同名小说《匆匆那年》改编”，但是上述标注不构成当事人的自认，也不是法院认定构成著作权法意义上使用作品行为的当然依据，但是如果标注不实的有可能构成不正当竞争行为。本案中，法院正是基于上述标注认定金狐公司的行为构成虚假宣传，在此不再赘述。

第四，实质性相似判断对相似内容所占比例无要求。若两部作品整体上相似显然构成实质性相似，比较有争议的是只有其中的一小部分相似是否构成实质性相似。金狐公司认为，上述涉及人物“七七”的情节无论在小说“番外”中还是《匆匆那年：好久不见》中所占的比例都非常小，不构成实质性相似。这种观点也是实践中比较常见的误区，即二者表达的相似部分必须要达到较高的比例才能认定实质性相似。需要说明的是，实质性相似既包括权利人整部作品与被诉侵权作品整体对比构成相似，也包括只是两部作品中部分相似，甚至只是很小部分相似，只要该相似部分已构成独创性表达。[1] 本案中上述情节所占比例确实有限，但是上述情节已经相对完整的表达了作者的思想、传达了一定信息，具有独创性，可以构成受保护的作品。换句话说，实质性相似部分所占比例的大小并不影响行为定性，仅仅是后续认定侵权情节的考量因素。在我国司法实践中，实质性相似规则已被广泛应用，除了上面讨论的内容，还可以根据案件实际情况在逐字逐句比对法、抽象测试法、内外部测试法等不同的“实质性相似”测试方法中选择恰当的方法，以得出正确的结论。[2]

■ 专家评析

该案在法律适用上明晰了两条具有指导意义的规则。

首先，判定实质性相似的比对对象，应限于作品中具有独创性的表达。作

❶ 陈锦川．何为“实质性相似”？［J］．中国版权，2018（5）．

❷ 同❶。

为绝对权的著作权，其所支配的对象仅限于作品中具有独创性的表达形式，否则便违背了《著作权法》的立法目的。实际上，从作品的定义中也可以推导出来上述结论。既然作品是文学、艺术和科学领域内具有独创性并能以某种有形形式复制的智力成果，那么严格遵从该定义的作品（狭义作品），应当是仅由独创性表达构成的智力成果片段。一部广义作品（例如小说），通常是由多部狭义作品和若干不具有独创性的表达构成。著作权的侵害，在本质上是单个或者若干狭义作品之著作权的侵害。

其次，相似比例不影响实质性相似与否的判断。司法实践中以相似比例作为实质性相似之判断基准的裁判例比比皆是。然而，这种理解不仅缺乏实定法上的依据，也不符合著作权法理。若以相似比例作为定性的基准，会导致双重的危险：要么将著作权的支配范围扩大到非独创性的表达；要么弱化了权利人对独创性表达的支配——加害人的行为明明构成了对狭义作品的使用，却因达不到一定的比例而豁免。相似比例只应作为可能存在对多部狭义作品构成实质性相似的初步线索，进而有可能影响到损害赔偿的数额。

（**评析专家**：解亘，南京大学　教授）

◀
（2016）京 0108 民初 4553 号王晓頔与北京搜狐互联网信息服务有限公司、浙江梦幻星生园影视文化有限公司、天津金狐公司侵害作品信息网络传播权纠纷一审民事判决书

◀
（2017）京 73 民终 2113 号王晓頔与北京搜狐互联网信息服务有限公司、浙江梦幻星生园影视文化有限公司、天津金狐公司侵害作品信息网络传播权纠纷二审民事判决书

违反不作为合同义务的法律后果

——蒋胜男与花儿影视公司委托创作合同纠纷案

张晓霞（北京知识产权法院　法官）
宾岳成（最高人民法院　法官助理）

裁判要旨

1. 对当事人意思表示的解释，不仅要依据书面约定，还可根据合同履行的情况进行判断。即使双方没有就合同达成合意解除的书面协议，但是通过各自的履行行为表明双方针对合同的解除达成了一致的，可以认定合同解除。

2. 继续履行请求权包括继续作为和继续不作为。请求继续履行不作为合同义务适用的条件包括：合同约定有不作为义务；不作为义务具有一定的持续性；继续保持不作为符合合同的履行利益债权人在合理的期限内要求。

【案号及审判人员】

一审：北京市朝阳区人民法院（2015）朝民（知）初字第51466号　审判长林子英、代理审判员崔树磊、代理审判员裘晖。

二审：北京知识产权法院（2016）京73民终18号　审判长张晓霞、审判员王东勇、审判员杨洁

【相关条款】

《中华人民共和国合同法》第一百零七条

【裁判情况】

2012 年，东阳市乐视花儿影视文化有限公司（简称“花儿影视公司”）与蒋胜男签订《创作合同（一）》，约定花儿影视公司聘任蒋胜男担任电视剧《芈月传》编剧的相关事宜。合同还约定“蒋胜男保证不再使用该作品主要题材、故事情节、人物或与该作品相近似或类似的内容元素为第三人创作”。双方按照约定履行合同。2013 年 7 月，北京星格拉影视文化公司（简称“星格拉公司”）与蒋胜男签订《创作合同（二）》，主要内容与《创作合同（一）》一致。同时，双方还签署了《补充协议》及蒋胜男单方签署的《授权书》。《补充协议》约定，蒋胜男“承诺在电视剧《芈月传》播出的同期，才会将此原著创意出版小说并发行，在此之前不会出版此原著相关内容以及在网络发布”；蒋胜男同意星格拉公司有权将《创作合同（二）》《补充协议》《授权书》中的权利义务一并转让给第三方；蒋胜男许可星格拉公司将原著创意及电视剧《芈月传》改编为游戏、漫画、动画片。改编的许可使用费已经交付。2013 年 8 月，星格拉公司与花儿影视公司签署转让协议，将《创作合同（二）》《授权书》《补充协议》中的权利义务转让给花儿影视公司。花儿影视公司支付了全部转让价款。电视剧《芈月传》的委托创作已全部完成。

花儿影视公司认为蒋胜男在电视剧《芈月传》尚未开播的情况下，出版、发行小说《芈月传》，违反了合同约定，严重影响了电视剧《芈月传》的发行、宣传计划，请求法院判令蒋胜男立即停止小说《芈月传》的出版、发行并赔礼道歉。蒋胜男不认可《创作合同（二）》《补充协议》《授权书》的效力，认为花儿影视公司从始至终一直履行的是《创作合同（一）》，该合同并未对小说版《芈月传》出版、发行时间做出限制。公开道歉也不是法律规定的承担合同纠纷民事责任的形式。故请求法院驳回花儿影视公司的诉讼请求。

北京市朝阳区人民法院经审理认为，花儿影视公司作为合同权利义务的受让方有权起诉。蒋胜男违反合同约定，提前出版、发行小说版《芈月传》，构成违约。赔礼道歉并非合同法规定的承担违约责任的方式，且一审判决作出之时，电视剧《芈月传》并未播出，故判决蒋胜男立即停止小说《芈月传》的出版、发行。

蒋胜男不服一审判决提起上诉。在蒋胜男上诉期间，电视剧《芈月传》进行了公映。北京知识产权法院判决撤销一审判决，驳回花儿影视公司全部诉讼请求。

■ 法官说法

委托创作合同纠纷系著作权合同纠纷案件中的主要类型之一。委托创作作为影视剧剧本常见的创作方式，不仅诞生了一批为观众喜闻乐见的作品，在实践中也引发了一些法律纠纷。本案即为委托创作合同纠纷，因涉及热播影视剧《芈月传》而备受关注，同时其中涉及的合意解除认定、违反不作为合同义务的法律后果等问题也颇具典型意义和研究价值。

一、合意解除不以书面形式为要件，可依履行情况判断

本案中，蒋胜男分别与花儿影视公司、星格拉公司先后签订了两份内容基本一致的委托创作合同。两份合同均系双方真实意思表示，内容不违反国家法律、行政法规的强制性规定，均系合法成立并生效的合同。判断当事人是否构成违约的前提，必须明确所履行的合同内容。

两份合同均未通过书面方式解除，从表面上看，似乎是始终共存的关系。但是，我国《合同法》第九十三条第一款规定的合意解除并不以书面形式为要件。具体到本案中，两份合同均约定“蒋胜男保证不再使用该作品主要题材、故事情节、人物或与该作品相近似或类似的内容元素为第三人创作”，花儿影视公司与星格拉公司均可依据该条款追究蒋胜男的违约责任。尤其是《创作合同（二）》签订时，花儿影视公司与蒋胜男的《创作合同（一）》已经正常履行了近一年之久，相应部分的剧本和创作费均已正常交付。但是，花儿影视公司在享有在先合同权益的情况下，不仅未依据《创作合同（一）》追究蒋胜男的违约责任，反而与星格拉公司签署了《转让协议》及《转让补充协议》，据此获得了与《创作合同（一）》主要条款基本一致的权利义务。可见，花儿影视公司不仅知晓《创作合同（二）》系列合同的存在，而且花儿影视公司基于与星格拉公司签订转让协议，使两份合同的主体归于同一，蒋胜男也因此避免了被追究违约责任的可能。蒋胜男与花儿影视公司之间虽然没有一个达成合意解除合同的书面协议，但是，通过蒋胜男与花儿影视公司各自的履行，法院认定双方针对《创作合同（一）》的解除达成了一致。因此，双方后续履行所依据的合同为《创作合同（二）》系列合同。通过判决的阐释，对当事人意思表示的解释，不仅要依据书面的约定内容，还可根据合同的履行情况进行判断。

二、违反不作为合同义务的法律后果

蒋胜男在电视剧《芈月传》播出前出版、发行小说《芈月传》的行为违反了《补充协议》中的约定，但承担何种违约责任，则属于合同约定中的空白。

我国《合同法》第一百零七条规定：当事人一方不履行合同义务或者履行合同义务不符合约定的，应当承担继续履行合同、采取补救措施或者赔偿损失等违约责任。因此，继续履行合同、采取补救措施、赔偿损失属于法律规定的承担违约责任的基本方式。请求对方停止某种行为通常指向侵权责任中“停止侵害”承担方式。因此，本案中花儿影视公司的诉求能否得到法院支持，取决于其要求蒋胜男停止出版、发行行为是否落入违约责任承担方式。

本案并未涉及小说《芈月传》著作权的转让或许可使用，故小说《芈月传》的著作权仍由作者蒋胜男享有。通常情况下，作品是否发表以及何时发表由蒋胜男自由行使。但是，蒋胜男作为合同一方的《补充协议》明确对小说《芈月传》的出版、发行时间作出了限定，蒋胜男理应遵守约定直到条件成就。

继续履行作为违约责任承担的方式之一，赋予了违约的相对方除我国《合同法》第一百一十条规定的情形之外情形的强制继续履行请求权，体现合同法的“依合同履行义务”之原则。实务中，无论是金钱债务，还是非金钱债务，强制继续履行请求权一般在债务人不履行合同所约定的作为义务时提出。而本案的情形是蒋胜男负有在一定期间内的不作为义务。继续履行是否包括不作为义务，强制继续履行能否延及至不作为义务，直接关系着一审判令蒋胜男立即停止小说《芈月传》出版、发行行为是否具有正当性的依据。

既然合同义务包括作为和不作为，那么，强制继续履行请求权的实现，理论上也应当包括继续作为和继续不作为。但是，法律针对强制继续履行的情形作了例外性的规定，即《合同法》第一百一十条所规定的三种情形：法律上或者事实上不能履行；债务的标的不适于强制履行或者履行费用过高；债权人在合理期限内未要求履行。上述规定，虽然未明确指明针对的是作为义务还是不作为义务，但是其内容多是指作为义务而言。由于强制继续履行并非债权的内容，所以，并非所有的作为义务都适用继续履行的责任方式。同样，继续履行作为违反不作为义务的违约责任方式，也应当具有一定的条件。首先，当事人合同明确约定了不作为的义务；其次，不作为义务具有一定的持续性；再次，要求继续履行不作为义务符合合同的履行利益；最后，权利人在合理期限内提出请求。本案中，双方约定对小说版《芈月传》出版、发行时间的限制，即蒋胜男在一定期限内负有不作为的义务，目的在于避免因受众阅读小说后导致电视剧观众的流失。蒋胜男违反约定，提前出版、发行小说版《芈月传》的情况下，花儿影视公司要求其停止出版、发行并继续履行合同，符合双方约定的合同利益。因此，本案在一审审理终结前，电视剧版《芈月传》尚未播出，故《补充协议》中对小说版《芈月传》出版发行的时间限制处于持续履行中。花儿影视公司要求蒋胜男继续按照约定履行合同义务，正是指向停止出版、发行小说版《芈月传》直至电视剧播出。因此，一审法院判令蒋胜男立即停止小说《芈月传》的出版、发行具有法律上的正当性。

三、一审依据事实发生重大变化时的裁判方式

本案二审法院认可了一审判决关于合同解除、违约责任等实体法律问题的认定。截至一审判决作出时，电视剧《芈月传》尚未播出，蒋胜男的不作为义务仍处于持续状态中。因此，一审判决判令蒋胜男停止出版、发行行为在判决作出时具有法律上的正当性。

但是，电视剧《芈月传》在蒋胜男上诉期间进行了公映，即小说《芈月传》的出版、发行时间的限制已经消除。一审判决所依据的事实发生重大变化，判决中关于停止出版、发行小说的判项虽然针对的是蒋胜男过往的违约行为，但势必会损害到合同条件成就后蒋胜男的合法权益，因此该判项已不具有必要性，更不具有可执行性。而判决的必要性和可执行性直接关系到判决的权威性。因此，本案二审判决撤销一审判决，驳回花儿影视公司的全部诉讼请求。同时，二审法院考虑到本案纠纷系因蒋胜男的违约行为引发，故判决本案诉讼费由蒋胜男负担。

■ 专家评析

案件涉及的法律问题不少，无论是合意解除的具体形式、不作为义务的继续履行还是二审期间事实发生重大变化时的判决撰写，在实践中均具有特别的探讨价值。审理案件的法官非常敏锐地把握住了这些问题，并结合案件就这些法律问题进行了深入的理论分析，为未来相关法律问题的解决提供了一个非常好的范例。

限于篇幅，在这儿专就继续履行的内涵略作探讨。继续履行是合同责任的承担方式之一，但是该案被告承担的合同义务是在电影发行之前不得出版、发行同名图书。此项义务在法律定性上属于不作为义务。“继续履行”单纯从字面来看，似乎是积极义务的履行，可否包括不作为义务，确实有必要通过司法实践予以厘清。鉴于债权请求权本身就包含要求债务人承担作为或者不作为的义务，有理由认为继续履行的责任承担方式可以包括不作为义务的继续履行。另外，《合同法》第一百一十条关于继续履行的例外规定明确了三种不适用继续履行责任的情形，并没有就不作为义务不适用继续履行的合同责任作出列举式规定。根据立法学上“明示其一，排除其他”的原则，有理由得出同一个结论，即继续履行请求权应当包括继续作为和继续不作为两个方面的内容。故该案中停止出版、发行小说版《芈月传》直至电视剧播出符合继续履行请求权的责任方式，具有正当性。

（**评析专家**：姚欢庆，中国人民大学　副教授）

◀ （2015）朝民（知）初字第 51466 号蒋胜男与东阳市乐视花儿影视文化有限公司委托创作合同纠纷案一审判决书

◀ （2016）京 73 民终 18 号上诉人蒋胜男、被上诉人东阳市乐视花儿影视文化有限公司委托创作合同纠纷案二审判决书

第四部分

程序

诉前行为保全的判断要件

——浙江唐德公司与上海灿星公司等诉前行为保全案

陈勇（北京知识产权法院　法官）

裁判要旨　审查是否应当责令被申请人停止相关行为，主要考虑以下因素：申请人是否是权利人或利害关系人；申请人在本案中是否有胜诉可能性；是否具有紧迫性，以及不立即采取措施是否可能使申请人的合法权益受到难以弥补的损害；损害平衡性，即不责令被申请人停止相关行为对申请人造成的损害是否大于责令被申请人停止相关行为对被申请人造成的损害；责令被申请人停止相关行为是否损害社会公共利益；申请人是否提供了相应的担保。

【案号及审判人员】

北京知识产权法院（2016）京73行保1号　审判长杜长辉、审判员陈勇、审判员张晓丽

北京知识产权法院（2016）京73行保复1号　审判长杜长辉、审判员陈勇、审判员张晓丽

【相关条款】

2014年《中华人民共和国商标法》第六十五条，《中华人民共和国民事诉讼法》第一百零一条、第一百零八条，《最高人民法院关于诉前停止侵犯注册商标专用权行为和保全证据适用法律问题的解释》第一条第一款、第五条、第六条第一款、第十条

【裁判情况】

“The Voice of ...”节目是荷兰Talpa公司开发的以歌唱比赛为内容的真人选秀节目，在其授权下，第1~第4季“中国好声音”由上海灿星文化传播有限公司（简称“上海灿星公司”）于2012年至2015年期间制作播出。据Talpa公司的授权，浙江唐德影视股份有限公司（简称“浙江唐德公司”）取得2016年1月28日至2020年1月28日独占且唯一的在中国大陆使用、分销、市场推广、投放广告、宣传及以其他形式开发“中国好声音”节目的相关知识产权。据此，浙江唐德公司认为灿星公司在未经授权的情况下，擅自使用“中国好声音”节目名称和有关标识宣传、推广和制作第5季“中国好声音”节目、世纪丽亮（北京）国际文化传媒有限公司（简称“世纪丽亮公司”）协助灿星公司组织和主办全国校园海选等，已构成对其享有的未注册驰名商标权和知名服务特有名称权益的侵犯，且“2016中国好声音”计划将于今年6月录制节目并定于7月播出，一旦涉案被控侵权节目录制完成并播出，将会造成难以弥补的损害后果，故请求法院责令灿星公司和世纪丽亮公司立即停止相关侵权行为。

北京知识产权法院经审理认为：本案属于法院主管且北京知识产权法院对本案具有管辖权，浙江唐德公司作为Talpa公司相关知识产权的独占被许可人，有权提出本案保全申请。上海灿星公司存在使用第G1098388号、第G1089326号注册商标及构成侵权的可能性；“中国好声音”和“the Voice of China”被认定为电视文娱节目及其制作服务类的知名服务特有名称，Talpa公司拥有有关节目名称权益，以及上海灿星公司和世纪丽亮公司构成不正当竞争，均亦存在较大可能性。鉴于涉案被控侵权节目马上将进行录制和播出，故本案具有紧迫性。本案采取保全措施，符合损害平衡性，且没有证据证明责令停止涉案行为将会损害社会公共利益，浙江唐德公司也提交了相应担保。综上，本案满足采取诉前行为保全的构成要件。

据此，北京知识产权法院于2016年6月20日作出（2016）京73行保1号民事裁定：（1）上海灿星公司立即停止在歌唱比赛选秀节目的宣传、推广、海选、广告招商、节目制作过程中使用包含“中国好声音”“the Voice of China”字样的节目名称及第G1098388号、第G1089326号注册商标；（2）世纪丽亮公司立即停止在歌唱比赛选秀节目的宣传、推广、海选、广告招商过程中使用包含“中国好声音”字样的节目名称。

该裁定送达后，上海灿星公司、世纪丽亮公司在法定期限内向北京知识产权法院申请复议。北京知识产权法院于2016年7月4日作出复议裁定：驳回上海灿星公司、世纪丽亮公司的复议请求。

■ 法官说法

行为保全，是指在终审判决作出前，法院责令当事人作出一定行为或者禁止其作出一定行为。从诉前行为保全的制度设计来看，诉前行为保全作为一项程序性保障措施，其性质为特别诉讼程序，其虽然形式上存在对立的双方当事人，但是在启动诉前保全审查程序后，法院并非必须组织法庭辩论质证，法院的审查也只是形式审查，有别于普通诉讼程序。本案涉及商标侵权及不正当竞争纠纷案件采取诉前行为保全的判断标准问题。本案法院将采取诉前行为保全措施的判断要件归纳为以下因素：申请人是否是权利人或利害关系人；申请人在本案中是否有胜诉可能性；是否具有紧迫性，以及不立即采取措施是否可能使申请人的合法权益受到难以弥补的损害；损害平衡性；责令被申请人停止相关行为是否损害社会公共利益；申请人是否提供了相应的担保。

一、申请人是否是权利人或利害关系人

诉前行为保全申请人是否具有权利或权益基础，是判断是否采取保全措施的重要考虑因素，同时也可视其为胜诉可能性判断要件的组成部分。需要强调，在权属存在争议或处于待定状态的情况下，仍然可以根据案情进行权属可能性的判断，并作为是否采取诉前行为保全措施的考虑因素之一。本案中，被申请人主张有关争议应由香港仲裁庭裁决，且Talpa公司对“中国好声音”中文节目名称享有的权益基础不稳定。对此，法院指出：无论是香港高等法院作出的临时禁令，还是香港仲裁庭裁决对Talpa公司提出的临时措施申请的处理，以及法院所采取的保全措施，均是为保障当事人实体权益的最终实现而采取的一种从属于仲裁或诉讼程序的程序性措施，并非案件的最终审理结论，且各自具有较强的独立性。香港仲裁庭裁决中所作出的最终权利宣告裁决，以及香港高等法院根据香港仲裁庭裁决对其作出的临时禁令所可能作出的调整，均不必然影响北京知识产权法院对是否采取诉前行为保全措施的判断和实施。上海灿星公司作为“中国好声音”节目的制作公司，其并不否认其制作的第1~第4季“中国好声音”节目系在Talpa公司授权使用的节目模式基础上制作完成，而该节目所衍生的合同项下包括当地系列节目名称、当地节目标识等权益或权利也约定归属于Talpa公司。尽管关于“中国好声音”中文节目名称的归属问题尚为香港国际仲裁中心的仲裁事项，姑且不论相关权益归属问题是否属于仲裁范围，仅从各方无争议的授权合同约定以及“中国好声音”节目实际播出使用中文名称这一基础事实考量，在目前尚无有效相反证据的情况下，可初步判断，已获Talpa公司独占许可使用授权的浙江唐德公司具有主张拥有“中国好声音”中文节目名称相关权益的证据基础。至于浙江唐德公司是否确实拥有“中国好声音”中文节目名称权益，属于后续实体审理内容，不影响其程序性权利。

二、申请人在本案中是否有胜诉可能性

考虑胜诉可能性的目的在于防止当事人滥用申请权，避免作出错误的行为保全。实践中的争议在于，达到何种程度的胜诉可能性才能满足采取行为保全措施的条件。有观点认为，行为保全实际上会产生先予执行的法律后果，为防止权利滥用，只有在胜诉可能性达到“确定无疑”或“基本确信”的情况下才能考虑采取行为保全措施。但是，诉前行为保全案件一般具有时间紧迫的特点，而且诉讼程序不够完整，相当一部分案件甚至难以全面听取被申请人的意见，因此，要求法官作出“确定无疑”的判断不仅客观上存在困难，而且在诉前阶段就认定申请人基本可以胜诉不免有未审先判的嫌疑。对胜诉可能性的要求高，固然会减少错误的行为保全，但是过高的胜诉可能性要求将明显限制行为保全制度的适用范围，无法充分发挥制度功能，不利于及时有效地保护权利人。同时，审查胜诉可能性并非避免错误的唯一途径，要求当事人提供担保可以发挥同样的功能。

三、是否具有紧迫性，以及不立即采取措施是否可能使申请人的合法权益受到难以弥补的损害

具有紧迫性，通常认为是诉前行为保全与诉中行为保全的本质区别。提出诉前保全申请，缘由在于情况紧急，且这种紧迫性表现为不立即采取保全措施将会使申请人合法权益受到难以弥补的损害。对于难以弥补的损害的理解，首先从制度价值来看，“难以弥补的损害”对应的是损害赔偿制度的缺陷，是指申请人通过诉讼得到胜诉判决的情形下，存在执行判决仍不能弥补的损害或者

因被申请人无赔偿能力致使判决难以执行。其次，从性质表征来看，“难以弥补的损害”表现为难以计算、难以恢复原状或者金钱赔偿难以救济的损害。再次，从判断标准来看，难以弥补的损害不同于胜诉可能性，前者应当从损害的性质、后果进行判断，后者应当根据实体法规定从请求权的成立要件进行判断，不能根据申请人具有胜诉可能性推定其存在难以弥补的损害。

四、损害平衡性和不损害社会公共利益

采取行为保全措施，应当注重对双方当事人的利益进行平衡，即不责令被申请人停止相关行为对申请人造成的损害是否大于责令被申请人停止相关行为对被申请人造成的损害。损害平衡性还被认为是比例原则在民事行为保全中的具体适用，即在实现目标与所采取的手段之间寻求必要的平衡。本案中，法院考虑到采取行为保全措施并不会影响节目更名后的制作和播出，而不采取行为保全措施将可能使申请人丧失竞争优势，且会显著增加申请人的维权成本和维权难度，据此认定采取保全措施符合损害平衡性。

五、担保

担保的目的在于确保行为保全错误的情形下被申请人能够得到足额的赔偿。对于担保金额和担保形式的确定，需要综合考虑采取诉前行为保全措施的各判断因素以及该保全措施可能会对被保全人造成的损失进行判断。对于是否适用以反担保形式解除行为保全，本案明确指出，除非权利人或利害关系人同意，否则反担保不应在行为保全中适用。

在诉前行为保全案件中，除了应明晰判断要件外，还须重点关注以下事项：首先，要明确诉前行为保全是一项程序性保障措施，并非实体审理，亦非必然成为后续诉讼案件的审理结果。其次，诉前行为保全的申请人是否是适格主体，是否拥有权利或权益基础，本质上同样属于基于在案证据基础上的可能性判断。再次，对于胜诉可能性的要求应当采取一个相对灵活的标准，在避免错误与保护申请人权利之间寻求平衡。要避免在诉前阶段就过于强调实体判断，并作出保全申请人可以胜诉的不当认定。最后，要注重诉前行为保全的紧迫性特点，高度重视对是否存在难以弥补的损害的认定，准确界定社会公共利益的范围，合理确定担保金额和担保形式。

■ 专家评析

知识产权诉前行为保全属于临时性救济程序的一种类型，法院在审查判断这类保全申请时，面临的最大困难是如何准确把握诉前行为保全的必要性等保全要件，以便既能够发挥行为保全的临时性救济功能的同时，又能防止被一方滥用导致双方当事人利益的严重失衡。为此，最高人民法院于2019年开始施行的司法解释《关于审查知识产权纠纷行为保全案件适用法律若干问题的规定》的第七条借鉴了美国知识产权诉前禁令的做法，明确规定了审查行为保全申请时法院的主要考量因素，即胜诉可能性、难以弥补或裁判难以执行的损害、利益平衡、公共利益等四要素，统一了知识产权诉前行为保全的裁判标准。

该案是北京知识产权法院作出的首个诉前行为保全裁定，入选了北京法院2016年知识产权司法保护十大典型案例，也为上述司法解释第七条提供了实践基础。该案中，法院分别就诉前行为保全的五个要件进行了条分缕析，尤其对保全申请的权利基础、胜诉可能性这两个要件，结合该案的案情和民事诉讼法理，作了精彩的分析，强调诉前行为保全的程序法性质和效力，指出保全申请人的权利基础以及胜诉可能性，只能是基于在案证据基础上的可能性判断，对于胜诉可能性的要求不能过高，而应当采取相对灵活的标准。这些论断，富有启发性。

（**评析专家：**肖建国，中国人民大学　教授）

◀ （2016）京73行保1号申请人浙江唐德影视股份有限公司与被申请人上海灿星文化传播有限公司、世纪丽亮（北京）国际文化传媒有限公司诉前行为保全案民事裁定书

◀ （2016）京73行保复1号复议申请人上海灿星文化传播有限公司（简称上海灿星公司）、世纪丽亮（北京）国际文化传媒有限公司与被申请人浙江唐德影视股份有限公司诉前行为保全案复议民事裁定书

技术类民事案件中先行判决的适用

——搜狗公司诉百度公司发明专利侵权纠纷案

罗素云（北京知识产权法院　法官助理）

裁判要旨　先行判决，又称“部分判决”，是与全部终局判决相对应的概念，根据《中华人民共和国民事诉讼法》第一百五十三条的规定，人民法院可以对已经审理清楚的部分事实和部分请求作出判决。本案是全国首例在技术类民事案件中作出的先行判决，符合技术类案件的内在审判规律，可以及时保护权利人的利益，有效提升知识产权审判效率，是民事审判程序上的一次审理机制创新。

【案号及审判人员】

一审：北京知识产权法院（2015）京知民初字第1943号　审判长张晓霞、审判员邓卓、审判员张玲玲

【相关条款】

《中华人民共和国民事诉讼法》第一百五十三条

【裁判情况】

原告搜狗公司为第200810116190.8号、名称为“一种输入过程中删除信息的方法及装置”发明专利的专利权人。搜狗公司认为，百度公司在未经许可的情况下，发行了百度手机输入法产品，并通过多种渠道向第三方提供。通过对

比，百度输入法落入了涉案专利权利要求1和权利要求7的保护范围。搜狗公司诉至北京知识产权法院，请求判令百度公司立即停止发行百度手机输入法产品，并支付1000万元的损害赔偿。百度公司则主张不侵权抗辩和现有技术抗辩，认为百度输入法没有侵犯涉案专利权，且要求赔偿数额过高。

北京知识产权法院在审理过程中，曾多次召开庭前会议，并在庭前会议中告知双方当事人鉴于本案涉诉侵权事实复杂、技术问题疑难，判断是否构成侵权具有一定的难度，为了节约司法资源，缓解当事人举证的压力，决定以《中华人民共和国民事诉讼法》第一百五十三条的规定的“人民法院审理案件，其中一部分事实已经清楚，可以就该部分先行判决”作为根据，开庭仅针对原告搜狗公司指控的百度手机输入法产品及其所使用的输入过程中删除信息的百度输入法是否构成侵犯专利权的事实进行审理，并作出先行判决，暂不涉及损害赔偿相关事实的审查。经过征求各方当事人的意见，均明确表示同意。

庭审中，双方当事人围绕百度输入法是否构成侵犯专利权的事实充分阐述了各自的意见。法院经审理认为，百度输入法具备涉案专利权利要求1和权利要求7的全部技术特征，落入涉案专利的保护范围，属于侵害涉案专利权的产品。根据《中华人民共和国民事诉讼法》第一百五十三条的规定，法院对于已经查明事实的部分，就涉案输入法是否落入涉案专利的保护范围以及百度网讯公司应否停止侵权先行予以判决。对于本案的损害赔偿的问题，待侵权行为是否成立经过生效确认后，一审法院将另行处理。

故北京知识产权法院做出先行判决：(1) 百度公司自本判决生效之日起立即停止使用涉案发明专利权的行为；(2) 百度公司自本判决生效之日起立即停止发行或通过任何方式向第三方提供使用涉案发明专利权的“百度手机输入法”产品。

本先行判决作出之后，原告搜狗公司向北京知识产权法院申请撤回剩余有关损害赔偿的诉讼请求，本先行判决现已生效。

■ 法官说法

伴随着现代经济社会的蓬勃发展与高速运转，以及构建创新型社会的倡导，围绕专利技术和商业秘密的各类民事案件层出不穷，如何创新技术类案件的审理机制，节约司法资源，缩短审理周期，优化科技创新及成果转化的法治环境一直是知识产权领域司法体制改革的重要目标。2018 年 3 月 29 日，北京知识产权法院在“搜狗诉百度输入法”系列专利侵权纠纷中作出先行判决，是我国法院第一次在知识产权领域的技术类民事案件中作出先行判决，受到广泛关注。

《民事诉讼法》第一百五十三条规定：“人民法院审理案件，其中一部分事实已经清楚，可以就该部分先行判决。”该规定被视为“先行判决”的法律依据。但“先行判决”在我国并非新概念，早在清末修律时期就已引进关于部分判决的规定，1910 年《大清民事诉讼律草案》第四百五十九条就规定为：“请求的一部，或一诉主张的数个请求中，如果其中一个请求可以终结，审判衙门应当作出一部终局判决。”我国 1982 年《民事诉讼法（试行）》第一百二十一条规定：“人民法院审理的案件，其中一部分事实已经清楚，可以就该部分先行判决。”此后，多次修订的《民事诉讼法》均保留了这一条款。

在知识产权领域，常见的技术类民事案件类型有专利、技术秘密、软件著作权的侵权案件，还有专利权属纠纷、发明人奖励报酬纠纷、技术合同纠纷等。这类民事案件的审理难度主要集中在两个方面：一方面是专利、商业秘密案件中所涉的技术事实疑难、复杂，特别是涉及新物种、生物基因、通信、集成电路等新一代信息技术的知识产权纠纷，审判人员通常需要花费大量的时间建立、补充相关背景技术知识，才能准确、客观地理解技术方案本身；另一方面是赔偿数额的计算复杂，知识产权作为一种无形财产，一旦权利人的知识产权受到侵害，损失往往表现为市场份额的减少或许可费收益的损失等，难以具体计算和评估损失金额。相较于以前权利人怠于举证，而动辄请求法院“法定赔偿”的情形，随着加大知识产权赔偿力度的推行，近年来专利侵权案中屡出现高额赔偿，权利人就损害赔偿提交的证据也越来越多，如何准确查明经济损失数额是技术类案件的又一个审理难点。

权利人因侵权行为所遭受的损失在审理期间可能还在不断扩大，权利人是耗费时间坚持全面赔偿等待全部判决，还是牺牲赔偿请求换取早日获得及时制止侵权行为的判决，是权利人面对的两难选择。如果法院适用了先行判决，先行认定侵权停止侵害，被告一方就不能够再继续侵权行为，能够给予知识产权充分及时的保护，帮助权利人尽可能早地制止他人的侵权行为。另一方面，由于在专利侵权诉讼中法院没有权力对涉案专利的有效性进行评判，必须推定其专利权是稳定且有效的，除非国家知识产权局作出宣告专利无效的行政决定。该二元分立体制导致案件审理周期拉长，实践中还经常出现已经作出的侵权判决被无效决定所推翻的案例。如果在此类复杂的专利侵权纠纷中适用先行判决，暂不处理赔偿问题，即使因涉案专利无效，而撤销先行判决，但也节约了法院和当事人双方在赔偿问题上的时间和精力，能有效避免上述司法资源的浪费，提升诉讼效率。

先行判决的适用必须以诉讼标的具有可分性为前提，即被裁判的部分应该为独立的、具体的、可分割的。对于技术类民事纠纷中最常见的专利侵权纠纷而言，它具备适用先行判决的先决条件。原告提起侵犯专利权之诉，通常包括两个诉讼请求，一为确认侵权行为，停止侵权；二为请求被告承担损害赔偿责任。其中，停止侵权仅以侵权行为的成立为条件，不依赖于后者损害赔偿的认定。侵权行为的认定是损害赔偿的前提，而不是相反，所以认定侵权行为具有独立性，赔偿损失则不是。

所涉部分请求作出先行判决确有必要。技术类民事案件中可以加大适用先行判决的比例，但并不意味着每一个技术类案件都有适用先行判决的必要性。法院仍应以全部判决为原则，先行判决为例外，仅在必要情形下作出，例如，被诉侵权行为仍在继续或剩余部分查明事实难度大。如果具体赔偿数额无争议或原告仅主张法定赔偿、没有提供进一步的赔偿证据，法院则可以一次性作出全部判决。

在信息革命时代，科学技术的发展日新月异，技术类民事案件纠纷日益增多，技术事实审理难度大、赔偿数额高，计算方法复杂，如果审理案件的法院按照一般程序审理，既浪费司法资源，又加重诉讼当事人的负担，甚至会因为案件审理时间长，侵权与否悬而未决而影响技术的进步和当事人业务的拓展。本案是全国首例在技术类民事案件中适用先行判决，在司法实务中就先行判决的准确含义、适用条件、启动模式进行了有益探讨，是“符合知识产权诉讼规律裁判方式改革”的一次有益尝试，顺应了技术类案件审理的内在需求。

■ 专家评析

知识产权侵权纠纷往往包含了两类诉讼请求：一是停止侵权等不作为请求，二是侵权损害赔偿请求。前者以保护知识产权中的绝对权为己任，法院要判断侵权责任是否成立；后者是在侵权责任成立的前提下对损害赔偿请求权这一相对权的保护。前者是质的定性，后者以前者为基础，是量的判断。鉴于第一类事实请求相对于第二类请求的先决性、独立性、可分割性特点，法院对于该部分请求在裁判时机成熟时，可以先行作出部分判决，以尽快阻止侵权行为。至于侵权行为造成的损害赔偿问题，如证据较多，查明事实难度大，则可以通过继续诉讼程序另行作出判决。当然，对于部分请求的争点事实是否达到可以作出裁判的程度，属于法官自由裁量权的范围，当事人不能强求法院作出或排除适用部分判决。

因立法供给和规则配套的严重不足，部分（先行）判决在审判实践中很少出现，甚至长期沦为休眠条款。该案是全国首例在技术类民事案件中适用先行判决的案件，亮点在于细致剖析了部分判决应当遵循的条件（即诉讼请求的可分性与裁判成熟性），并将部分判决制度提升至知识产权案件审判机制创新的高度，符合知识产权诉讼的规律，在强化当事人权利保护的同时，也激活了我国《民事诉讼法》第一百五十三条的规定。

（**评析专家**：肖建国，中国人民大学　教授）

◀

（2015）京知民初字第 1943 号搜狗公司诉百度公司侵害发明专利权纠纷案一审民事判决书（一审生效）

合议庭少数意见写入裁判文书的探索

——依波路远东公司诉商标评审委员会、深圳依波路公司商标权无效宣告请求行政纠纷案

张恒（北京知识产权法院　法官助理）

裁判要旨　社会现象是多样的，由此导致的法律关系也是复杂的。对于在案证据的认定可以有不同的意见，法官选择不同的裁判理由也是正常的。如果少数意见有充分的合理理由且具备相当的代表性，只是因为合议庭中持此意见的法官占少数而成为“另类”，可以在判决书中对于少数意见予以列明。

【案号及审判人员】

一审：北京知识产权法院（2015）京知行初字第1408号　审判长陈锦川、审判员张晓霞、审判员冯刚

二审：北京市高级人民法院（2016）京行终109号　审判长莎日娜、审判员袁相军、审判员孙柱永

【相关条款】

2001年《中华人民共和国商标法》第三十一条

【裁判情况】

依波路（远东）有限公司（简称“依波路远东公司”）于2011年对争议

商标提出争议请求。主要理由为：依波路远东公司对第309472号“依波路ERNEST B0REL及图”商标的图形部分享有著作权，争议商标损害了其在先著作权。商标评审委员会审查后认为该主张因缺乏事实依据，裁定未予支持。依波路远东公司不服被诉裁定向北京知识产权法院起诉。其提交的在先著作权权属证据为晚于诉争商标登记的著作权登记证书以及早于诉争商标申请日注册的在先商标。该案中涉及的情侣共舞剪影，展示出一对青年男女翩翩起舞的形态，符合《著作权法》的独创性要求，属于受我国《著作权法》保护的作品。但是，由于被诉裁定以证据不足以证明依波路远东公司在争议商标申请日前已对情侣图形的美术作品享有著作权而否定了2001年《商标法》第三十一条的适用，所以该案的焦点问题为该情侣图形的美术作品是否构成争议商标被宣告无效的在先权利障碍。

对此，合议庭意见存在分歧。多数意见认为，依波路远东公司证明其是涉案作品著作权人的主要证据是第309472号“依波路ERNEST BOREL及图”的商标注册证和第181417号名称为“依波路情侣共舞标志”的著作权登记证书，原告的商标注册证以及使用该商标的证据仅仅能够证明其对该标志商标法意义上的使用，不能认定为著作权使用的证据，其所主张权利不属于2001年《商标法》第三十一条的在先权利。著作权登记证书是在诉讼阶段取得的，也不能作为涉案作品著作权权属的证据。因此，商标评审委员会认定争议商标并未违反2001年《商标法》第三十一条规定并无不当。少数意见则认为，第309472号商标注册证作为作品著作权的载体可以表明涉案美术作品先于争议商标完成；依波路远东公司提交的著作权登记证书记载了其是名称为“依波路情侣共舞标志”作品的作者，商标注册证与著作权登记证书以及广告等证据结合来看，已经形成了一个证据链，可以证明在争议商标注册之前，依波路远东公司是涉案“情侣共舞”图形的著作权人，其所主张的在先著作权成立。最终本案依据多数意见作出判决，驳回原告依波路远东公司的诉讼请求。

二审法院经过审理，判决维持一审判决。

■ 法官说法

依照我国行政诉讼法和民事诉讼法的相关规定，审理行政案件应当组成三人及以上且为单数的合议庭，成员由审判员或者审判员、陪审员担任。合议庭评议案件时实行少数服从多数的基本原则，评议应当制作笔录，由合议庭成员签名，并且评议中的不同意见要如实记入笔录。以上是我国法律对于合议庭成员少数意见的处理方式，但是并没有明确裁判文书中是否应该写入少数意见，学术界对此多有探讨，司法实务中也陆续有法官将少数意见写入判决书中，本案即是一例。本案经多家媒体广泛报道，引起了较大的社会影响，是对少数意见写入判决的有益探索。

本案中，决定最终判决结果的多数意见的具体理由如下：首先，商标注册证并非著作权法中的权属证据，只能表明商标专用权的归属以及证明依波路远东公司对涉案作品进行了使用，但并不能表明著作权的归属；其次，第 181417 号著作权登记证书登记日期为 2015 年 4 月 17 日，是在本案诉讼过程中才进行的著作权登记，结合我国著作权登记机关并不进行实质审查，因此难以据此认定著作权权属；再次，在案证据显示依波路远东公司在报刊、杂志上刊登了载有涉案作品的广告都是商标意义上的使用，均不能证明著作权的归属。

少数意见的具体理由如下：第一，依波路远东公司提供的第 309472 号“依波路 ERNEST BOREL 及图”商标注册证，记载 1987 年 6 月 16 日申请注册，可以证明在争议商标申请注册日之前，涉案剪影美术作品已经创作完成；第二，依波路远东公司提交的著作权登记证书记载了其是名称为“依波路情侣共舞标志”作品的作者。虽然这是在诉讼中形成的证据，但是，这是基于行政审查阶段败诉而为之，让法官感到其是一种无奈的选择，而不是为了诉讼而投机取证；第三，争议商标与涉案剪影美术作品“情侣共舞”从构图到细节完全一致，第三人深圳依波路公司无正当理由拒不出庭，也未提交任何证据对自己的商标设计的来源进行说明。在先权利的侵害作为宣告注册商标无效的相对理由，举证责任的分配应该向依波路远东公司倾斜；第四，按照 2014 年《商标法》第四十五条第一款规定，即便依波路远东公司没有提供委托设计合同等证据，不能确定著作权的归属，根据注册登记证和广告等证据，依波路远东公司对涉案剪影作品使用了三十年，不能否定其利害关系人的地位，符合适用2001年《商标法》第三十一条规定的主体要求。

可以看出，合议庭对于依波路远东公司享有著作权的剪影美术作品能否构成在先权利的载体，从而阻碍争议商标的核准注册存在分歧。多数意见认定依波路远东公司所主张的权利属于商标权，不属于在先权利的范畴，不能适用2001年《商标法》第三十一条的规定。少数意见综合考虑了商标注册证和著作权登记证书的关系以及其他因素，认定依波路远东公司对涉案作品享有著作权，能够主张2001年《商标法》第三十一条的规定的在先权利。应该说，对于在先商标注册证、在后著作权登记证书能否证明在先著作权问题，不仅相关法律和司法解释没有明确规定，司法领域和学界也存在争议。多数意见坚持比较高的证据标准，对原告提交的证据严格审查，严格依照法律规定，认定原告的主张不是在先权利，代表了多数法官的观点；少数意见同样也是法官审理过程中经过深思熟虑形成的结论，是结合了法官的专业、逻辑和经验作出的判断，与多数意见一样具有理论和判例支撑。

在案件审理中常因发表不同意见而居于少数的美国联邦最高法院大法官路易斯·布兰代斯说过："阳光是最好的消毒剂，灯光是最好的警察。"将合理的少数意见写入判决具备积极的意义，尤其是在我国司法体制改革深入推进和民主法治不断进步的大背景下。首先，有利于更好地落实合议制度。合议庭合议案件，认真讨论、各抒己见，最终形成一致意见或者多数意见，体现了民主集中制的原则。但是由于合议是不公开的，有可能造成"合而不议"的形式化倾向，将不同意见体现在判决书中，能够在一定程度上克服形式化问题，把合议制度发挥集体智慧、发扬司法民主的功能展现在纸面上。其次，有利于提高司法保护的水平。少数意见公开，可以使法官在审理案件时独立自主地思考事实和法律问题，形成自己的内心确信，充分陈述不同意见观点，并最终体现在判决中。这调动了法官的工作积极性，促进法官队伍审判能力的提升，法院司法保护的水平也会越来越高。再次，有利于增强裁判文书的说理性，提高法院判决的可接受性。合议庭分歧产生的思想碰撞和探讨有利于深入地剖析案情，透彻地理解法律，使裁判结果更趋于客观、公正。将不同意见写入判决，当事人会信服合议庭对其诉请是认真审理的，公众也了解了得出裁判结果所需的严谨的论证分析过程。这样增加了判决的透明度与可信度，进一步落实了公众的知情权和监督权。

需要指出的是，裁判文书确定当事人的权利义务，以国家强制力保障实现，追求的最终目的是解决纠纷争议。如果判决中的少数意见是不合理的，有可能造成当事人，尤其是败诉方不服法院裁判、质疑司法公信力，反而引起更大的纠纷。比如少数意见是基于对案件事实认定的错误，这样的判决显然是不合格的，所以不是所有的不同意见都适宜列明。社会现象是复杂的，由此导致的法律关系也是复杂的。对于在案证据的认定标准有不用的意见是正常的，法官选择不同的裁判理由也是正常的。从本案来看，如果少数意见有充分的合理理由且具备相当的代表性，只是因为合议庭中持此意见的法官占少数而成为“另类”，则可以在判决书中列明。

另外，如果个案的裁判有特殊情形，尤其是在知识产权领域，疑难复杂、新类型案件层出不穷，缺乏明确具体的法律规定和司法指引，导致法官选择不同的裁判标准和法条依据，列明不同意见可以真实展现围绕法律问题存在的学术分歧和司法认知全貌，带动理论和实务界对此问题的讨论。从而为后续此类问题形成统一观点、树立裁判规则提供一定的参考价值，起到推动法治进步的作用。

■ 专家评析

我国民事行政审判以合议制作为基本制度。按照相关规定，合议庭评议案件实行“少数服从多数”原则，合议庭成员的意见要如实记入合议笔录，但无须在裁判文书中公开。我国民事行政审判实务由来已久的做法，是只在裁判文书中公开通过“多数决”所形成的裁判结果及其理由。关于少数意见可否及应否在裁判文书中予以披露，理论界有争议，实务界有过几次尝试。

该案裁判文书是又一次富有开拓精神的尝试。一方面，该案的少数意见论证充分，具备一定的代表性，予以公开可以展现裁判的审慎和法官的素养，有助于提高裁判的可接受性和法院的公信力；另一方面，该案涉及的在先著作权权属认定问题重大而具有争议，披露合议庭不同意见可以激励研究和探讨，促进理论界和实务界形成共识。当然，在裁判文书中公开少数意见还需要注意以下几个方面：其一，公开的少数意见应仅针对法律解释适用问题，而不包括事实认定问题。事实问题非真即伪，如真伪不明应诉诸客观证明责任的分配。如披露合议庭对事实认定的不同立场，不仅没有任何正向收益，反而有损司法公信力。其二，在比较法下，披露对法律问题的少数意见，主要是为法律发展提供线索和资源。以美国为例，多数意见对后案产生绝对约束力，并存意见和反对意见仅具有较弱的说服力，但不排除因时间的流逝而演变为多数意见。我国应当通过立法或司法解释明确少数意见在统一司法中的位置，细化少数意见的类型及效力。

（**评析专家**：陈杭平，清华大学　副教授）

◀ （2015）京知行初字第 1408 号依波路（远东）有限公司诉商评委第三人深圳市依波路保健科技有限公司商标权无效宣告行政纠纷一审判决书

◀ （2016）京行终 109 号依波路（远东）有限公司诉诉商评委第三人深圳市依波路保健科技有限公司商标权无效宣告行政纠纷二审判决书

《民诉法解释》第二十五条对“信息网络侵权行为”的认定

——小米公司诉奇虎公司管辖权异议纠纷案

袁伟（北京知识产权法院　法官）
何昊（北京知识产权法院　法官助理）

裁判要旨　并非所有案件事实与网络有关的侵权行为或不正当竞争行为均属于信息网络侵权行为，只有侵权人利用互联网发布直接侵害他人合法权益的信息的行为才属于《最高人民法院关于适用〈中华人民共和国民事诉讼法〉的解释》（简称《民诉法解释》）第二十五条所指的“信息网络侵权行为”。

【案号及审判人员】

一审：北京市西城区人民法院（2015）西民（知）初字第34118号　审判长吴献雅、审判员温同奇、审判员崔宇航

二审：北京知识产权法院（2015）京知民终字第2276号　审判长袁伟、审判员宋旭东、审判员王东

【相关条款】

《最高人民法院关于适用〈中华人民共和国民事诉讼法〉的解释》第二十五条

【裁判情况】

北京奇虎科技有限公司（简称“奇虎公司”）为360安全卫士、360手机助手等计算机软件的经营者，小米科技有限责任公司（简称“小米公司”）是MIUI操作系统和小米应用商店的经营者，奇虎公司以MIUI操作系统和小米应用商店干扰360安全卫士、360手机助手等计算机软件的下载和应用为由，将小米公司诉至一审法院。

在答辩期内，小米公司提出管辖权异议，一审法院依据《中华人民共和国民事诉讼法》第十七条、第二十八条、第一百二十七条第一款、第一百五十四条第一款第（二）项、民诉法解释第二十四条、第二十五条之规定，裁定驳回小米公司的管辖权异议。

小米公司不服一审裁定，认为一审裁定所依据的证据没有经过双方当事人的质证，属于程序严重违法，依法应予撤销，本案属于涉及计算机软件的不正当竞争纠纷，一审裁定对此基础事实认定错误，且适用法律错误，依法应予撤销，本案在互联网界及北京市有重大影响，应当由北京知识产权法院审理，奇虎公司的相关人员曾在原审法院任职，故原审法院应当回避，本案法律适用错误，不应当由原告住所地管辖等理由提出上诉。奇虎公司答辩称，根据《民诉法解释》第二十五条规定，侵权结果发生地包括被侵权人住所地，北京市西城区新街口外大街28号院D座112室是答辩人的住所地，答辩人亦在此实际办公，答辩人的工商营业执照、税务登记证、网络文化经营许可证以及北京市第三中级人民法院生效裁定均可证明，答辩人住所地位于北京市西城区，北京市西城区人民法院具有管辖权。

北京知识产权法院经审理认为：被诉侵权行为并非信息网络侵权行为，本案不属于《民诉法解释》第二十五条规制的范畴。鉴于本案不适用《民诉法解释》第二十五条以被侵权人住所地作为管辖连接点，对于奇虎公司的住所地应当确定为朝阳区还是西城区北京知识产权法院不再予以认定。另，本案不涉及计算机软件的同一性比对等技术问题，小米公司关于本案应由北京知识产权法院管辖的主张没有事实和法律依据。此外，小米公司关于本案有重大影响、因奇虎公司相关人员曾在原审法院任职故原审法院应当回避等主张亦无事实和法律依据，北京知识产权法院不予支持。

据此，北京知识产权法院作出（2015）京知民终字第2276号民事裁定：（1）撤销北京市西城区人民法院（2015）西民（知）初字第34118号民事裁定；（2）本案移送至北京市海淀区人民法院审理。

■ 法官说法

本案对《民诉法解释》第二十五条有关“信息网络侵权行为”的内容进行了深度解读，明确了并非凡是案件事实与网络有关的侵权行为或不正当竞争行为均属于信息网络侵权行为，只有侵权人利用互联网发布直接侵害他人合法权益的信息的行为才属于《民诉法解释》第二十五条所指的“信息网络侵权行为”，并从管辖权的确定性和可预期性、“两便原则”、防止原告滥用诉权等方面进行了详细论证。

首先，《民诉法解释》第二十五条规定，信息网络侵权行为实施地包括实施被诉侵权行为的计算机等信息设备所在地，侵权结果发生地包括被侵权人住所地。本案中，一审法院依据民诉法解释第二十五条的规定确定本案管辖，其前提是本案被诉的不正当竞争行为属于《民诉法解释》第二十五条规定的信息网络侵权行为。北京知识产权法院认为，该条所称信息网络侵权行为，是指侵权人利用互联网发布直接侵害他人合法权益的信息的行为，比如侵权人在互联网上发布的信息直接侵害权利人对作品享有的信息网络传播权等。可见，信息网络侵权行为具有特定含义和范围，而非凡是案件事实与网络有关的侵权行为或不正当竞争行为均属于信息网络侵权行为。本案系不正当竞争纠纷，是以被控不正当竞争的计算机软件或网站是否设置了妨碍他人正当竞争的功能设置为判定基础，并不涉及网络上的信息本身是否构成侵权的问题。故被诉侵权行为并非信息网络侵权行为，本案不属于《民诉法解释》第二十五条规制的范畴。

其次，管辖权的确定对当事人而言至少应当具有确定性和可预期性。确定管辖权，主要依据“两便原则”以及为防止原告滥用诉权而规定的“原告就被告”原则。对不正当竞争纠纷而言，无论是由被控侵权人进行相关设置的服务器所在地、进行相关设置的所使用的计算机终端所在地、被告住所地确定管辖，都相较于起诉人住所地更有利于法院对被控不正当竞争行为进行审查以及相应判决的执行。倘若以相关计算机软件可以在互联网下载运行就准许原告住所地法院对本案管辖，不仅不利于法院对被控不正当竞争行为的审查以及相应判决的执行，不符合管辖权确定的基本原则，也可能使以“被告住所地”确定管辖的制度设计落空。据此，在本案纠纷中，不宜将信息网络侵权行为进行扩大解释、将被侵权人住所地视为侵权结果发生地，进而以被侵权人住所地作为管辖连接点。

在2015年民诉法解释施行后，大量互联网公司在提起知识产权侵权纠纷诉讼时，均援引《民诉法解释》第二十五条的规定，选择被侵权人住所地（即原告所在地）法院起诉。除侵害作品信息网络传播权纠纷外，在许多侵害商标权纠纷、侵害专利权纠纷以及不正当竞争纠纷案件中，原告亦主张适用民诉法解释第二十五条之规定。在司法解释对于“信息网络侵权”行为没有明确定义的情况下，原告此种选择可能出于对法律规定的理解不同，或出于降低自身诉讼成本的考量。由于对法律规定理解不同，由《民诉法解释》第二十五条所引发的管辖权异议案件数量大幅上涨。目前，通过法院作出的一系列典型案例，对于民诉法解释第二十五条规定的理解与适用标准已逐渐明晰，本案作为早期出现的有典型性的涉及民诉法解释第二十五条适用的案件，对于推动裁判尺度的统一具有一定意义。

■ 专家评析

该案主要针对一个重要的管辖问题进行裁判及说理，即该案是否属于《民诉法解释》第二十五条所规定的“信息网络侵权行为”，能否由“被侵权人住所地”法院管辖。众所周知，因为网络具有匿名性、分散性等特点，对于发生在网络虚拟空间里的侵权行为，被侵权人很难找到侵权人，难以发现实施侵权行为的物理地点，也难以确定发生侵权结果的物理地点。为此，第二十五条对信息网络侵权纠纷案件作出特别规定，尤其是将原告住所地明确纳入管辖连接点，相当于突破了“原告就被告”的一般地域管辖原则。由此对该条适用范围的解释必须向信息网络的本质特征收敛，即侵权发生在虚拟世界，而与物理世界关联松散，难以确定物理上的管辖连接点。

从这一视角出发，“信息网络侵权行为”仅限于行为实施地及结果发生地均存在于信息网络的侵权行为。对于“仅利用网络方式实施但侵权行为的完成在网络之外”或“利用网络之外的方式实施但侵权行为的结果发生在网络上”两种情形，由于行为实施地或结果发生地二者之一存在具体的侵权行为地，原告和法院均可判断管辖连接点。该案属于不正当竞争纠纷，二审法院认为是以被控不正当竞争的计算机软件或网站是否设置了妨碍他人正当竞争的功能设置为判定基础，并不涉及网络上的信息本身是否构成侵权的问题，且由原告住所地法院管辖不利于法院对被控不正当竞争行为的审查以及相应判决的执行，不符合管辖权确定的基本原则。这实际上采用了更为狭窄的理解。结合该案上诉人（原审被告）具有固定的办公地点，及其陈述的其他上诉理由，二审法院裁定移送是合理的。

（**评析专家**：陈杭平，清华大学　副教授）

◂ （2015）西民（知）初字第 34118 号原告北京奇虎科技有限公司诉被告小米科技有限责任公司不正当竞争纠纷管辖权异议一审裁定书

◂ （2015）京知民终字第 2276 号上诉人小米科技有限责任公司诉被上诉人北京奇虎科技有限公司不正当竞争纠纷管辖权异议二审裁定书

专利侵权案件中诉前行为保全的适用要件

——安斯泰来公司、安斯泰来（中国）公司与海正药业公司、仁和药房网公司诉前行为保全案

宋晖（北京知识产权法院　法官）

王仲阳（北京知识产权法院　法官助理）

裁判要旨　涉及专利侵权纠纷的诉前行为保全应当综合考虑以下几个因素：（1）行为保全请求是否具有事实基础和法律依据；（2）申请是否具有紧迫性；（3）被申请人不停止相关行为对申请人造成的损害是否大于被申请人停止相关行为对被申请人造成的损害；（4）责令被申请人停止被诉侵权行为是否损害社会公共利益；（5）申请人是否提供了相应的担保。

【案号及审判人员】

北京知识产权法院（2019）京73行保1号　审判长宋晖、审判员刘义军、审判员刘仁婧

【相关条款】

《中华人民共和国专利法》第六十条、第六十六条，《中华人民共和国民事诉讼法》第一百零一条第一款，《最高人民法院关于审查知识产权纠纷行为保全案件适用法律若干问题的规定》（简称《行为保全司法解释》）第六条、第

七条、第八条、第十条、第十一条。

【裁判情况】

安斯泰来制药有限公司（简称“安斯泰来公司”）、安斯泰来制药（中国）有限公司［简称“安斯泰来（中国）公司”］以浙江海正药业股份有限公司（简称“海正药业公司”）、仁和药房网（北京）医药科技有限公司（简称“仁和药房网公司”）二被申请人生产、销售、许诺销售的“盈特©”（商标名称）注射用米卡芬净钠（简称“涉案侵权产品”）涉嫌侵害其专利号ZL00801216.4，名称为“冻干形式的稳定的药用组合物”的发明专利权（简称“涉案专利”）为由，向北京知识产权法院提出诉前行为保全申请，请求责令海正药业公司停止制造、销售、许诺销售涉案侵权产品，仁和药房网公司停止许诺销售、销售涉案侵权产品。

北京知识产权法院围绕诉前行为保全的实质条件，从该行为保全请求是否具有事实基础和法律依据，是否具有紧迫性，被申请人不停止相关行为对申请人造成的损害是否大于被申请人停止相关行为对被申请人造成的损害，责令被申请人停止被诉侵权行为是否损害社会公共利益，申请人是否提供了相应的担保等几方面进行审查，认为二申请人的请求符合法律规定。在此基础上，依法作出诉前行为保全裁定，责令海正药业公司停止制造、销售、许诺销售涉案侵权产品，仁和药房网公司停止许诺销售、销售涉案侵权产品。

裁定作出后，被申请人海正药业公司向北京知识产权法院提出复议申请。北京知识产权法院经审查认为，保全措施并无不当，裁定驳回被申请人海正药业公司复议申请。后，双方当事人达成和解，申请人申请解除保全措施。北京知识产权法院经过审查后，依法予以解除。

■ 法官说法

诉前行为保全制度又称“诉前禁令”，在《与贸易有关的知识产权协定》（TRIPs 协定）中第三章第三节有所涉及。为履行承诺，在加入世界贸易组织前，2000年修改的《专利法》及2012年修改的《民事诉讼法》引入了诉前行为保全制度，随后最高人民法院出台了《关于审查知识产权纠纷行为保全案件适用法律若干问题的规定》，提供了较为详细的指引。

专利权作为一项合法垄断性权利，是权利人获得市场竞争优势的重要工具。由于专利权时效性较强，只能在专利权的期限内行使，“诉前禁令的及时性可以很好解决传统诉讼救济的滞后性问题，及时有效地保护权利人合法权益，实现诉前禁令程序的效率价值，避免出现‘迟到的正义即非正义’的司法困境。”❶因此，相较于其他法律救济手段，诉前行为保全可以说是最为有效的法律措施之一。但对于涉案被申请人而言，诉前行为保全往往涉及禁止其停止生产或销售涉案侵权产品，可能引起所涉领域较为重大的市场竞争格局变化。对法院而言，“法院所进行的实质性审查可能为随后进行的知识产权侵权诉讼埋下了未审先判的陷阱。”❷ 有鉴于此，法院在审查是否实施诉前行为保全措施时，往往采取十分审慎的态度。因此，如何根据案情作出妥善的处理，既保护权利人的合法权益，又不至于使司法机关过分干预市场竞争是一个重大的课题。

本案在这方面作出了一些探索和尝试，认为应当全面考虑以下几点因素：（1）行为保全请求是否具有事实基础和法律依据；（2）申请是否具有紧迫性；（3）被申请人停止相关行为对申请人造成的损害是否大于被申请人停止相关行为对被申请人造成的损害；（4）责令被申请人停止被诉侵权行为是否损害社会公共利益；（5）申请人是否提供了相应的担保。

关于行为保全请求是否具有事实基础和法律依据，本案主要审查两点：其一，涉案专利是否有效和稳定；其二，申请人在本案中是否有胜诉可能性。对于第一点的审查的必要性是显而易见的，对其审查常包括以下因素：（1）所涉权利的类型或者属性；（2）所涉权利是否经过实质审查；（3）所涉权利是否处于宣告无效或者撤销程序中以及被宣告无效或者撤销的可能性；（4）所涉权利是否存在权属争议；（5）其他可能导致所涉权利效力不稳定的因素。对于第二点的审查，是诉前行为保全制度中较受争议的一点。我们认为，行为保全作为

---

❶ 彭向阳．知识产权诉前禁令研究［D］．广州：华南理工大学，2017：31-32.

❷ 张晓薇．知识产权诉前禁令探析［J］．知识产权，2008，18（3）：66.

一种特别的救济手段，其实质条件中“难以弥补的损害”与胜诉可能性是密不可分的。从审慎的角度出发，为避免适用条件导致权利人的权利滥用，审查胜诉可能性是必要的。又因胜诉可能性在未经实体审判前判断有一定难度，故而一般应召集双方当事人进行谈话和询问，充分听取双方当事人的意见，充分保障当事人的程序性权利。本案中，北京知识产权法院曾三次就相关事宜向申请人进行询问，两次组织双方当事人到庭参与询问，充分听取了各方意见。至于“胜诉可能性”需达到何种程度，不同国家和地区的法律实践有所不同，但“都通过‘表面良好论据案情’‘清楚显示’和‘释明’等条件在不同程度上间接地表达对胜诉可能性原则的要求”❶，即一般要求申请人初步提交的证据能够较为清楚且完整地证明被申请人确实存在侵权情况。本案中，二申请人所提交的涉案侵权产品的说明书表明其化学结构式、性状、辅料等同涉案专利相同。另鉴定报告和仁和药房网公司出具的被诉侵权产品的质量标准表明涉案侵权产品的含水量也在涉案专利权利要求所请求保护范围之内。至此，申请人所提交的证据已经形成清晰且完整的证据链条，表明涉案侵权产品极有可能落入涉案专利相关权利要求的保护范围。

关于申请是否具有紧迫性，《行为保全司法解释》第六条所明确列举的五种情形中并未包含本案情形。《关于当前经济形势下知识产权审判服务大局若干问题的意见》第十四条规定，“在认定是否会对申请人造成难以弥补的损害时，应当重点考虑有关损害是否可以通过金钱赔偿予以弥补以及是否有可执行的合理预期”。北京知识产权法院综合考虑以下情况：首先，如不采取行为保全措施可能导致侵权损害后果进一步扩大，而制造、销售、许诺销售涉案侵权产品的海正药业公司存在经营不善的状况。以上两方面因素可能导致损害赔偿无法及时履行；另外，涉案侵权产品价格较低，对申请人专利产品易造成价格侵蚀的后果并难以恢复，且专利产品市场也可能会受到冲击，这些损失是难以精确计算的，进而也难以通过金钱来补偿。综合以上因素，北京知识产权法院认为本案情形属于具有紧迫性，不立即采取措施可能使申请人的合法权益受到难以弥补的损害。

---

❶ 彭向阳. 知识产权诉前禁令研究［D］. 广州：华南理工大学，2017：63.

关于被申请人停止相关行为对申请人造成的损害是否大于被申请人停止相关行为对被申请人造成的损害，由于涉案专利保护期限截至2020年6月28日，责令海正药业公司和仁和药房网公司停止涉案行为，仅限于在涉案专利剩余保护期内的暂停生产、销售、许诺销售，保护期过后仍可恢复，其损失是可以预见的。而如果不责令海正药业公司、仁和药房网公司停止涉案行为，如前所述，对安斯泰来公司、安斯泰来（中国）公司造成的损失将难以计算。

关于责令被申请人停止被诉侵权行为是否损害社会公共利益，本案中没有证据显示对社会公共利益及社会经济秩序等造成损害。

关于申请人是否提供了相应的担保，“担保首先应当作为防止被申请人因被错误地采取民事保全措施而遭受的损失。这是保全担保的本义。”[1] 申请人所提供的担保的形式和数额应当同案情相适应。本案中，关于担保形式是否符合要求一般争议不大，而对于担保数额是否同案情相适应还需综合考虑。从担保的内涵及《行为保全司法解释》第十一条之规定看，担保的金额大致应当等于因保全错误可能给被申请人所带来的损失。而诉前行为保全制度中，由于尚处诉前阶段，并无相应的标的额予以参照。同时，对于被申请人可能因保全错误而遭受的损失的计算也并非易事。在这种情况下，还需要综合考虑申请人胜诉可能性高低。另外，随着案件的进展，在必要情况下，法院可令申请人追加相应的担保，否则将裁定解除或者部分解除保全措施。这也是我国诉前保全制度中的一种变通和创新。

另外值得注意的一点是，涉案专利保护期于2020年6月28日到期，而根据申请人初步提交的证据，海正药业公司于2019年1月18日就其获批制造的注射用米卡芬净钠向国家药品监督管理局药品审评中心提出一致性评价申请。这表明，在涉案专利保护的末期，相关企业就已经开始了相关市场的争夺。2008年修改的《专利法》第六十九条第（五）项创设了Bolar例外制度，其规定：有下列情形之一的，不视为侵犯专利权：（五）为提供行政审批所需要的信息，制造、使用、进口专利药品或者专利医疗器械的，以及专门为其制造、进口专利药品或者专利医疗器械的。即，以获取行政审批为目的，在药品专利保护期

---

[1] 李仕春. 民事保全程序基本问题研究［J］. 中外法学，2005（1）：66.

限内，便可制造、使用、进口专利药品，在药品专利保护届满便可上市。美国《专利法》第271条（e）（1）[1]也规定了Bolar例外，但第271条（e）（2）[2]又规定在专利权保护期内，不得就受他人专利权保护的药品向FDA发起药物上市审批程序。相较而言，我国《专利法》第六十九条第（五）项的规定在某种程度实际上弱化了药品专利权的保护。同时，考虑到专利药品的市场培育和相关消费者对某种药品的接受是一个渐进的过程，药品专利权保护的尾期，往往是一种专利药品在各方面最成熟的阶段。在此期间，对专利药品市场的争夺也可能是较为激烈的。因此，从鼓励创新及药品专利权人与其他市场主体之间的利益平衡的角度，在本案中对被申请人采取诉前行为保全措施也是必要的、正当的。

■ 专家评析

2012年《民事诉讼法》修订，诉前行为保全制度被正式引入民事诉讼法。但多年来的实践表明，诉前行为保全的申请仍构成困扰知识产权权利人和利害关系人维权的痼疾，人民法院在对保全申请的审查方面也始终面临较大的困难。为此，《行为保全司法解释》（法释〔2018〕21号）第七条明确了审查行为保全申请需要考量的若干因素，包括请求的事实基础和法律依据；申请人难以弥补的损害或案件裁决的难以执行；申请人和被申请人的损害对比；对社会公共利益的影响等。

该案是专利诉前行为保全的典型案例。该案裁判围绕司法解释确立的标准，

---

[1] United States Code Title 35-Patents 271（e）（1）It shall not be an act of infringement to make，use，offer to sell，or sell within the United States or import into the United States a patented invention（other than a new animal drug or veterinary biological product（as those terms are used in the Federal Food，Drug，and Cosmetic Act and the Act of March 4，1913）which is primarily manufactured using recombinant DNA，recombinant RNA，hybridoma technology，or other processes involving site specific genetic manipulation techniques）solely for uses reasonably related to the development and submission of information under a Federal law which regulates the manufacture，use，or sale of drugs or eterinarybiological products.

[2] United States Code Title 35-Patents 271（e）（2）It shall be an act of infringement to submit—（A）an application under section 505（j）ofthe Federal Food，Drug，and Cosmetic Act or described in section 505（b）（2）of such Act for a drug claimed in a patent or the use of which is claimed in a patent.

结合具体案情展开了细致的分析，也为上述第七条的理解适用提供了良好的参考样本。在行为保全请求权是否具有事实基础这一问题上，裁判明确提出主要审查专利的有效性、稳定性以及申请人胜诉的可能性。通过认定“申请人所提交的证据已经形成清晰且完整的链条，表明被诉侵权产品技术方案落入涉案专利权利要求保护的范围可能性较大”为“该案胜诉可能性”作出注解。另外，裁判通过综合分析侵权损害后果进一步扩大的可能性、被申请人的实际经营状况、专利产品的市场状况等因素得出该案可能难以通过金钱予以赔偿且赔偿难以执行的初步结论，为“申请紧迫性”和“损害是否难以弥补”的判断指明了方向。概言之，该案是在司法实践中贯彻落实司法解释关键条文的代表性案例。

（**评析专家**：陈杭平，清华大学　副教授）

◀

(2019) 京 73 行保 1 号 安斯泰来公司、安斯泰来（中国）公司与海正药业公司、仁和药网公司诉前行为保全裁定

行政法规规定不明确时行政行为程序合法性的判定

——中科联社研究院不服北京市工商局等商标侵权行政处罚复议案

张晓丽（北京知识产权法院　法官）

裁判要旨　针对不符合立案条件的举报，相关行政法规并未详细规定处理的具体方式和步骤。在解释该规定时，应兼顾行政行为的效率与公开、公平、公正的基本原则，即行政机关可以为追求效率采取简易方式和步骤，但同时对举报人也应履行基本告知义务。

【案号及审判人员】

一审：北京市海淀区人民法院（2015）海行初字第1565号　审判长孟军红、人民陪审员朱晓珠、人民陪审员王谦

二审：北京知识产权法院（2017）京73行终1号　审判长张晓丽、审判员侯占恒、审判员杨钊

【相关条款】

2014年《中华人民共和国商标法》第五十九条第一款，《工商行政管理机关行政处罚程序规定》第十六条至第十九条

【裁判情况】

2014年8月，中科联社（北京）网络技术研究院（简称“中科联社研究院”）向北京市工商行政管理局石景山分局（简称“石景山工商分局”）提交《商标违法立案请求书》，举报联合利华公司、家乐福（鲁谷店）、石景山万达广场、C罗、小S涉嫌侵犯其“无懈可击”注册商标专用权。石景山工商分局作出《关于中止中科联社（北京）网络技术研究院“恢复案件查处请求书”的答复》（简称《被诉答复》）。答复称：经立案调查，根据《商标法》第五十九条第一款“注册商标直接表示商品质量的，注册商标专用人无权禁止他人正当使用”的规定，认为联合利华公司在其商品外包装以及相应的推广宣传中使用“无懈可击”字样，目的是在于说明其生产的商品质量，其使用属于正当使用，而并非指示商品来源的商标性使用，故不构成对中科联社研究院“无懈可击wuxiekeji”注册商标专用权的侵害。石景山工商分局终结调查此案，予以销案。中科联社研究院不服被诉答复，向北京市工商行政管理局（简称“市工商局”）申请行政复议，市工商局作出京工商复〔2015〕153号行政复议决定书（简称《被诉复议决定》），维持了被诉答复。

一审法院认为，石景山工商分局作出被诉答复中的事实认定清楚，符合商标法上述条款的规定，并无不当。中科联社研究院向石景山工商分局提交的《商标违法立案请求书》中，举报了5名被请求人。但是，石景山工商分局仅就其中的1名被请求人，即家乐福（鲁谷店）涉嫌违法行为予以立案调查，并最终作出销案决定，对其他4名被请求人均未履行是否立案的决定职责或者不予立案的告知义务，不符合《工商行政管理机关行政处罚程序规定》（简称《处罚程序规定》），已构成程序违法。一审法院据此判决如下：(1) 撤销石景山工商分局作出的被诉答复及市工商局作出的行政复议决定书；(2) 责令石景山工商分局在法定期限内对中科联社研究院的举报事项重新作出处理；(3) 驳回中科联社研究院的其他诉讼请求。

北京知识产权法院二审认为，联合利华公司对“无懈可击”的具体使用方式不能用于识别商品来源，未发挥商标应有的作用，符合《商标法》第五十九条第一款的规定，不构成对中科联社研究院商标专用权的侵害。虽然《处罚程序规定》针对不符合立案条件的举报，并未详细规定处理的具体方式，但上述规定为行政机关设置了告知并作书面记录的义务，行政机关应当履行符合规定的基本告知义务。如果石景山工商分局认为针对其他4名被请求人的举报无事实依据，亦应将对该4名被请求人不予立案的相关情况作书面记录留存并告知中科联社研究院。石景山工商分局均未履行是否立案或者不予立案的告知义务，不符合《处罚程序规定》的上述规定，已构成程序违法。综上，二审判决驳回上诉，维持原判。

■ 法官说法

本案为北京知识产权法院建院以来受理的首例涉商标侵权行政处罚复议案件，主要涉及两大争议问题：一是行政部门依据《商标法》第五十九条第一款的被诉答复是否成立；二是被诉答复是否符合《工商行政管理机关行政处罚程序规定》。

关于第一项问题，根据我国《商标法》的规定，未经商标注册人的许可，在同一种商品上使用与其注册商标近似的商标，或者在类似商品上使用与其注册商标相同或者近似的商标，容易导致混淆的，属于侵犯他人注册商标专用权的行为。但是与此同时，《商标法》第五十九条第一款也规定，注册商标中含有的本商品的通用名称、图形、型号，或者直接表示商品的质量、主要原料、功能、用途、重量、数量及其他特点，或者含有的地名，注册商标专用权人无权禁止他人正当使用。《商标法》第五十九条第一款之所以做出上述规定，是因为商标的功能在于识别商品或服务的来源，商标法对商标的保护是对商标标志识别功能的保护，而对于某些由上述显著性较弱要素构成的注册商标，因其与日常通用表达方式混为一谈，从而不可避免地会被他人非出于标识商品来源目的地善意使用，法律基于公平角度，对此不予禁止。本案中，结合在案证据可以看出，“无懈可击”一词为有固定含义的成语，含义为没有可以被人攻击、挑剔的漏洞或缺点。联合利华公司在使用“无懈可击”时，多数是与其他词汇相结合使用，相关用语只是向相关公众传递产品的质量、品质等方面的信息，并不会使上述词汇起到指示商品来源的作用，其对“无懈可击”字样的使用属于正当使用，而并非指示商品来源的商标性使用，不构成对中科联社研究院涉案商标专用权的侵害。因此，石景山工商分局以此为由作出被诉答复并无不当。

关于第二项问题，依据《工商行政管理机关行政处罚程序规定》第十九条规定，对于不予立案的投诉、举报、申诉，经工商行政管理机关负责人批准后，由办案机构将结果告知具名的投诉人、申诉人、举报人。工商行政管理机关应当将不予立案的相关情况书面记录留存。本案中原告中科联社研究院投诉举报的被举报人为第三人家乐福（鲁谷店）等五方，但被告石景山工商分局仅就其中的1名被请求人，即家乐福（鲁谷店）涉嫌违法行为予以立案调查，并最终作出销案决定。对中科联社研究院举报的其他4名被请求人，均未履行是否立案的决定职责或者不予立案的告知义务。行政机关在诉讼中提出，希望司法机关考虑到行政投诉、举报量巨大、人员不足的实际情况，认为在相关程序没有明确、具体的法律、法规规定的情况下，被诉答复既然已经认定家乐福鲁谷店未构成侵权，从保障效率的需求出发，无须对其他被举报人再行立案，且该答复事实上也起到让举报人获知举报被销案或不予立案的结果，无须另行告知。

具体行政行为合法性审查原则是行政诉讼法的基本原则。我国《行政诉讼法》第六条确立了该原则，该条规定：“人民法院审理行政案件，对行政行为是否合法进行审查。”与行政诉讼法其他原则是民事诉讼法、刑事诉讼法共有原则不同，该原则是行政诉讼法所特有的基本原则，指明了人民法院审理行政案件的基本任务，概括了人民法院审理行政案件的基本特点，是行政诉讼的核心和主线。但在审判实践中，有时作为裁判依据的行政法规规定并不清楚、完备，人民法院在行政行为合法性审查过程中，特别是对程序合法性进行审查时，双方当事人对行政法规会主张多种不同理解，此时应从兼顾行政行为效率与公开、公平、公正的基本原则两个方面对行政法规进行解释。

行政是国家机关依据国家法律和运用国家法定权力，对社会事务所进行的组织和管理活动，其目的是实现人民的利益，实现国家的社会治理目标。而规范、严谨的行政程序是提高行政管理效能、保护公民权利的重要途径。行政程序的价值目标既在于促进实体正义的实现，要体现行政的效率，也是保障当事人重要程序性权利的实现，比如确保当事人尊严、公平、参与等价值的实现。从尊重程序参与者尊严的独立价值出发，程序性权利是指个人有权要求获得充分有效参与行政程序的机会。这种机会至少包括知情权，表现为行政信息获悉权、获得通知权、要求说明理由权等以确保行政参与人能够获得准确完整的信息，为真实有效的表达提供基础。在“公平、公正”与“效率”的价值博弈中，不能认为“严谨的程序太慢”“人力不足的情况下能省一个环节就省一个环节”，而片面追求“效率”。本案中，虽然《工商行政管理机关行政处罚程序规定》针对不符合立案条件的举报，并未详细规定告知举报人的具体方式和步骤，但上述规定为行政机关设置了告知并作书面记录的义务。合议庭认为行政机关可以为兼顾效率相关程序采取简易方式和步骤，但同时应履行一个基本的、起码的告知义务。而基本告知的内容，至少应当回应举报人，最终决定对哪些被举报人立案、哪些不予立案、不予立案的理由、处罚或销案的结论、理由及依据。只有具有这些基本信息，才属于履行了符合规定的告知义务。

■ 专家评析

近年来，由当事人投诉举报所引发的行政诉讼案件快速增长，一方面体现了当事人日益增长的权利意识，另一方面也造成了行政机关疲于应付，并在一定程度上导致了滥诉。2018 年最高人民法院发布《关于适用〈中华人民共和国行政诉讼法〉的解释》，第十二条第一款第（五）项规定：“为维护自身合法权益向行政机关投诉，具有处理投诉职责的行政机关作出或者未作出处理的”，当事人应被视为“与行政行为有利害关系”。该条款第一次明确肯定了投诉人提起行政诉讼的权利。同时，最高人民法院也通过“刘广明”案提出“保护规范理论”，希望对可能引发的滥诉现象进行限制；《最高人民法院行政法官专业会议纪要（六）》亦明确区分投诉人与举报人：“公民、法人或者其他组织认为第三人实施的违法行为侵犯自身合法权益，请求行政机关依法查处的”属于投诉，唯有投诉人才享有法律上的利害关系。而“认为第三人实施的违法行为侵犯他人合法权益或者国家利益、社会公共利益，请求行政机关依法查处的，属于举报”，无法律上的利害关系。

人民法院受理案件后，亦需要在保障当事人合法权益与司法谦抑之间进行平衡。一方面，行政机关的执法资源是稀缺的，因此以何种方式、何种频率进行执法，应属于行政机关裁量范围，人民法院在原则上应进行合法性审查，而不宜进行合理性审查。另一方面，由于投诉事项皆涉及当事人自身合法权益之保障，因此行政机关在收到投诉后皆负担进行依法调查的作为义务，并且投诉人对于案件的立案、查处结果等享有知情权。行政机关应当及时将关于投诉的不予立案、投诉所涉及的违法嫌疑人作出的行政处罚、不予处罚、销案、移送其他机关等处理决定以适当方式告知投诉人。该案中，行政机关在收到投诉后没有充分履行将调查结果向投诉人予以告知的义务，构成不履行法定职责，人民法院责令行政机关重新作出处理决定，符合法律的规定。

（**评析专家**：陈天昊，清华大学　助理教授）

◀ （2015）海行初字第1565号原告中科联社（北京）网络技术研究院与被告北京市工商行政管理局石景山分局等行政复议决定一审行政判决书

◀ （2017）京73行终1号上诉人原审原告中科联社（北京）网络技术研究院与上诉人原审被告北京市工商行政管理局石景山分局等行政复议决定二审行政判决书

后 记

在本书汇编成集之时，正是2020年新冠肺炎病毒肆虐期间。但在各方积极支持和配合下，《北京知识产权法院典型案例评析（2014—2019）》得以顺利与读者见面。在此向所有支持和参与这项工作的领导和同事，向在百忙之中进行精彩专业点评的专家学者，向对本书出版提供全力支持的知识产权出版社表示衷心感谢。

由于时间仓促，本书错误和不足之处在所难免，敬请广大读者批评指正。

北京知识产权法院

2020年4月